U0717857

国家社科基金一般项目『泰州学派「百姓日用」美学思想研究』（15BZX122）最终成果

百姓日用

泰州学派平民主义美学的聚焦

邵晓舟 著

凤凰出版社

图书在版编目（CIP）数据

百姓日用 ：泰州学派平民主义美学的聚焦 / 邵晓舟著. -- 南京 ：凤凰出版社，2021.12
ISBN 978-7-5506-3592-0

Ⅰ. ①百… Ⅱ. ①邵… Ⅲ. ①泰州学派—研究 Ⅳ. ①B248.35

中国版本图书馆CIP数据核字(2021)第251267号

书　　名	百姓日用:泰州学派平民主义美学的聚焦
著　　者	邵晓舟
责任编辑	许　勇
装帧设计	徐　慧
出版发行	凤凰出版社(原江苏古籍出版社) 发行部电话025-83223462
出版社地址	江苏省南京市中央路165号,邮编:210009
出版社网址	http://www.fhcbs.com
照　　排	南京凯建文化发展有限公司
印　　刷	江苏凤凰数码印务有限公司 江苏省南京市栖霞区尧新大道399号,邮编:210038
开　　本	880毫米×1230毫米　1/32
印　　张	11.25
字　　数	292千字
版　　次	2021年12月第1版
印　　次	2021年12月第1次印刷
标准书号	ISBN 978-7-5506-3592-0
定　　价	88.00元

(本书凡印装错误可向承印厂调换,电话:025-57718474)

序

姚文放

邵晓舟博士的《百姓日用:泰州学派平民主义美学的聚焦》即将出版了,这让我感到十分欣慰。

晓舟是我指导的硕士生、博士生。在博士生阶段就开始跟着我做课题,当时由我负总责的江苏省"211 工程"及重点高校建设项目《扬、泰文化与"两个率先"》的 80 个子项目之一《泰州学派美学思想史》获批立项,晓舟等三位博士生躬逢其盛,参加了该项目的研究工作,由本人领衔,每人撰写两章,晓舟负责第五、六章。该课题于 2005 年初开笔,总共用了两年半时间完成。后同名专著于 2008 年由社会科学文献出版社出版,2011 年获江苏省人民政府颁发的"江苏省第十一次哲学社会科学优秀成果奖"。

大约在 2005 年下半年,晓舟他们博士论文开题,由于有了前面的研究基础,泰州学派美学思想研究自然成为不二之选。按照当时的构想,前面做了泰州学派美学思想的"史",下面得换一角度,有一条很好的思路是做"范畴"。让他们每人分别做泰州学派美学思想的一个范畴,这也符合博士学位论文的体例。于是让他们各自申报选题,大致有"真""中""狂"等范畴,晓舟选的是"百姓日用"这一范畴。到了 2007 年上半年,他们基本上完成了博士论文的写作,顺利毕业并取得博士学位。后晓舟留校工作,获得了继续修改、扩充博士论文的良好条件。后来促使这一研究成书的重要契机是该选题于 2015

年获得国家社科基金的立项,使得这一研究成果获得资助、上了档次。当晓舟完成了高校青年教师必须完成的一系列“规定动作”以后,完成这一书稿已是顺理成章的事了。说来该书从最初选题的动议到今天的出版,时间有点长,但这又情有可原。

晓舟的写作其实有两块,出于爱好,她又是一个多产而小有名气的网络作家,出版过多种网络小说并获得省政府授予的文学大奖,她个人还进入省市作协圈子,获得市级文艺家工作室挂牌,等等。常言道:“一心无二用。”这一块心思意绪的大量投入势必影响其科研项目的进展。学院以及我对此不仅未加干预,而且还予以大力支持,首先是尊重年轻人自己的选择,其次是她承担的教学工作之所需。晓舟多年担任本科生写作课的主讲,不仅要有学术研究的背景,而且也应有亲手捉刀的创作实践和写作经验,才算合情合理、合格合法。因此晓舟经常是游走于抽象思维与形象思维这两种思维方式之间,往返于哲学思辨与直觉体验两种心理奥区之间,忙碌于理论表述与形象描绘两种写作状态之间。

然而这样一种生存状态和写作状态对于该书的圆满完成恰恰不无好处。不言而喻,人们的抽象思维与形象思维存在着巨大的区别,但现代思维学、心理学、语言学的研究成果都一致揭示了这两种思维方式往往是相辅相成、相须为用的,要加强两者的协调和整合的水平,仍不外乎长期艰苦的实践、修养和历练。就说语言文字的表达,存在的问题在很大程度上仍属能力范畴,从而可以通过人力来解决。陆机在《文赋序》中指出:“恒患意不称物,文不逮意,盖非知之难,能之难也。”近人唐大圆在注释此说时提出了具体的解决办法:“所构之意,不能与物相称,则患在心粗;或意虽善构,苦无词藻以达之,则又患在学俭。欲救此二患,则一在养心,使由粗以细;一在勤学,使由俭而博。”后来刘勰受《文赋》启发,也认识到:“临篇缀虑,必有二患:理郁者苦贫,辞溺者伤乱,然则博见为馈贫之粮,贯一为拯乱之药,博而能一,亦有助于心力矣。”并主张“积学以储宝,酌理以富才,研阅以穷照，驯致以绎辞”。概括言之，前人救正写作的种种病患的方法主要有三条：一是提炼写作立意，二是审视内心意象，三是磨练语言技巧。而这三条都是通过勤奋、学习、磨练，可以在人力范围内做到的事。

晓舟兼及理论研究与文学创作的写作状态，恰恰避开了上述种种病患而左右逢源、两得其宜，在抽象思维与形象思维、哲学思辨与直觉体验、理论建构与形象塑造两端之间取得了一定的建树，获得了一定的自由，今后在写作天地中的宏大愿景无疑是大可期待的！

2021 年 4 月 22 日

目 录

绪 论

泰州学派是我国思想史上一个独具特色的学术流派，在阳明后学中可谓最富有革新精神和平民意识的一支。它的存在犹如一条河流，以王艮讲学授徒为滥觞，不断发展壮大，到王栋、王襞、颜钧、何心隐、罗汝芳等“一代高似一代”[①]，形成波澜壮阔之势，继而余波荡漾远及李贽、焦竑等豪举之士、宿学巨儒，直至最终汇入中国传统哲学思想之海。其存在时间约从十六世纪初到十七世纪中叶，跨越一百多年；其弟子传承多达五代，有名可查者将近五百人，其中为官者有四十多人，载入《明史》者二十余人；其影响范围以扬泰地区为辐射中心，一度波及大半个中国，遍及士农工商各个阶层……整个中晚明时代，泰州学派可谓风起云蒸，声势惊人，直至今日其影响依然不绝如缕。

黄宗羲在《明儒学案》中已颇为辩证地指出，心学“有泰州、龙溪而风行天下，亦因泰州、龙溪而渐失其传”[②]。自王阳明提点出“良知”二字，来对抗程朱理学中至高无上的“天理”开始，禁锢在人性之上的枷锁便出现了松动的迹象，但玩弄虚玄光景或流于情识之肆等隐患却也在心学思想的发展道路上暗暗埋下。不过用牟宗三的话来讲，“这是人病，并非法病”[③]，甚至在某种程度上说，这种“病”也恰恰是后

① 李贽《焚书·续焚书》，中华书局 1975 年版，第 80 页。

② 黄宗羲《明儒学案》，中华书局 2008 年版，第 703 页。

③ 牟宗三《从陆象山到刘蕺山》，上海古籍出版社 2001 年版，第 211 页。

学流派对心学义理独具个性、独出心得的推进和发扬。而泰州学派之"病"在阳明后学中可谓格外鲜明突出,在后世学者注意到其"平民性""世俗化""思想启蒙""思想解放"等近代性特质[①]之前,心学末流、狂禅怪魁、江湖大侠等讥评始终与学派及其成员形影相随,甚至连黄宗羲也给出"复非名教之所能羁络矣"[②]的判断。

而在五百余年后的今天回望泰州学派,就会发现其学术特质、思想风格、人员组成等都决非一言可以蔽之,其历史价值和现实影响也有待于深入挖掘。

一、关于泰州学派

学界对泰州学派多有关注,自二十世纪一二十年代起便有胡适、钱穆、嵇文甫、容肇祖等大家奠定研究基础,后有侯外庐、牟宗三、张岱年等大家踵事增华,国外亦有狄百瑞、铃木虎雄、岛田虔次、沟口雄三等学者寻声响应。近年来又有大量相关文献被黄宣民、陈祝生、方祖猷等学者相继整理出来。

此后,杨天石、龚杰、季芳桐、吴震、李丕洋等学者或梳理学派思想的发展脉络,或对主要成员的学术历程进行深入考察。冈田武彦、钱明、杨国荣、邓志峰、吴光、崔在穆等学者将学派置于儒家心学整体背景下进行细致的分析比较。左东岭、龚鹏程、罗宗强、宣朝庆等学者则深入剖析学派在文化思潮、士人心态等方面的广泛影响。这些研究成果,较为全面地勾勒出泰州学派的基本面貌,奠定了泰州学派研究的理论视域。

聚焦于泰州学派的美学思想的学者也不乏其人:潘立勇、赵士林等学者的专著着力剖析了阳明心学的美学内涵,及其对当时审美实

---

① 狄百瑞、岛田虔次、侯外庐等中外学者均有类似评价,虽然主张各有侧重,观点不尽相同,但大方向不谬。

②《明儒学案》,第703页。

践等产生的影响;而张维昭、李天道等学者的成果,则在晚明士人日常生活的审美态度、文艺美学实践和审美诉求等具体方面,为此提供了有力的佐证。这些研究为泰州学派美学研究铺平了道路。姚文放主编的《泰州学派美学思想史》以史论结合的方式,从宏观角度对泰州学派美学思想进行了全面系统的阐析,并强调其平民主义等特性;胡学春《真:泰州学派美学范畴》则在传统美学大视野下,揭示学派美学与中晚明求真思潮间的学理联系。周群、黄石明、童伟等学者的研究在学派美学多元兼宗的学术路径和中狂并举的精神气质等方面多有突破。这些优秀成果为建构泰州学派美学体系提供了有力的支撑。

学者们的视角与观点等虽不尽相同,但有一点可谓共识:泰州学派从萌发生长到风行传播,始终都不曾脱离与舍弃社会底层的丰厚土壤,有着与生俱来的平民特征和世俗倾向。学派创始者"东海圣人"王艮崛起于安丰场海滨盐灶间,凭借自身过人的胸襟与气魄、智慧与担当,毕生以师道自任、以布衣讲学,直至被尊为"契圣归真,生知之亚者也"①。这从一开始便注定了泰州学派决不会固步于书斋案头,而会踏踏实实地紧密联系百姓大众的个体生存和现实生活。因此有学者概括性地评价这一学派"溶注了丰富的感情生活内容,故在儒家的互惠和社会责任中较好保留了自我个性。这种思想出现在传统儒学发生地位动摇之际,与广大民众的思想需求颇有契合之处"②,因而"表现了平民儒学意识的觉醒"③。

觉醒的平民儒学意识,使得泰州学派成为阳明心学诸多传人中最积极进取、最具创新活力的特出一支——黄宗羲在整理阳明后学七派时,其余六家均冠以"王门"之名,惟有泰州一家虽列于其中,却

① 陈祝生等点校《王心斋全集》,江苏教育出版社2001年版,第88页。

② 张克伟、杨震《论泰州王门学派对晚明思潮之影响》,周琪主编《泰州学派国际学术研讨会论文集》,江苏古籍出版社2001年版,第197页。

③《论泰州王门学派对晚明思潮之影响》,第199页。

独以“泰州学案”为名。然牟宗三认为从“王学之调适而上遂者”[①]罗近溪可以看出,泰州学风虽有狂荡之嫌,却因清晰把握了心学义理,而“可说是真正属于王学者”[②]。基于此,嵇文甫、陈来、冈田武彦等学者将泰州学派视为王学左派,而冈田武彦亦与杨国荣等学者一道,突出泰州学派与浙中王门同中有异的良知现成观点,而将其归于“现成派”中。尤其值得重视的是,钱明等学者直接将泰州学派定义为“日用派”[③]。“日用派”之称就来自泰州学派“百姓日用即道”的振聋发聩之声,这大胆将平民大众的日常生活与天理大道并列的观点,“不仅在理念上,而且在治国经世的现实政治中提升了百姓的地位,突出了个人的价值,使阳明学向着平民化和世俗化的方向迈进了一大步”[④]。

二、“日用”与“百姓日用”

在泰州学派之前,“百姓日用”几乎从未作为一个独立范畴被强调出来,在我国传统哲学思想中,被着重关注的是一个与之相关却又有微妙区别的概念——“日用”。

日用者,谓日常之用也。“日用”首先是人们每天不可或缺的衣食住行等切实事件,正如《诗经·天保》中所言:“民之质矣,日用饮食。”温饱庇护是民生之本,是人们生存生活的必备条件,是人类得以生存延续的现实基础,因此“日用”首先便拥有切实可感的物质特性。同时这个概念并不仅仅停留在形而下的“器”之层面,它同样具有形而上的抽象意义,就如《周易·系辞上》中所说的那样:“一阴一阳之谓道,继之者善也,成之者性也。仁者见之谓之仁,知者见之谓之知,

---

①② 《从陆象山到刘蕺山》,第 211 页。

③ 钱明《阳明学的形成与发展》,江苏古籍出版社 2002 年版,第 137 页。

④ 《阳明学的形成与发展》,第 138 页。

百姓日用而不知，故君子之道鲜矣。”[①]这段论述说明了至高无上的“道”遍及于每一个毫不起眼的角落，存在于每一个稍纵即逝的瞬间，贯彻于每一个习焉不察的细节，是人类终其一生都在自觉或不自觉地切实遵循着的规律与法则。在这个意义上，百姓所“日用”正是我国传统哲学最高范畴“道”。由此可见，“日用”同时包含着具体物质与抽象规律两个层面的意义，它既是人们日常生息的客观事物和现象，又是通过这些事物和现象表现出来的天地大宇宙的法则和人生小宇宙的规律。

我国传统哲学的主流儒道释三家，都非常重视“日用”这个概念，虽然在追求的终极目标上这三家各不相同，但有关“日用”的阐释却惊人的一致，三家的文章典籍中，常常可以看到“百姓日用而不知”的相同喟叹，以形容最高真理存在于每个普通人的日常事物中却又不被察觉理解的状态。

谈无论空的道家禅门姑且不论，这两家的至高奥义本来就是玄妙难名而不易为下层百姓所深入理解的，可是就连以教化天下为己任，持积极入世态度的儒家哲学，却也毫不讳言“百姓日用而不知”。从《周易·系辞上》那段表述中便可以看出，阴阳化生之道何其高远深邃、广阔难言，即便是心如群山般坚定宽广的仁者也不能彻底体会，仅只能见到它仁的一面；即便是心如流水般清澈明敏的知者也不能根本领悟，仅只能见到其知的一面，仁者知者尚且拘于己见，那就更不用说普通百姓了。百姓大众虽日用无不遵循着道的冥然运化，却不知由此入手明道体道，因此而昏昧终生。对此，儒家先贤才发出“故君子之道鲜矣”的嗟叹。

很长一段时间之内，儒家都将“百姓日用而不知”视为圣愚之间截然分开的判定和不可逾越的鸿沟。自从孔子说出“民可使由之，不可使知之”(《论语·泰伯》)后，先儒围绕它做足文章，却大体不出“至

---

① 孔颖达撰《周易正义》，北京大学出版社 2017 年版，第 247 页。

于百姓,但日用通生之道,又不知通生由道而来,故云'百姓日用而不知'"[①]的论调。法度森严的程、朱等理学家们自不待言,就连"民胞物与"的张载,也叹息百姓日用不知是"溺于流也"[②],认为寻常大众无法体察日常举动中的大道、饮食男女中的天性,同时又没有主动探索寻求的见识和意志,"所以醉而生梦而死者众也"[③]。甚至王阳明在自信地强调"人人心中有仲尼"的同时,也不得不感叹:"良知良能,愚夫愚妇与圣人同。但惟圣人能致其良知,而愚夫愚妇不能致,此圣愚之所由分也。"[④]良知天理虽然包蕴于每个人的天性中,但那仅仅是一种可能性,惟有圣人能通晓良知真谛并扩而充之达到极致,百姓也许终其一生也不能企及,只能永远守着它的根芽却浑然不觉,无从领悟。

多年来,儒家学派仅在"日用"而不知时,才会提及"百姓"。然而到了泰州学派那里,这个概念却得到全新的阐发,甚至可以这样说:正是泰州学派首次强调了"日用"不离"百姓"这一主体,旗帜鲜明地提出"百姓日用"一说,并赋予其超越性的含义,而将"百姓日用"上升到学派思想的核心范畴。

泰州学派在最初的着眼点上就和前人截然不同,他们注意到无论在具体物质层面还是在抽象规律层面,"日用"都与"百姓"息息相关、不可分割。作为"民之质矣","日用"这个概念从诞生开始就拥有最广泛的主体,即所谓的"民"、所谓的"百姓",也就是人间再普通平凡不过的男女老少、士农工商。"百姓"是"日用"的实施者,离开了"百姓","日用"便丧失了它的实践主体。而"日用"则是"百姓"的存在形式,"百姓"生民无法离开"日用"的具体实践而得以存在。二者一旦分离,彼此都将成为缥缈无依的空中楼阁。

正因为"日用"的主体不局限于凤毛麟角的圣贤君子、帝王将相,

① 《周易正义》,第 250 页。
② 张载《张载集》,中华书局 1978 年版,第 188 页。
③ 《张载集》,第 187 页。
④ 王守仁《王文成公全书》,中华书局 2015 年版,第 61 页。

而是遍及四海的下层“百姓”,作为“百姓”生存全部内容的“日用”,又是任何形而上的抽象律理都不可或缺的物质基础,所以“百姓日用”所反映出的规律和道理才具有最普遍、最根本的意义。因此泰州学派决不将“百姓日用”拆散开来,而是将其视为一个完整不可割裂的整体,在他们的理论中,“百姓日用”范畴立足于最广泛的主体,呈现出最丰富和谐的形式,显现于最微末的细节,反映出最深邃悠远的大道。正是在这个意义上,“百姓日用”被泰州学派赋予了拥有审美意蕴的可能。要全面而深入地研究泰州学派的学术思想,尤其是美学思想,“百姓日用”范畴必定是一个永远跳不过的问题。

三、泰州学派美学与“百姓日用”

这几乎已经是泰州学派美学思想研究者的共识了——虽然学派的哲学思想丰厚充实,但其中直接论述艺术和审美的内容却甚为寥寥。然而若就此得出结论,说泰州学派思想体系中没有美学的一席之地,却是武断的。因为哲学问题和审美问题往往是重合的,尤其在儒家学派等我国传统思想流派中,美的境界常常与哲学追求的终极目标冥然重合,泰州学派便鲜明地承袭了这一思路。

纵观泰州学派的理论可以看出,虽然这一学派并不关心文艺创作、鉴赏与批评,也并未针对美本身展开理性的周密阐述,但其成员对于某些哲学命题的探讨和阐发却时常渗透着一种浓厚的美学意味。更重要的是,美正是泰州学派心目中超越苦难现实的终极解放之途、人类灵魂获得安宁幸福的永久止息之所,它需要借助平民百姓的日常生态实践得以实现,因此人们的全部生存生活实践都有可能化为美的创造,也都有可能成为其美学关注的对象。由此可见泰州学派的哲学思想中不仅存在着独具特色的美学观点,甚至更是已隐然形成较为完整的理论体系,这个体系始终都对“百姓日用”倾注了无穷关注。

泰州学派强调“日用”不离“百姓”,所谓“百姓日用”,简言之就是平民大众日常生活实践的行为、事物和现象等的总和,它是普通百姓的生存状态,也是人与自身之间、人与人彼此之间、人与其生存生活环境之间的互动关系体系。它是现时性、流动性的,表现为这世上所有人随时随地都在经历着的琐事常行。看似平平常常毫不起眼,但却是宇宙人生本质真理在每个人身上的普遍显现,其中包含着深远无尽的真理大道。人类自生至死,所经历的无非“百姓日用”,经历“百姓日用”是人类本真的存在方式,人类舍此而不能存在。由此可以看出,在泰州学派的思想理论系统中,占据着举足轻重的根本地位的“百姓日用”甚至因此可被视为人的本体。

以“百姓日用”为人的本体的意义,首先在于将阳明心学中难以把捉的“心性”本体拉近到衣食住行的现实生活层面,变成包括下层百姓都能理解把握的具体存在。其次在于,“百姓日用”这一本体直接赋予人的生命存在以不容侵犯的合法地位,从而使人们意识到承受统治阶级强加的重压和桎梏、直至危身殆命的状况是多么荒谬。在这个意义上,寻求摆脱苦难境地的解放之路就成为迫在眉睫的问题。

而泰州学派指明的解放道路也并不存在于虚玄莫测的精神世界,更不是遥不可及的彼岸天国,它恰恰存在于现实之中——借助美的超越性力量,在“百姓日用”的日常实践中,人们可以从现实的泥沼中一跃而出,获得真正意义上的本质的自由和幸福。在这个意义上,泰州学派对“百姓日用”范畴深入而系统的阐发可以被视为美学。

应当承认,“百姓日用”及其相关范畴在一定程度上得到了后世学者们的关注。刘志琴曾专门就“百姓日用”展开论述,详细讨论了百姓大众的衣食住行在我国传统思想中所代表的美学价值和文化意义[①]。此外,研究与人们现实生活息息相关的通俗文艺、审美文化等的理论著作也不断推陈出新。如郑振铎的《中国俗文学史》侧重于

---

① 具体论述可见刘志琴发表于2004年11月24日《北京日报》上的《百姓日用之学的人文精义》以及在孔子诞生2555周年大会上的演讲《论儒家的百姓日用之学》等。

纲举目张的总体论述，樊美钧的《华夏审美风尚史——俗的滥觞》则阐述了在明清时代审美观念中盛极一时的通俗之风，其他不同领域的研究者分别从小说、戏曲等文艺美学角度对此展开论述。然而由于侧重点的关系，这些著述中有关泰州学派美学"百姓日用"范畴的阐述，及这一范畴对明清美学趣味风尚的影响却并未充分展开。

同时，国内外学者们对泰州学派"百姓日用即道"等思想亦不可谓不重视，然其思路主要沿着以下方向展开：在吴震、杨天石、林子秋等学者的直接围绕泰州学派思想理论展开的《泰州学派研究》《泰州学派》《王艮与泰州学派》等专著中，均有述及"百姓日用即道"的相关章节。他们将其视为泰州学派思想举足轻重的组成部分，认为"百姓日用"消解了道的神秘性，将人的良知天性落到实处，为普通百姓争取了合理的生存权利[①]。左东岭、邓志峰等学者则立足于王门心学的总体学术背景，彰显泰州学派"百姓日用即道"观点的平民化特质，充分论述了他们以师道自任，当下指点启发百姓大众的学术风格[②]。然而应当看到，这些论著更侧重于从良知现在、平民主义等角度，阐析泰州学派"百姓日用即道"学说的哲学意蕴，而极少涉及其美学层面的深刻意涵。姚文放、胡学春等学者的美学论著，充分注意到了"百姓日用即道"思想的审美意义，并均对此展开了专门章节的论述，但却并未从范畴视角来审视和把握"百姓日用"的本体地位，及蕴藏于其中的美的超越性解放力量。

还应当注意到，当代西方学者已开始从美的视角来考察人类的感性、身体、生存生活实践等。福柯将生活视为艺术，费瑟斯通提出"日常生活审美化"命题，舒斯特曼倡言身体美学等，纷纷以"生活美学""身体美学""重构美学"等全新理论向经典美学发起挑战。中国

① 此外，持有这种观点的还有钱明、陈方根、钱专以及德国学者余蓓荷等。

② 参见左东岭《王学与中晚明士人心态》、邓志峰《王学与晚明的师道复兴运动》、吴震《阳明后学研究》、冈田武彦《王阳明与明末儒学》等论著。

学者们在很大程度上保持了同步性,周宪、凌继尧、陶东风等学者对于“日常生活审美化”的讨论,姚文放、彭富春、程相占、王晓华等学者关于“身体美学”的研究等也都如火如荼。而泰州学派对“百姓日用”范畴的高度关注与审美诠释,很大程度上便已触及这些内容的边界,并与审美生存、整体和谐等当代美学关注焦点存在共鸣,可谓极具前瞻性。而关于这一方面的研究,亦大有深入开掘的空间。

综上所述,系统阐述“百姓日用”这一泰州学派美学思想的本体范畴,强调其基石与中心的地位,并围绕这一范畴建构起来美学思想体系是必要且亟需的。

“百姓日用”可被视为人类顺应本然天性而进行的全部生存生活实践,其无穷无尽的形象之流平凡琐碎但却从容流畅,自然而然地印证并展现着大道真理,更蕴含了建构和谐的“人—社会—自然”整体生态模式的关键。将“百姓日用”推至前所未有的崇高地位,体现了泰州学派在阳明心学平民化、世俗化方面的推进开掘,寄托了他们对中晚明社会现实的反抗,也表达了他们对挣扎于水深火热苦难生活中的百姓大众一体同心的关怀。学派对“百姓日用”的张扬和肯定,也使得在传统美学中处于次要从属地位,甚至备受轻视的物质本体、平民主体和实践行动等层面,均得到前所未有的关注与重视,这对后世思想文化产生了重大而深远的影响。而泰州学派美学思想颠覆性的创新力亦体现在这里。

四、余　论

泰州学派流布极广、成员众多,袁承业在《明儒王心斋先生弟子师承表》中便列出了多达 487 人的名单,而黄宗羲在《泰州学案》中详细论及的也有 28 人[①]之多。其中,王艮(心斋)、王栋(一庵)、王襞(东

① 此外,吴震在《泰州学派研究》第 8 页中绘制的《泰州学案》师承关系图也较为清晰直观。

崖)、颜钧(山农)、何心隐(夫山)、罗汝芳(近溪)六位堪称泰州学派的中流砥柱。

继王艮开宗立派后,有王栋笃实守成,亦步亦趋夯实学派的思想根基。而心斋之学问,王襞和颜钧"各得其一体"[①],前者旷达乐学,有韩贞(乐吾)等布衣君子羽翼其后,其学强调良知现成,而难免有玩弄光景之嫌;后者狷狂任侠,前承浩气慨然的徐樾(波石),后继何心隐等"江湖大侠",表现出思出其位的行动力,却渐渐陷入狂荡失范之境地。直到颜钧的另一位高足罗汝芳处,良知天性的完满自足与日用常行的切实工夫才终于得以浑融契合,而贯通融会"一洗理学肤浅套括之气"[②]。至此泰州学派诞生、成长、分歧、会通的轨迹完整显现。可以说,此数子正是泰州学派之脊骨,他们对"百姓日用"范畴的理解和阐述,构成了泰州学派美学思想的发展主轴。

此六人之外,泰州学派师承表中还列有朱恕、林春、赵贞吉、邓豁渠、耿氏兄弟、焦竑等众多重要人物,而后世许多学者亦将李贽视为学派重要的一员[③],甚至还有研究者将汤显祖、徐光启、公安三袁等也归入学派之中,视为后起之秀和晚期代表[④]。这就需要从思想源流上来厘清以下问题。

首先,徐樾、韩贞、朱恕、林春等学派重要人物,他们大多受业于心斋门下,其思想言行体现出鲜明的泰州宗风。波石、乐吾等尚有少量文字存世,而出身樵夫佣工的朱恕、林春等人,他们的思想或因文化程度有限而没有形诸文字,或因著述散失等种种原因湮灭不存。对于这一类泰州门人,只能最大限度地利用现存文献,并通过史籍记载的具体事件来管窥其思想。

---

① 邓志峰《王学与晚明的师道复兴运动》,社会科学文献出版社 2004 年版,第 196 页。

② 《明儒学案》,第 762 页。另,吴震在《泰州学派研究》中,甚至将罗汝芳视为"泰州学的终结"。

③ 持此观点的有姚文放《泰州学派美学思想史》、季芳桐《泰州学派新论》、胡学春《真:泰州学派美学范畴》等。

④ 林子秋、马伯良、胡维定的《王艮与泰州学派》即持这样的观点。

其次,如赵贞吉、耿氏兄弟、邓豁渠、焦竑等人,他们虽名列于师承表,但仔细辨析其学问义理,却与泰州学派之宗旨存在一定的偏离。如耿定向更多表现出在朝王学的特色,焦竑博览群书堪称全才而不偏重某家,赵贞吉对佛家思想拳拳服膺,至于邓豁渠,则踏着"良知现在"的跳板一跃而入狂禅之境……究其原因,一则很大程度上是因为这些学者博采广收,泰州学派为其思想来源之一;二则因为在当时泰州学派渐成声势,立志探索性命之学的士大夫们多与学派成员有所交往,彼此间师友相称,其中固然有确实的师承关系,但也不乏礼仪客套的因素。对于这一类泰州门人的思想,则因根据实际情况给予相应的选择与取舍。

再次,李贽对赤子童心的关注以及挑战权威的"异端"精神等,的确与泰州学派存在共通之处,他与王襞、耿定向、罗汝芳等泰州门人过从甚密也是事实,但李贽的思想来源博杂广泛、体系自成一格,他对泰州学派及其成员的评价亦采取旁观者的立场和态度,更重要的是他对功利思想的偏重、对儒家传统的批判等,几乎已暗暗逾越了心学藩篱。因此他的思想更适合作为一个参照物,与泰州学派相互映发。

最后,公安三袁、汤显祖和徐光启等人虽与学派成员关系密切,但其名不入师承表,其思想虽受泰州学派影响,但精神内核已颇相异趣,因此再将他们置于泰州门人中进行考察就未免牵强。

明确了以上问题,才能就此从人文生态视野出发,以王艮等学派主要成员个案为关节点,通过对社会、文化、学术、地域等整体背景的考察,描绘出泰州学派学术思想的"生长轨迹",分析其以"百姓日用"为本体范畴的美学思想得以生成、发展的人文生态土壤。进而通过确立"百姓日用"范畴系统,来构建其美学思想理论体系框架。

第一章　论“百姓日用”

明代中叶，崛起于下层平民间的泰州学派批判地继承和发展了阳明心学，形成其独具一格的哲学思想体系，亦为后人留下了深厚的理论矿脉，并对后世人文学术乃至民族精神气质等方面产生了重要影响。同时这一学派切实关注社会现实，围绕“百姓日用”范畴，从百姓大众个体的肉身物质、生理本能、生存实践等曾被忽视的层面，创造性地继承发展了儒家理想人格、理想社会模式与理想天人关系等理论，形成的独具特色且富有颠覆力量的美学思想。涵盖人们日常生活的方方面面的“百姓日用”何以在泰州学派美学体系中占据中心位置，成为本体范畴，这首先需要从内在意涵和外在呈现两方面对其进行深入的辨析考察。

第一节　“百姓日用”的内在意涵

泰州学派对“百姓日用”范畴的关注和重视可谓一以贯之，但对它的理解和阐释却并非一蹴而就，随着学派美学思想的发展渐进，“百姓日用”范畴的内在意涵也有一个逐步丰富与深化的过程。

一、“百姓日用”与“中”

作为泰州学派的创立者,王艮对“百姓日用”的阐析论述对范畴的确立凝定起着指向性的作用。提及王艮对这一范畴的论述,人们习惯于根据《王艮年谱》《心斋先生学谱》以及《明儒学案》等资料中的记载,而以“百姓日用即道”一言蔽之。通过这明确的表达可以清晰看到,王艮能从下层平民百姓的日用常行中敏锐地捕捉到大道的存在,并对此给予肯定与尊重。然而仅此尚不足以充分体现王艮思想的平民特质与革新精神——细究起来,“百姓日用即道”的观点实际上在《周易·系辞上》中便已然提出,“百姓日用而不知”只是指出众人日常举动皆为大道所左右,但浑然不觉的状况,却并没有否认百姓日常即在用道循道的根本问题。若仅仅老调重弹,那王艮思想的研究在这一方面的创见性是可疑的。

1. 论“百姓日用”

从现存资料看来,“百姓日用即道”事实上并非王艮的直接表述,而更多是后人对其相关思想的总结。那么心斋对“百姓日用”范畴的具体阐述究竟如何呢?不妨先来看看他在《语录》中说过的这样一段话:

> 或问“中”,先生曰:“此童仆之往来者,‘中’也。”曰:“然则百姓之日用即‘中’乎?”曰:“孔子云‘百姓日用而不知’,使非‘中’,安得谓之道?特无先觉者觉之,故不知耳。若‘智者见之谓之智,仁者见之谓之仁’,有所‘见’便是妄。妄则不得谓之‘中’矣。”①

从根本的层面上来说,普通人日常生活间的琐事常行的确永远都无法与深远无极、无所不包的大道真理简单画上等号,然而王艮却

① 《王心斋全集》,第5页。

敢于直言“百姓日用即道”，那是因为他在此二者之间放置了一个关键性的中介，那就是“中”。从以上这段表述中可以初步看出，在王艮眼中，“百姓日用”可归结为一个“中”字：它是与“妄”相对的真理，具有“道”所特有的无可辩驳的正确性。它主宰着人们日常间的应对往来，无比亲切平易，是“道”特殊而具体的存在形式。同时它也是现成自在的，一旦用成见去把捉，就必定会陷入谬误。由此出发，王艮深入辨析与阐释什么才是现成无妄的“百姓日用”之“中”。

2. 论“百姓日用即‘中’”

在我国传统哲学中，“中”可以说是一个古老的范畴。在前人对这一范畴的阐述中，最令王艮心有戚戚焉的，当为《中庸》所言：“喜怒哀乐之未发，谓之中。”“中也者，天下之大本也。”他曾在《语录》中明言：“《中庸》‘中’字……本文自有明解，不消训释：‘喜怒哀乐之未发，谓之中’，‘中也者，天下之大本也’，是分明解出‘中’字来。”[①]《中庸》所谓的“中”固存于人们心中，它是一种最原初而自然的心理状态，形象地表现为种种情绪隐而未发时，那种不偏不倚、无过无不及，蕴含着无限可能性的宁静与平衡。它也是未被喜怒哀乐所动摇、不为见闻情识所左右的纯粹境界。

据此，王艮进一步阐述他对“中”的独得之见：“程子曰：‘一刻不存非，中也；一事不为非，中也；一物不该非，中也。’知此可与究‘执中’之学。”[②]“中”之境界不仅表现在心理上无偏无过而不存非，也表现在行动上不偏不倚而不为非，且最终将体现为天地物我各得其所的不该非。因此“中”需要诚于内，但也不能只停留在心理状态的层面；它更需要形于外，体现在每个人日用常行的点点滴滴，体现在世间万物的方方面面。只有理解了“中”是物我内外和谐地各安其位而“自无不‘正’”[③]，才能避免将其仅仅归结于内心感受，而不至沦落入

① 《王心斋全集》，第 3 页。

② 《王心斋全集》，第 6 页。

③ 《王心斋全集》，第 10 页。

流连情识、玩弄光景的危险境地。

在此基础上,王艮才大胆地表述:“道一而已矣。‘中’也,‘良知’也,‘性’也,‘一’也。”[1]而将“中”与“道”“良知”“性”“一”并举:它是“现现成成,自自在在”[2]的天理大道,无所不在,无所不覆;它也是人真实不昧的良知,是人与生俱来的天性和毕生用功的方向;它更是“惟初太始,道立于一”[3],既代表着不可割裂的整体,又体现了贯彻始终的宗旨。在此王艮将“中”安置在了天人物理的根本位置,正因为有了“中”的凝聚和左右,小到人类个体、大到自然宇宙才能浑然自如地行动运转,动静合乎规律,从而在客观上成为对大道永不停息的确证。正是在这个意义上,“中”才主宰着“百姓日用”,揭示着它的本质,决定着它的意义。

3. 论“百姓日用而不知”

“中”就如同周流天下的江河湖海之水,无处不在的万紫千红之春,人人都遵照它生息活动,日用应酬,圣人与百姓并无差别,不同者惟有知与不知而已。知之固然难能可贵,不知难道就一定不可救药吗?对此,王艮的理解可谓相当辩证:

> “惟皇上帝,降中于民。”本无不同。“鸢飞鱼跃”,此“中”也。譬之江淮河汉,此水也。万紫千红,此春也。“保合此中”,“无思也,无为也”,“无意、必,无固、我”,无“将迎”、无“内外”也。何“邪思”?何“妄念”?惟“百姓日用而不知”,故曰“君子存之,庶民去之”。学也者,学以修此“中”也,“戒慎恐惧”,未尝致纤毫之力,乃为“修之”之道,故曰“合着本体是工夫,做得工夫是本体”。先知“中”的“本体”,然后好做“修”的“工夫”。[4]

通过这段表述可以看出,在王艮的理解中,圣贤君子与庶民百姓之分别,不在于能不能理解“中”,而在于能不能保执“中”。因为知不

---

①②④《王心斋全集》,第38页。

③ 许慎《说文解字》,中华书局1963年版,第7页。

徒知，还须知得本体才是真知，而本体与工夫又是辩证统一的，只有执中修己之工夫不懈，直至水到渠成，才可谓真知“中”之本体。因此知与不知不只表现在对知识道理的领悟上，更表现在修身工夫的践行上。下层百姓是因为全然不知通过日用常行来执中修己，才成了离道最远的一群。一旦学会在生活点滴中“保合此中”，那就算无法从理论层面清晰解析这一概念，也丝毫不影响他们与圣贤君子一样知之存之。

更重要的是王艮以其敏锐的洞察力看到了更深层的东西：本体与工夫合一的真知之外，那些不完整、不纯粹的片面之知、成见之知，恰恰比不知更可怕。正所谓“不善之动，妄也”[①]，而“有所‘见’便是妄。妄则不得谓之‘中’矣”。对于深广无穷的大道真理，像仁者、智者那样片面地得其一端，产生偏颇不全之知，反而会偏离不需人为、不假外力的“中”，而沦落入执着于一己之见而生发出的“妄”，甚至走到了道的反面。在这个意义上可以说，“自以为知”还不如“日用不知”。

因此“不执意见，方可入道”[②]，未曾体察也不曾着意去体察日用间奥义真理的平民百姓，恰恰避开了成见之知的偏至虚假，而这种对宇宙间至高法则自然而然、尚未自觉地遵循，同样能“未尝致纤毫之力”[③]地运行无碍，动静得“中”，如虚灵清澈的明镜般折射出道的本来面目。由此看来，百姓虽日用不知，却比仁者、智者更具备学以修此“中”的条件，而更具备获得真知的优势。

因此王艮忠实的阐释者王栋的《答友人首尾吟》恰到好处地概括了这一观点：“著察当观日用民，一民还具一天真。看他用处皆条理，使若知之即圣神。智向智中惟见智，仁于仁上只偏仁。偏仁见智皆非道，著察当观日用民。”[④]

---

① 《王心斋全集》，第 28 页。

② 《王心斋全集》，第 6 页。

③ 《王心斋全集》，第 38 页。

④ 《王心斋全集》，第 196 页。

二、“百姓日用”与“良知”

王艮以“中”为“百姓日用”范畴的内涵,其弟子创造性地继承了这一观点,并沿着他所奠定的理论基调不断开拓深化。

1. “良知”

王栋是王艮的族弟,亦可谓其最忠实的追随者和阐释者,但他在继承王艮理论的基础上亦不乏自己的阐发,关于“百姓日用”范畴,他在其《会语续集》中曾有以下论述:

> 圣人所不知不能,即愚夫愚妇与知能行之事。故孔子于事公卿、父兄、勉丧、饮酒之事,皆曰何有于我?夫是四者,日用常行之道,谁不知之能之?然及其至而无过不及,则信乎虽圣人亦有所不能尽,岂曰问礼、问言、求博极于良知之外者哉?[①]

王艮曾将“中”“良知”“性”“一”等并举,而均以“道一而已矣”一言蔽之。在这里王栋则直接通过日常生活中人际交往、家庭关系、礼仪修养等方面的事上工夫,指出孔子这样的圣人并非有惊世骇俗的言行、超拔于众的神通,而是能在点滴琐事中自觉顺应大道并发挥到极致,而时刻都能和谐恰当地应对自如,体现出无过无不及之“中”。这正是本体与工夫合一的真知,也正是人与生俱来之“良知”。借助孔子这一儒家理想人格的典范,王栋就此点出“中”落实于人类个体层面,便体现为“良知”。

所谓“良知”出自《孟子·尽心上》:“人之所不学而能者,其良能也;所不虑而知者,其良知也。”是指人与生俱来的伦理天性和道德判断力,传统儒家尤其是思孟学派认为它是先验的,人生而秉有无须后天学习。“良知”也是王阳明竭其毕生心血拈出的学问宗旨,阳明晚年用“四句教”来概括其毕生思想:“无善无恶是心之体,有善有恶是

① 《王心斋全集》,第155页。

意之动，知善知恶是良知，为善去恶是格物。”[①]其中“良知”便处于判断善恶的关键枢纽位置，正因为它是得自天的天性，而“性无不善，故知无不良”[②]。因此它才居仁义、知善恶、明是非，既是包蕴一切的心之本体，也是与私心物欲截然对立，使人得以成之为人的切要关防。于人，“良知即是未发之中，即是廓然大公，寂然不动之本体，人人之所同具者也”[③]。于物，“良知是造化的精灵。这些精灵，生天生地，成鬼成帝，皆从此出”[④]，成就天地山川草木禽兽而使万物氤氲一体。因此王阳明才断言：“吾心之良知，即所谓天理也。”[⑤]

但王阳明随即指出，人之良知虽纯粹完备，“但不能不昏蔽于物欲，故须学以去其昏蔽，然于良知之本体，初不能有加损于毫末也。知无不良，而中、寂、大公未能全者，是昏蔽之未尽去，而存之未纯耳”[⑥]。其本体虽湛然无瑕，但其运用却会受到私心物欲的蒙蔽与影响，因此才需要以持续不懈的工夫来祛蔽才能“致”之。

王艮作为王阳明的高足，亦承认“良知”于人于物不可取代的中心地位，但并不赞同以祛蔽来“致良知”。他通过分辨与其互为表里的天理，以及与其针锋相对的私心人欲，来说明“良知”完满现在，无须“致”之。

> 或问“天理”“良知”之学，同乎？曰：“同。”曰：“有异乎？”曰：“无异也。”[⑦]
>
> “天理”者，天然自有之理也，才欲安排如何，便是“人欲”。[⑧]
>
> 才“着意”，便是“私心”。[⑨]

---

① 《王文成公全书》，第145页。

②③⑥ 《王文成公全书》，第78页。

④ 《王文成公全书》，第129页。

⑤ 《王文成公全书》，第56页。

⑦ 《王心斋全集》，第31页。

⑧ 《王心斋全集》，第10页。

⑨ 《王心斋全集》，第3页。

在王艮看来，首先“良知”与“天理”无异，二者同出异名且均“天然自有”，而私心人欲是与天理对立者，也自然就是与“良知”对立者，但他所理解的私心人欲却并非阳明所言的物欲，而是刻意安排、着意助长的妄见。这种观点与其“有所‘见’便是妄。妄则不得谓之‘中’矣”的观念可谓一脉相承。由此可见在他这里，“良知”的对立面是刻意着力，因此越是刻意去“致”，反而会如见仁见智却不见真知那样，离“良知”越远。

正是在这个意义上王栋才指出，与人类个体而言，“若论良知本性，自无过，自无不及，自无不大中至正，有不然者，非良知也”[①]。“良知”既有包蕴一切之至大，又有和谐恰当之中正，而且“良知自洁净无私，不必加察”[②]，不会被凡尘俗世的物欲杂念浸染。与此同时，“鄙夫虽气质凡庸，而良知本性未尝不与贤知者等，故圣人必竭两端而告之。非但良知人人自明，抑道本愚夫愚妇可以与知，举其至近而远者，自寓乎其中耳”[③]。寻常百姓与圣贤君子一样，都拥有自明自在之“良知”天性，百姓虽因凡庸的气质之性的影响，更容易被纷华欲望一时蒙蔽双眼，但“良知”却永不会蒙昧失色，它召唤着人们在“百姓日用”间和谐地顺应大道，不是借助刻意察私、廓清和防检，而是通过知行合一来重拾真知、重识本性。正因为这“良知天性，往古来今人人具足”[④]，愚夫愚妇才同样具备成为圣贤的内在条件和无限可能。

泰州学派的另一位重要代表人物——王艮的次子王襞也认同“百姓日用”间人人“良知”自在，由此他进一步指出：

> 良知本性，天之灵而粹精之体也。谁其弗具？谁其弗神？而圣名者号也，得证则日用头头，无非妙动，而纤力不与，快乐难

① 《王心斋全集》，第193页。

② 《王心斋全集》，第151页。

③ 《王心斋全集》，第155页。

④ 《王心斋全集》，第47页。

名，然一体之慈达而经世之用出焉。[①]

人之性天命是已。视听言动，初无一毫计度。而自无不知不能者，是曰天聪明。于兹不能自得自味其日用流行之真，是谓不智而不巧……[②]

王襞尤为重视“良知”之“灵”。“良知”是大道赋予人的天命之性，是纯粹精一的“天之灵体”，是无不知无不能的“天聪明”，不仅人人生而具备，而且都能从不察觉并毫不刻意地运用自如。因此它不仅自然率道而不着外力、不假外求，更具有摒弃伪装矫饰的“真”的特性，即如王栋所谓“良知自真”[③]。“百姓日用”便是这既真而灵的“良知”最普遍的充塞发挥，既然其不容纤力、不可计度，那在“百姓日用”的生活实践中，无论圣人的自觉遵循还是百姓的浑然顺应，说到底都对“良知”的粹精之体没有影响。圣人能自得自味其日用流行之真固然至善，百姓不能，虽不智不巧，却也不碍此日用流行之真。

可以看出，王栋与王襞对“百姓日用”之内蕴的阐发，立足于王艮喜怒哀乐之未发之“中”的和谐、自如与充满生命力的无限可能，进一步凸显其在人类个体之上的运用与体现：“良知”现成自在、完满自足，至真至灵，不假外力……如果说王栋强调“良知”之“遍”尚体现出一种平民主义的乐观，那王襞极言“良知”之“灵”，就多少有些莫可名状的虚玄高妙，而显现出作用见性、玩弄光景的端倪。

王栋在投于心斋门下前，曾从学于王阳明的弟子泰州知府王瑶湖，所以其学“近炙安丰，远溯姚江（按，指王阳明）”[④]，他以毕生精力诚意修身，认定“举业虽出身阶梯，心学实孔曾正脉”[⑤]。而王襞幼年时曾受教于王阳明座前，后来一度师事王畿，因此他的思想虽本于其父之学，但王阳明的启蒙点拨影响深远，且“龙溪之授受，亦不可诬

①②《王心斋全集》，第215页。

③《王心斋全集》，第160页。

④⑤《王心斋全集》，第141页。

也”[①],因此其思想往往表现出主张直悟天性、体认本体的“不犯手”之妙。他们在人类个体“百姓日用”的和谐中节背后,寻找到了人人具足、圆满自在的“良知”,是心学学脉的一贯性使然,却也体现出鲜明的平民立场和大胆的革新精神,由此可看出在盛行天下王学思想笼罩下,早期的泰州学派正渐渐走出自己独特学术风旨的轨迹。

2. “仁”

以言行大胆激进闻名的颜钧、何心隐等人,在学术风格上虽与王栋、王襞等有所异趣,他们的观点也从更质实的角度辅翼了王艮所谓的“中”,丰富了“百姓日用”之内涵。

颜钧在《日用不知辩》这篇短文中这样说道:

> 夫日也,体曰精阳,运行为昼,亘古今而悬旋,为白日之明,曝丽天地,万象万形之生生化化也。夫用也,言在人身天性之运动也。是动,从心率性;是性,聪明灵觉,自不虑不学,无时无日,自明于视,自聪于听,自信于言,自动乎礼也,动乎喜怒哀乐之中节也,节乎孝弟慈让为子臣弟友之人也,故曰日用。是日用也,随时运发,天性活泼,感应为仁道也。[②]

撇开开篇一段近乎神秘主义的论述,可以看出颜钧是以“性”来定义“百姓日用”之内在意涵的,日用是灵明自在的天性体现于人身的不能遏抑的运动,因此这种运动从心率性、活泼不拘,却从不违背视听言动、喜怒哀乐、孝弟慈让之中节。虽然和王襞一样使用了心性的说法,但颜钧对于“性”的阐述显然更偏重于张扬其目视耳听,能言能动生理本能,及其喜怒哀乐、孝悌慈让的实际应用,立足于其物质性、应用性,而着力强调出“心性”随时感应的“仁”:“百姓日用”之所以能中节,关键在于“仁”这一内在标杆,它是推动人们生存活动的内在动力,是运转人们日用应酬的唯一轴心。下层平民大众虽“日用此

---

① 《明儒学案》,第 719 页。

② 黄宣民点校《颜钧集》,中国社会科学出版社 1996 年版,第 14 页。

生此仁，而皆不知此即己心之良知良能”[1]，却能遵循本能随时运发，毫不迟滞。

颜钧正是因此而将“仁”视为“百姓日用”的核心内蕴，将其视同心之“良知”。“仁”可谓是儒家思想的根本：孔子将这种春秋时代的道德性、精神性的重要观念凝定下来，成为儒家思想的基本范畴之一。他根据不同的对象和具体的状况，丰富深化着“仁”的涵义。“仁”首先是一种宽容仁厚的忠恕之道，是从内心深处真诚地体谅宽恕他人的包容之情。如“樊迟问仁，子曰‘爱人’”(《论语·颜渊》)，这种发自内心的真挚情感离不开人的精神修养和道德情操，而这种修养和情操又需要礼乐规范来不断涵养和完善，因此“仁”贯穿于人们约束自己，使言行合乎礼的行为中，正所谓“克己复礼为仁”(《论语·颜渊》)。在这个意义上，人们追求各种美好道德情操的动机之中同样也体现着“仁”，“我欲仁，斯仁矣”(《论语·述而》)。还应当看到，“仁”不仅以个体的完善为其最高目标，而且以“天下归仁”(《论语·颜渊》)为其最终完成，而这就需要每个人从自身做起，成就他人、完善自我，即“夫仁者己欲立而立人，己欲达而达人。能近取譬，可谓仁之方也已”(《论语·雍也》)。

在孔子之后，孟子则进一步以亲切浅近的语言描绘出“仁”的真面目：“恻隐之心，人皆有之；羞恶之心，人皆有之；恭敬之心，人皆有之；是非之心，人皆有之。恻隐之心，仁也；羞恶之心，义也；恭敬之心，礼也；是非之心，智也。仁义礼智，非由外铄我也，我固有之也，弗思耳矣。”(《孟子·告子上》)孟子说道，人们本能的恻隐同情之心就是“仁”的发端，人们天生懂得珍惜自己的生命，敬爱自己的亲人，由此推及旁人，扩而充之达到极致，便能具备“仁”的美德。“义”“礼”“智”也是同理。它们作为必备条件，一同构成儒家思想中理想人格审美典范的判定标准。在这个意义上，“仁”这一儒家思想中举足轻

---

① 《颜钧集》，第14页。

重的范畴便丝毫没有神秘虚玄、不可把捉之处。“仁者,人也,亲亲为大。”[①]对此朱熹解释道:“人,指人身而言。具此生理,自然便有恻怛慈爱之意,深体味之可见。”[②]“仁”不仅仅是高尚的美德,更是人只为人的基本条件,是每个人与生俱来的本能天性,更可谓就是人本身。它与人关怀爱恋亲人的感情是一致的,丧失了这种情感天性,人便不成之为人,正所谓“无恻隐之心,非人也”。虽然后世历代儒家学者都以自己的方式对“仁”进行着理解和解读,使这一范畴的内涵越来越充实丰富,但大抵不出本旨。而泰州学派颜钧对这一范畴的理解,很大程度上也是与孔孟之原旨非常接近的。

颜钧有言:“全全仁道,耽耽好生。”[③]他所谓的“仁”,应当更切近于《孟子·公孙丑上》中的论述:“所以谓人皆有不忍人之心者,今人乍见孺子将入于井,皆有怵惕恻隐之心。非所以内交于孺子之父母也,非所以要誉于乡党朋友也,非恶其声而然也。……恻隐之心,仁之端也……”某种程度上可以将它理解为人类珍爱生命的本能情感。颜钧着眼于此,以“仁”这种真实淳厚的本能慈爱来点明“百姓日用”之内在意涵,某种意义上说,也点破了可能附加于“良知”之上的虚玄光景。

而何心隐继承和发展了其师颜钧思想,他直截了当地指出:“仁,人也,人人相形,人己乃形。”[④]独创性地从字形入手,指出“仁”这个字就象征着并肩而立的人本身。它不仅以人之形为形,代表了每个独一无二的人类个体,同时也以人人相形展现群体的概念,因此“仁”和“人”在本质上应该是相通甚至相同的。

何心隐学术风格冷峭超拔,行文间绝少直言“百姓日用”与“良知”,但在他这里,“仁”恰是人类日常举动的宗旨与核心:“仁义之人,

---

① 朱熹《四书集注》,凤凰出版社 2005 年版,第 29 页。

②《四书集注》,第 30 页。

③《颜钧集》,第 21 页。

④ 容肇祖整理《何心隐集》,中华书局 1960 年版,第 67 页。

人不易而人也。必以仁为广居，而又必广其居以象仁。自旦至昼，必好仁，必为仁，必恶不仁，必不牿亡于旦昼所为之不仁。”[①]一个真正意义上的人，他昼夜不息的日用常行，归根结底都应无一不是仁义之行，其一言一行、一举一动都应遵循着仁义的本质，而绝非恣意妄为，只因“人之情则然也，人之才则然也，人之良心则然也，人之远于禽兽则然也”[②]。它不仅是人类本能情感（情），更是人类的天性禀赋（才），还是人类的伦理标准（良心），同时也是人类区别于禽兽的标志。于是“仁”便成了人本质的规定性，作为真正意义上的人，除开践行“仁”这一遵循本能天性、顺应道德情感的唯一的生存标准之外，再无其他合理的生存方式。那么，涵盖人们和谐恰当的全部生存生活实践的“百姓日用”，便就此成为“仁”的自然发挥与实际应用，而决定人之为人的“仁”，也就成为“百姓日用”的核心内蕴。

自王艮提出的喜怒哀乐未发之“中”后，王栋、王襞梳理出其于人类个体而言，便是自在自足的“良知”。而颜钧、何心隐等人进一步将“良知”落实于“仁”，“百姓日用”之内在意涵就此一步步丰富与明确起来。

三、“百姓日用”与“善”

应当注意到，在儒家学派的思想中，“良知”与“仁”从一开始就紧密联系，不可分离，《孟子·尽心上》中言明何谓“良知”“良能”后，继而言道：“孩提之童，无不知爱其亲者；及其长也，无不知敬其兄也。亲亲，仁也；敬长，义也。无他，达之天下也。”“仁”的根芽就是“良知”，“良知”的发挥就是“仁”，在人们与生俱来的骨肉亲情的贯通之下，二者交融合一，可谓不可分割的整体。只是在王栋、王襞这里，更偏重这个整体中存乎于内的虚灵主宰；而在颜钧、何心隐这里，更偏

---

①② 《何心隐集》，第 26 页。

重这个整体中发乎于外的中和中节。而这两方面最终在被牟宗三评价为“泰州学派中唯一特出者”[①]的罗汝芳这里得到了会通融合,“百姓日用”内在意涵之图谱疆域,也在他这里得以初步绘制完成。

罗汝芳与何心隐一样做过颜钧弟子,他同时又与王襞亦师亦友,更博采众收,从释道两家思想中汲取精华。所以其人其学既注重践行,又不失颖悟,更特重拆穿光景,能举重若轻地把握问题本质,深入浅出地将玄理奥义阐述清晰。更难能可贵的是罗汝芳有着浑厚包容的心肠,有教无类的启发普通民众,所以“顾眄呿欠,微谈剧论,所触若春行雷动,虽素不识学之人,俄顷之间,能令其心地开明,道在现前”[②]。这在其对“百姓日用”范畴内在意涵的阐释中表现得尤为明显。

1. “中”即“平常”

当有人问罗汝芳关于“喜怒哀乐未发谓之中”的问题时,他这样回答:“今论人情性之平常应用者,是喜怒哀乐;而其最平且常者,则又是喜怒哀乐之未发也。”[③]在罗汝芳看来,每一个普通人在日常生活中,都会遇见各类事情,因此产生喜怒哀乐等各种情绪,这已是自然而然、司空见惯的状况,而未曾遭遇事件时平静宁和的状态则更为自然、最为平常。而这种平常中的平常就是“中”。“中”因此来自人之常情,体现为情之常态,是人类生存生活最基本的情形态势。

而最平常之“中”却拥有自然浑沦的无限生命力,并且遍及宇宙人间,据此罗汝芳进一步论述道:

> 民有卑下,而中无卑下,卑下之民亦中也。试看,今时闾阎之间,愚蠢之妇,无时不抱着孩子嬉笑,夫嬉笑之语言最是浅近。闾阎之村妇,最为卑下,殊不知赤子之保、孩提之爱,到反是仁义

---

① 《从陆象山到刘蕺山》,第 204 页。

② 《明儒学案》,第 762 页。

③ 方祖猷等编校《罗汝芳集》,凤凰出版社 2007 年版,第 12 页。

之实而修、齐、治、平之本也。且细细论之，则不惟舜之用中于民而已，鸢鱼飞跃而上下察焉，又用中于鸢鱼也；庭草意思，自家一般，又用中于草木也。吾辈有志，在家要做好人，只是循着良知良能，以孝亲敬长而须臾不离，便做得好人；在外要做好官，只是循着良知良能，以率民孝亲敬长，而须臾不离，便做得好官。①

在他看来，上至君王圣贤，下至卑下之民，甚至人以外的鸟兽草木，无不存有此“中”，应用此“中”，遵循此“中”。“中”充满着仁厚的生意，使人们相亲相爱和谐相处，使世界鸢飞鱼跃一派生机。罗汝芳拈出村妇爱子的实例，对“中”加以形象地展现：乡间的母亲抱着孩子嬉笑絮语时，内心并没有大起大落的情绪，而只是慈爱亲情自然而然地真切流露。这种慈爱亲情是她母性的本能，因此也就是无须刻意而发的平常状态，所以她一颦一笑、一言一行虽然是无心而不自觉的，却也真实而中节，因而蕴藏着并体现出大道天性。正是在这个意义上，这位里巷中的普通母亲，能在浑然不觉间，与修身齐家治国平天下的圣人一样，执中而用道。

在此，罗汝芳将王艮并未展开深入辨析的喜怒哀乐未发之“中”明确地阐释了出来：“中”就在生活中，喜怒哀乐之未发就是人在“百姓日常”间，充实而完满且蕴含无限可能性的宁静常态，“良知”天性于此自然发挥，好生之“仁”于此恰当应用。而人若能识此用此，便能“循着良知良能”而成“好人”、为“好官”，把握住“仁义之实”“修、齐、治、平之本”而治理好家国天下。至此，罗汝芳在普通人朴素而真挚的亲情常态中再度指点出“中”，而完成了“良知”与“仁”的融合。

2. “中”即“善”

在确定了“中”的普遍平常之后，罗汝芳大胆指出，这种喜怒哀乐未发的境界，符合“事理当然”②，因此可以用“善”来概括。

---

①《罗汝芳集》，第149页。

②《四书集注》，第5页。

> 此个性道体段,原长是浑浑沦沦而中,亦长是顺顺畅畅而和。我今与汝,终日语默动静,出入起居,虽是人意周旋,却是自自然然,莫非天机活泼也。即于今日,直至老死,更无二样,所谓:人性皆善,而愚夫愚妇,可与知与能者也。[①]

喜怒哀乐未发之"中"是人人皆秉有的天性,亦是大道天机运行不懈的表现,它贯穿人生始终,因此浑沦而顺畅、自然而和谐,它是人事物理应然之状,"人性皆善"便由此而得出,寻常百姓皆可如圣人一般自觉从善也由此成为可能。罗汝芳继而说道:

> 日用常行只是性情喜怒,我可以通于人,人可以通于物,一家可通于天下,天下可通于万世。故曰:人情者,圣人之田也。此平正田地,百千万人所资生活,却被孟子一口道破,说人性皆善。若不先认得日用皆是性,人性皆是善,荡荡平平,了无差别,则自己工夫,已先无着落处。又如何去通得人,通得物,通得家国,而成大学于天下万世也哉?[②]

他创造性地发挥了孟子所谓的"人性皆善"之说,强调"中"即是"善"。"百姓日用"间的纷纭万象,归结到每个具体的人,无非是喜怒哀乐、或好或恶的真实感受。这好恶之情发自天性,古往今来人所共有。如果这些情感应对恰当得宜,符合伦理那便是顺应了天性,即可被视为"善",而古圣先贤正是在这好恶应对的毫厘之间涵育人的心性,陶铸人的性情。"善"也由此着落到天下万世、千百万人,成为每一个普通百姓的日常日用。

3. 何谓"善"

罗汝芳之"善"并非泛泛而言。在儒家思想中,《大学》开篇即言"止于至善",朱熹释"至善",不仅强调其为"事理当然之极",也强调

---

① 《罗汝芳集》,第 55 页。
② 《罗汝芳集》,第 11 页。

其为“无一毫人欲之私”的“天理之极”[①]。“善”便不仅仅是事情物理应当如此的状态，更具有至高无上的道德伦理层面的先验性。同时，《孟子·尽心下》有言：“可欲之谓善。”“善”理应是人们期待、向往且决不排斥的。《论语·八佾》中“尽善尽美”的评价标准，则说明“善”还必须是内与外都美好完善且和谐统一。而朱熹在解析《孟子·梁惠王上》之“恒心”时更说道：“恒心，人所常有之善心也。”[②]则说明在人们天性中，长保有善的根芽，具备着向善的趋向，这便是常在的善心。

罗汝芳继承了先儒的观点，又对“善”进行了独具特色的阐发：

> 子观人之初生，目虽能视，而所视只在爹娘哥哥；耳虽能听，而所听只在爹娘哥哥，口虽能啼，手足虽能摸索，而所啼所摸也只在爹娘哥哥。据他认得爹娘哥哥，虽是有个心思，而心思显露，只在耳目视听身口动叫也。于此看心，方见浑然无二之真体，方识纯然至善之天机。[③]

他突出了“善”的情感伦理，“善”存在于人们天性中最纯粹真挚、不加修饰的亲情之中。通过婴儿对亲人的本能依恋，“浑然无二之真体”与“纯然至善之天机”于此交会融合：初生的孩子只凭天性行动，自知也只知依靠和眷恋着亲人，不仅舍此无其他情感，甚至舍此不能生存。这份发自内心源自天性的真情，人类个体若能时时保有并推而广之，那便能顺应天性、用中循善，塑造自我的美好人格。若人人如此，整个世界也会因仁厚真挚之情，而进入和谐的良性循环。这与罗汝芳在村妇爱子的例子中指点出“中”可谓如出一辙，他就此将“善”落实在了“百姓日用”的平凡点滴之中，落实在了人之初最真实无妄的本能情感中。“中”也就此获得了令平凡百姓、愚夫愚妇亦可

---

① 《四书集注》，第 5 页。
② 《四书集注》，第 228 页。
③ 《明儒学案》，第 769 页。

知能行的解释与范本。

罗汝芳将先验的伦理道德和生理的本能情感融合起来,将仁义良知的高尚品质还原为人之常情,从而凝定成"百姓日用"的内核,使得这一范畴落到实处,而表现出朴实平易的世俗化、平民化特征。

究其本质,喜怒哀乐未发之"中"作为无过无不及、无见无妄、自然而然、不偏不倚的自然状态和自由境界,是心理化的道。王艮用它来界定"百姓日用"的内涵,其后学沿着他所奠定的方向,通过"良知"与"仁",从内外两方面丰富深化了这一范畴,直至清晰地着落于"善"。以"中"为内在意涵,"百姓日用"才真实不妄,从容中道,与平民百姓的物质生活、生存实践紧紧相连,并植根于人们与生俱来的本能,体现为人人固有的情感,包含着人间所有美德的种子。

第二节 "百姓日用"的外在呈现

喜怒哀乐未发之"中"是"百姓日用"的内在意涵,它是人与生俱来的"良知",发用为日常应对之"仁",而这平易亲切、纯"善"无妄的内在属性,必须通过拥有具体形式的相应对象得以呈现,那"百姓日用"又是如何呈现于外的呢?

一、"家常事"——"百姓日用"的普遍形式

在我国传统哲学思想中,"百姓日用"一经提出,就带有鲜明的世俗性和平民化特征,与人们的生存繁衍、柴米油盐、人伦应酬等日常生活实践有着不可割裂的联系。古往今来,人们就这样在日用常行中时时刻刻自然而然,却也是不知不觉地遵循宇宙人生的大道规律而行动。这就如同大海浩瀚无边,潜流汹涌,但从表面上看却烟波浩渺,和缓平静。然而也正因为外在表现实在司空见惯,平凡无奇,"百

姓日用”才往往被人忽视，而在至高无上的大道面前萎缩为无足轻重的存在。然而王艮却首次注意到“百姓日用”的平凡形式暗藏的不平凡之处，进而一语道出：“圣人经世，只是家常事。”①

1. “圣人经世，只是家常事”

王艮认为“百姓日用”表现为人类生存生活的种种实践活动，包括衣食住行的平常小事，饮食男女的本能反应，嬉笑怒骂的情感体现，人伦应酬的礼仪交际等，这些琐事看似不起眼，实际上却是“道”最普遍也是最显著的表现形式。上至君卿圣人，下至草芥之民，只要遵循大道，就不能逃离和违背这种平平淡淡的形式。因此在王艮看来，人们物质生活实践的点点滴滴非但不可称为无足轻重，甚至有着举足轻重的地位——经天纬地的圣人与大道同在同游，有着齐家治国平天下的伟大才能和超群力量，能遵循贯彻真理并使其周流遍布天下，然而其行为方式却丝毫不玄妙难明、不可把捉，也不过就是能执中遵道，而将人与自身、人与他人、人与社会及人与自然的关系等处理到和谐完满的程度。这便是所谓的“圣人经世，只是家常事”。

2. 何谓“圣人经世，只是家常事”

对于究竟什么才是“家常事”，王栋说得更加明确，那就是前文所谓“事公卿、父兄、勉丧、饮酒之事”四者，这些“日用常行之道”②，连圣人在未曾真知的情况下都有可能处理得不够完美，但下层百姓如果能在实践中领悟和遵循大道，而获得真知，却一样能实现无过无不及的恰当和谐。

在这里，王栋以儒家学派的万世圣人、泰州学派成员心目中的最高榜样孔子为例：孔子的经世伟业并非惊天地泣鬼神的奇行神迹，相反恰恰是忠于自己的社会身份与职责，敬爱亲人善待他人，于礼于行都尽全力而为，能约束自己的言行举动等再平常不过的日常琐事。

---

①《王心斋全集》，第5页。

②《王心斋全集》，第155页。

这些都是人们在穿衣吃饭、为人处世、礼仪应酬等一系列生存生活实践中随时会碰到的，其形式绝不玄奥瑰奇，匪夷所思。然而正是在这“百姓日用”的“家常事”之中，孔子能自觉地遵循道并不断地体认和领悟道，行止间达到无过无不及的和谐恰切，从而使最平凡质朴的人生实践化为无懈可击的完美典范。这便是圣人的经世致用的大业。

3. 强调“圣人经世，只是家常事”的意义

“家常事”作为“百姓日用”的外在形态，在丝毫不影响其崇高的前提下消解了圣人经世的神秘性，将高高在上的圣人言行，拉回到可闻可感的物质层面和世俗生活的实践层面。圣愚之分本是儒家思想中难以逾越的鸿沟，王艮却可以通过日用常行间的共同形式，最大程度地松动二者间的藩篱。他甚至直截了当地指出：“圣人之道，无异于‘百姓日用’。凡有异者，皆谓之‘异端’。”①

这段论述看起来似曾相识，王阳明就曾这样断言：“良知良能，愚夫愚妇与圣人同。”②“与愚夫愚妇同的，是谓同德。与愚夫愚妇异的，是谓异端。”③在某种程度上说，王阳明更侧重于从心性层面强调“良知”的无所不在，不因愚夫愚妇而有所折损，也不会因君王圣贤而有所增益，甚至说即便是圣人，一旦违背了人人秉有的良知天性，也会沦为邪祟异端。而王艮就此又向前跨进一步，将心上工夫落实为事上工夫，以具体可感的“家常事”，来说明圣人与百姓不仅内在良知是一致的，遵循良知而产生的具体实践行动等也是一致的。这无形中又进一步弥合了圣愚之间的鸿沟，与此同时也体现出鲜明的平民立场。

当然王艮也并未简单地将“圣人经世”与百姓“家常事”机械等同，他说道：“百姓日用条理处，即是圣人之条理处。圣人知，便不失；

---

①《王心斋全集》，第 10 页。

②《王文成公全书》，第 61 页。

③《王文成公全书》，第 132 页。

百姓不知，便会失。”[①]所谓“条理”，是有规律的意思，“百姓日用”的“家常事”所蕴含的法则和规律，在圣人也好百姓也好固然均无不同，都是自然而然不着纤力地顺应着道的“中”这种原初心理状态和根本生存境界的产物，但圣人与百姓不同之处依然在于真“知”与否。圣人知晓道的奥义，明察“中”的状态，并能自觉地贯彻于家常日用的形式间，而百姓则尚处于浑然不觉的自发状态。

就此王栋进一步补充王艮的观点：百姓在处理“家常事”时，固然能“中”，但“君子谓百姓日用是道，特指其一时顺应不萌私智者言之”[②]，因为这种状况并不一定能够长久保持，反而常会因为妄见或私念而骤变，“转眼便作跷蹊，非自私则用智，忽入于禽兽之域而亦不自知也。故与道合者才什一，而背于道者恒什九矣”[③]。这样便是失了条理。换言之，在“百姓日用”间，圣人能时时做到内容与形式一贯统一，而常人则一时尚未达到，于是同样的日用常行具体事件，在常人处会因瑕疵不断而普通平凡，在圣人处则因无不恰当而成就经世大业。圣愚之所分就在于此——“是圣愚之分，知与不知而已矣”[④]，但无论知与不知，都只在司空见惯的“家常事”之间，而不会入于恢诡谲怪之境。

王艮提出的“家常事”可谓“百姓日用”最主流的对象、最普遍的形式，它充分彰显出人类生存生活实践的价值，也使得泰州学派对“百姓日用”外在呈现的理解与阐释，从一开始就带上了鲜活的平民色彩。

二、“庸”——“家常事”的深层意蕴

“家常事”作为“百姓日用”范畴的外在呈现，是其对应的一切对

---

① 《王心斋全集》，第 10 页。

②③ 《王心斋全集》，第 179 页。

④ 《王心斋全集》，第 60 页。

象,它体现为人类的本能反应、情感情绪、生存活动、应酬交际等全部生存生活实践,百姓也好圣人也好都无法逃避这最基本、最普遍的形式。但早期泰州学派对"家常事"的理解仍停留在现象层面,并未充分展开辨析,这就难免存在囫囵之弊。因为现实生活中家常事纷纭多样,有和谐恰切的,却也有丑恶虚假的,而后者则与"百姓日用"之"中"截然相悖。罗汝芳敏锐地发现这一问题,并针对于此,准确地提炼出"家常事"的深层意蕴——"庸"。

1. "庸"

何谓"庸"? 本意为"用也"[①],亦可理解为"平常也"[②],可见其与具体实践有关,也与恒定久长有关,二者结合便使其拥有了"常行"之意,即所谓"庸德庸言,是小小寻常言行,无甚关系时节"[③]。同时"庸"与"中"又有着不可割裂的联系:"子程子曰:'不偏谓之中,不易谓之庸。中着,天下之正道,庸者,天下之定理。'"[④]确立了"中"的原初与根本地位之后,"庸"便是据此而进行的正常恒定的实践,天地万物据此而从容自如地运转不息,这才有了孔子"中庸其至矣乎"[⑤]的感叹。

泰州三王、颜钧、何心隐等泰州学派中坚都反复论及"中庸",而罗汝芳更借助对"中庸",尤其是"庸"的阐述,有效地解决了"家常事"可能存在的混淆不清的问题:

> "中庸"二字,可以概言,亦可分言。概言则皆天命之性也;分言则必喜怒哀乐更无妄发,或感而发又无逾节,方始是中。四者或过,虽亦平常之人,而中体未免伤而不和矣。细细看来,吾人情性俱是天命,庸则言其平平遍满、常常具在也;中则言其彻底皆天,入微皆命也。故其外之日用,浑浑平常,而其中之天体,

---

① 《说文解字》,第 70 页。

②④ 《四书集注》,第 18 页。

③ 《王心斋全集》,第 189 页。

⑤ 《四书集注》,第 20 页。

时时敬顺，乃为慎独，乃成君子。[①]

通过这段论述可见，概而言之，“中庸”是每个平常之人的平常天性，也是理想状态下，人本真的存在模式。分而言之，却可以发现从现实中具体情况看来，能做到一贯保持“中”这一原初心理状态和根本生存境界，并时刻主宰于遍及天下、从不止息的所有人类行动间的人并不多，在这个意义上，真正的“平常之人”反而是难能可贵的。因此，这里所谓的“平平遍满、常常具在”的庸言庸行，固然表现为日用间的点滴常行，却又排除了其中逾节妄发，违背损伤“中体”的不恰当情形，这便点明了王艮所谓“家常事”的准确意涵：“庸”特指“家常事”中有意义的部分，而不包含的妄发部分，就此有效避免了一概而论之嫌。

2. “中庸”

在这个基础上，罗汝芳进一步深化了王艮所谓“圣人经世，只是家常事”的论述：

> 圣人尽性以至天命，乃中庸以至之也。中庸者，民生日用而良知良能者也，故不虑而知，即所以为不思而得也；不学而能，即所以为不勉而中也。不虑、不学，不思、不勉，则即无声臭而暗然以淡、简、温矣。大哉！中庸，斯其至矣夫。[②]

圣人发挥自己的天命之性，体认并传播天理大道，从而建立经天纬地的事业，即是将其“中庸”发挥至极致。“中庸”在这里等同于贯穿民生日常间的“良知良能”，一方面，“中”，也就是“良知”，是与生俱来的、平静空灵的心之本体及与之相应的平静和谐的心理状态和生存境界；另一方面，“庸”，也就是“良能”，则是在这种天性左右之下，不需刻意思量学习，不需特别费心努力，自然而然的恰当行动。因此“中庸”体现出以下的特点：“中”之良知是暗然的，它无声无息，无形

---

① 《罗汝芳集》，第107—108页。

② 《罗汝芳集》，第7页。

无影,却体现着大道天性默然无碍的运行;"庸"之良能淡泊简易而温良,表现为日常实践中无须刻意把持却应对自如的运用。于是在"百姓日用"最朴素的内容和最平淡,却又极富审美意蕴的形式间,包孕含蓄着至大至高的道。

3. "庸"需避免任意妄为和刻意强为

罗汝芳注意到了"家常事"中一些不符合"中"之天性的部分,因此他将"庸"规定为日用间一切发而得中,顺敬天命,无过无不及的实践行动。若人们时时刻刻率性而为,自然而然地顺从了人的天命之性,那么无论古今圣愚,人人都能于"百姓日用"的平常之中展现大道,那么有两种极端情况就特别要注意。首先就是敬顺天性并不表示放任自流、无所顾忌:

> 坦坦平平,好恶不作,叫做君子依乎中庸也。盖此个天心,元赖耳目四肢显露,虽其机不会灭息,而血肉都是重滞。若根器浅薄、志力怠缓者,则呼处或亦有觉,而受用却是天渊,反致轻视此理,而无所忌惮,不免游气杂扰,而成小人之中庸矣。[①]

这种平淡宁静的状态境界和常见常行的生存活动,虽然必须依赖人的物质、实践等层面的自如行动来实现,但这绝不能走到极端,沉溺执念不能满足,或放任情绪超越限度。这些损伤"中体"而任意妄为的实践,同样不是所谓的"家常事",同样不能归结为"百姓日用"。

恣意妄为之外,还有另一种状况需要警惕,那就是刻意强为。罗汝芳强调,"庸"之常行是"现现成成,而不劳分毫做作,顺顺快快,而不费些子勉强"[②]的,其用工不在于着力强求,因为一旦别加意思,那就动摇了心境根本的平和,从而带来异常的行为活动和情绪反应,违背了"中"而脱离了"庸"。应当"心心念念,言着也只是这个,行着也只是这个,久久守住也只是这个"[③],持久不懈地践行,将工夫内化为

① 《罗汝芳集》,第 28—29 页。

②③ 《罗汝芳集》,第 152 页。

顺应“中”之天性的，自然自发的行动。

罗汝芳以“庸”来辨析“家常事”，借助对“中庸”这一古老范畴的新解，使得“百姓日用”的外在呈现更加明确。在他这里，“中”是“庸”的内在核心，主导着人类行动不违背天性大道；“庸”是“中”的外在体现，离开了它，人的原初境界将无从体现。一言蔽之，“是中者庸之精髓，庸者中之肤皮”①。“中”与“庸”互为表里，不可分割，即所谓“庸以中为体，而其性斯达；中以庸为用，而其命乃显”②。浑融构建起“百姓日用”范畴，反映出其间蕴藏的内在的本质和规律。

三、“教”——“家常事”的应用

在泰州学派的理论中，“百姓日用”涵盖了发而中节的人类活动，表现为“庸”之“家常事”，而泰州学派注意到其中与自身民间儒者身份联系最为紧密的一种特殊形态，那就是“教”。

1. “教”

《说文》解释“教”，为“上所施下所效也”③，有训诲、告谕之意。儒家一向重视“教”，《尚书》中屡言“声教”“五教”“彝教”，《周易》亦有“神道设教”“以教天下”等语。因为儒家认为人“饱食、暖衣，逸居而无教，则近于禽兽。”（《孟子・滕文公上》）生物学意义上的人在某种意义上说与禽兽并没有太大的区别。所以孔子指出要治理家国天下，仅仅实现人口繁盛（庶矣）和国富民强（富矣）是不够的，更要“教之”（《论语・子路》）而让人们辨是非、明礼义，成为具备伦理道德素养的真正意义上的人，而他讲究有教无类、反对不教而杀等观点，很大程度上也是针对此而提出的。由是观之，“教”的对象是所有需要接受教化的人；“教”的目的是提升人的内在德性，扩而充之落实于外

---

① 《罗汝芳集》，第 108 页。

② 《罗汝芳集》，第 236 页。

③ 《说文解字》，第 69 页。

在德行;“教”的内容《中庸》一言蔽之:“修道之谓教。”即“圣人因人物之所当行者而品节之”[①];“教”的方式因地因时因对象制宜,“有如时雨化之者,有成德者,有达财者,有答问者,有私淑艾者。此五者,君子之所以教也”(《孟子·尽心上》)。由此也可以看出,承担“教”的重要使命及责任的是圣人君子等一切道德典范,他们以自身美德榜样的感化力量涵育他人,“故君子不出家而成教于国”(《大学》)。然而事实上,现实生活中鲜有德性完美无缺的存在,因此儒家子弟便兼具“教”的承担者及对象的双重身份,以敬慎遵循与生俱来的良知天性而行,来完善自我同时化育天下。“教”因此也无时或息而成为贯穿人们尤其是儒家子弟终生的“家常事”。

泰州学派成员对这样的双重身份有着高度的自觉。王艮一直以为帝者师、天下万世师而教得天下人[②]作为其人生目标,他的后继者无论学养高低、社会地位如何,都对讲学教人表现出极大的热情。其中尤其值得注意的是何心隐,他通过对“学讲”这一概念的深入辨析,阐释了“教”的内在机理。

2. “学讲”

“即事即学也,即事即讲也。”[③]在洋洋洒洒一篇《原学原讲》中,何心隐开门见山指出,人类天命之性的外在表现无非“学讲”,“学”是效仿他人、提升自我,“讲”是以身作则、化育天下,日用常行间任何行为实践不离于此,归根结底,人类最普遍最根本的生存方式体现为“学讲”。

从《周易》《尚书》等儒家经典中,何心隐寻找到了理论支撑,并从《洪范》的敬用五事:貌、言、视、听、思出发,以人类这几种基本特性来论述自己的观点。他从人最直观的外在形态举止“貌”展开论述:

---

① 《四书集注》,第18页。

② 《语录》中有“出则必为帝者师,处则必为天下万世师”“容得天下人,然后能教得天下人”等语。

③ 《何心隐集》,第4页。

> 自有貌必有事,必有学也,学其原于貌也。[1]
>
> 是故叙事而必叙貌于第一事者,必以人生适初即有倮倮其形尔,是已人其形于其貌也,而事又统于其貌也。容不第一其事于其貌耶?虽名以貌者,未始名以学也。而学则与形俱形,即形即貌也,即貌即学也。学不以貌原,将奚以原学耶?[2]
>
> 夫圣以终乎其貌者,即圣以终乎其学也。而貌以始乎其圣者,不貌以始乎其学耶?不貌,不学不圣也,不于貌原学,而奚于圣原学耶?[3]

可见何心隐认为,人首先是生而为人,哪怕是没有任何经验与知识的初生赤子,其外在形象都已注定其是人而非他物。人拥有独有的外表特征、生理机能和一切自然意义上的生存行为能力,但这只是拥有了人之"形"而已。然后,人更需要"学"而为人,通过"学"来获得人之"貌",从态度举止、礼仪应对等社会属性方面,效法模仿恰当的对象,能恭而能肃而符合规范,让自己表现得像一个真正意义上的人,而非仅有着人类躯壳的动物。

于是"学"就成了为人之必需,人的一生,从出生、成长直到死亡,都在不断学习如何完善自我、提升自我,而使自己的言行举止、情绪心念等都能谦恭敬肃,不逾常理,符合个体的规范和群体的要求。因此人们在日用之间一切生理需要、情绪反应、生活劳动、交际应酬等外在表现,说到底无一不是贯穿人生始终的"学"。

源自"言"的"讲"也是同理,从人类呱呱坠地,便已发出与其他动物不同的啼哭声,由自然生理的"呀呀肉音",只能发出零乱无意义的音节,渐渐到掌握准确的语言表达能力,达到逻辑清晰、措辞雅驯的"从""乂"的境界,同样也是人们日常生活中时刻完善和超越自我的

---

① 《何心隐集》,第 1 页。
② 《何心隐集》,第 2 页。
③ 《何心隐集》,第 4 页。

实践,更重要的是"讲"有更清晰的语言逻辑和更明确的交流功能,它可以归纳"学"与"貌"的种种规律,然后传达出来启迪他人。所以承载着恰当思想且措辞准确的日常语言,哪怕说的只是柴米油盐的家常话,无形中也是在讲授诲育他人。

貌如此,言如此,视、听、思亦如此。作为"言貌"补充辅翼,何心隐接着论述了明且哲的视,聪且谋的听,睿且圣的思——视听言动、喜怒思虑无一不是"学讲"。因此"学讲"是人如何一步一步完善自己,从生物意义上的人成为完整意义上人的过程。无论人们自觉与否,这一实践活动都无时无刻不在进行之中,同时更能从实践者本身出发,辐射影响其他的个体,正是在这个意义上,"家常事"的具体而直接的应用正是"学讲"。

3. "学讲"以求仁

何心隐进一步阐述道,"学讲"源自人与生俱来的内在需求,而左右着"学讲",使得貌、言、视、听、思最终达到恭、从、明、聪、睿之境界的,是人内在的规定性——"仁":"是故学其原于貌者,原于人其貌也。原于仁其人,以人其貌,以原学也。徒然原学于貌以学耶?是故讲其原于言者,原于人其言也。原于仁其人,以人其言,以原讲也。徒然原讲于言以讲耶?"[①]前文中曾论述过,何心隐继承发扬了颜钧的思想,认为"仁"与人在本质上是相通甚至相同的,"仁"由此可被视为"百姓日用"的深层内涵,而"学讲"这一实践"原于仁其人",归根结底无非是人终其一生上下求索,发现并回归自我的过程;是人从心怀亲亲敬长的本能而一无所知,渐渐变成能有意识地充塞仁义礼智四端,使得自身符合美好的伦理道德规范的过程。一言蔽之,学以成人,讲以诲人,"学讲"是为了求仁成人。在这里何心隐以孔子为例,形象地说明了什么是以"学讲"求仁。这位学而不厌诲人不倦的圣人一生都在"学讲"实践中度过,以毕生的实际行动追寻着"仁"的美好境界:

---

① 《何心隐集》,第9页。

> 孔子又易乎易之所未尽易，范乎范之所未尽范，以学聚颜、聚曾、聚二三子，而以讲诲颜、诲曾、诲二三子，相统相传其学其讲，以仁学而以仁讲，以仁统而以仁传，以统以传于一世而统而传之万世者，虽执中精一其学其统，虽都、俞、吁、口弗其讲其传，虽缵服、乐道其学其统，虽誓、诰、训、戒其讲其传，于尧之唐，舜之虞，禹之夏，汤尹之商，高宗傅说之殷，文武周之周，相统相传乎羲于世，而唐虞，而夏商，而殷周其世者，亦惟赖孔子显显以学、以讲名家，而统而传之万世也。①

在《孟子·公孙丑》中，子贡指出夫子堪称圣人的一个重要原因便是“教不倦，仁也”，无私而不倦地教化他人这种行为本身便已肫肫其仁。更何况孔子一举一动无不敬顺大道天性，一言一行都在以身作则教诲他人，他一生并没有什么惊世骇俗之举，但在人生历程的高低起伏中，他事事处处都能符合人的要求，也就是“仁”的标准，而合宜恰当地加以应对。因此孔子的生存生活实践便具有了完善自我、化育他人的典范价值，故而能春风化雨般引领他人一同求仁，他“学讲”不已的一生也就此拥有了“教”的意义和作用，从而能垂范万世，这也正是“圣人经世，只是家常事”的又一个有力明证。

何心隐以“学讲”展开对“教”的阐释，这种特殊的表达统括人在自然的和社会的生存实践活动中寻求和完善自我的过程，指明“家常事”绝不局限于个体，而是拥有向他人、向外界敞开的面向。某种意义上说，淮南三王、耿氏兄弟及罗汝芳等人的讲学活动是“教”；王艮在族中讲谕仁义，推行财产均分；韩贞安居陋室，片语指点乡人，颜钧兴办萃和会，醇化乡邑民风；何心隐兴办聚和堂，教化族中子弟等行动也是“教”，甚至徐樾、赵贞吉慷慨壮烈、震动天下的人生历程，同样也是“教”。“教”其实是包括泰州成员在内的儒家子弟毕生践行的使命。但也应该看到，何心隐这一独具特色的言论实际上是有其相当

① 《何心隐集》，第18页。

明显的针对性的。当时张居正禁毁书院,遏制民间讲学的自由风气,激起民间儒者的强烈反应,何心隐便是最激进的反对者之一,他以人生不离"学讲"这样近乎极端,但却贴近泰州学派成员社会身份的方式,主张着儒家子弟"教"的权力,捍卫了师道的地位与尊严,同时也对"百姓日用"范畴的外在呈现方面的辨析阐述做出了极富特色的补充。

综上所述,"百姓日用"的内在意涵为"中",是人的天性"良知",既"仁"且"善"。它的外在呈现为"家常事",是全部人类生存实践活动中,符合"庸"之常理,并具有"教"之功能的,发而中节的本能反应、情绪表现、生产生活、人际交往等。正是在这个意义上,这一范畴才成为泰州学派思想体系的根基。

第二章　泰州学派美学本体论

泰州学派几乎没有就美学、艺术等方面进行系统的、直接的论述，但“中国古典美学与中国哲学始终浑然一体而未经分化”①，在这个意义上，学派成员对性命之学的体悟、阐释和终生践履，不乏美学意蕴可待咀嚼，其美学思想也深深地浸没在他们对宇宙人生的思索与探讨中。

第一节　作为人之本体的“百姓日用”

“百姓日用”是人们遵循天理大道，顺应与生俱来的良知天性，在原初心理状态和根本生存境界之“中”的冥然左右下，发而中节的全部生存生活实践之“家常事”。在泰州学派美学中，这一范畴具有本体意义。

一、儒家论“人的本体”

为了更好展开论述，在这里必须先明确 “本体”究竟是何意旨。

① 姚文放《美学文艺学本体论》，社会科学文献出版社 2002 年版，第 56 页。

1. “本体”何谓

现代哲学研究的重要贡献之一,便是借助西方哲学的话语体系和理论框架来诠解我国传统思想,这便是所谓的“反向格义”[①]问题。这样的尝试的确同时起到了迅速理解外来的理论与概念,及重新审视和利用本土思想资源的作用,可是也会因为习焉不察的母语思维和文化氛围等影响,导致发生望文生义的状况,甚至出现对一系列似是而非的概念范畴不经审别便加以使用的情况。提及“本体论”概念便能明显看到这样的混淆:在西方哲学中,本体论(Ontology)是关于普遍存在原理的学问,它“关心世界是什么,怎么是,和为什么是”[②],事实上与“存在论”同出异名。但在我国传统思想体系中,本体论的研究对象则可分为广义和狭义,“广义指一切实在的最终本性”,而狭义“则在广义的本体论中又有宇宙的起源与结构的研究和宇宙本性的研究”[③],更多带有本原论、宇宙论的意味。进一步明确地说,“本体论叫做‘本根论’。指探究天地万物产生、存在、发展变化根本原因和根本依据的学说”[④]。而所谓“本根”,张岱年先生将其表述为“宇宙中之最究竟者”且“与万物相对”[⑤],由此可见中国哲学的“本体论”清晰地指向宇宙本原论,而与Ontology的含义相去甚远。然而因为日文转译和思维定式等种种原因,中西方不同理论语境之下的“本体论”概念常常被混为一谈。因此要探讨泰州学派美学的本体论,从一开始就必须厘清这一问题究竟是在怎样的概念层次和理论场域下展开。

泰州学派对“本体”的探讨,与Ontology从抽象的逻辑层面对

① 参见刘笑敢《“反向格义”与中国哲学研究的困境》和张汝伦《邯郸学步,失其故步——也谈中国哲学研究中的“反向格义”问题》等论文。

② 张汝伦《邯郸学步,失其故步——也谈中国哲学研究中的“反向格义”问题》,《南京大学学报(哲学·人文科学·社会科学)》2007年第4期,第64页。

③ 冯契主编《哲学大辞典》,上海辞书出版社1992年版,第167页。

④《中国大百科全书·哲学Ⅰ》,中国大百科全书出版社1987年版,第35页。

⑤ 张岱年《中国哲学大纲》,昆仑出版社2010年,第10页。

"being"(希腊文作"on",即"存在",或译作"是""有"等)作形而上学的分析大相异趣,其美学所关注的"本体",固然有宇宙本原的意蕴,但更多则是承袭了从魏晋南北朝时代便已产生的"以'本体'定义人性"[①]的旨趣,而这里的"本体"亦如张岱年先生所说:"宋明哲学中所谓本体,常以指一物之本然,少有指宇宙之本根者。"[②]一直以来,泰州学派更多将注意力倾注在探究人的本真、人的最终本性上,其"百姓日用"美学本体论探讨的,当为人之本体、人之本然,是人本当如此之性与本当如此之状,是人的本来面目。

2. "人"何谓

"人"是中国传统哲学最基本、最核心的命题之一,某种程度上可以说,对于这一命题的思索,点燃了包括儒家思想在内的先秦诸子之学的智慧灵光。与"有七尺之骸、手足之异,戴发含齿,倚而食者,谓之人"(《列子·黄帝》),强调人的生理属性;"圣人有传,天地也,则曰上下;四时也,则曰阴阳;人情也,则曰男女;禽兽也,则曰牡牝雄雌也。真天壤之情,虽有先王不能更也"(《墨子·辞过》),强调人的本能属性;"人法地,地法天,天法道,道法自然"(《老子·二十五章》),强调人的自然属性;"人情者,有好恶,故赏罚可用"(《韩非子·八经》),强调人的功利属性等不同,儒家聚焦于人的伦理属性,而在道德关系中发现"人"。

首先,儒家将整个宇宙形象地描绘为一个大家庭:"惟天地万物父母,惟人万物之灵。"(《尚书·周书·泰誓》)天地万物被类同于血缘的相关性维系在一起,天地犹如双亲,万物犹如子女,人则超越了并育的万类群生,居于造物的长子与宠儿之地位。而宇宙之家这一况喻,不仅仅是儒家家国天下同构观念的映射,更暗示了既然天地万物间天然具有不可磨灭的血脉亲情,那也就存在类似家庭成员间的伦理关系,彼此都拥有相应的权力,也必须承担相应的责任,而人类

① 向世陵《中国哲学的"本体"概念与"本体论"》,《哲学研究》2010年第9期,第48页。
②《中国哲学大纲》,第12页。

的地位至关重要,那使命也同样如此。正是在这个意义上才可以说“天地之性,人为贵”(《孝经》)。

从体用两方面入手,可以更为全面地理解儒家何以在这样的伦理关系中,赋予“人”如此贵重的价值:从体的方面看,“故人者,其天地之德,阴阳之交,鬼神之会,五行之秀气也”(《礼记·礼运》)。与万物齐一的道家不同,儒家认为万物固然都是宇宙本原的产物,无论这本原被称为“道”还是“天”,但最大程度地凝聚了宇宙精华的,却只有人。所谓“水火有气而无生,草木有生而无知,禽兽有知而无义,人有气、有生、有知,亦且有义,故最为天下贵也”(《荀子·王制》),人之所以宝贵,是因为其禀赋有着最为丰富的种类和最为高等的层级。这是所谓的“天命之谓性”(《中庸》),与生俱来,不可剥夺。同时儒家也不赞同像告子那样不加辨别地断言“生谓之性”(《孟子·告子上》)。和山川草木、犬牛禽兽等只能无知地遵从先天禀赋不同,人能发现并认识、更能顺应并应用天命之性,这种自觉令人之性最大程度地与天之性(即所谓“道”)合一。因此人“知其性,则知天矣”(《孟子·尽心上》),因此真正意义上的人,也就是所谓的“大人”,才能“与天地合其德,与日月合其明,与四时合其序,与鬼神合其吉凶,先天而天弗违,后天而奉天时”(《周易·上经》)。正因为人全面而充分地秉承了大道天性,所以贵人也正是贵天、贵道,于是人独贵于天地间便具有了天然的合法性。

再从用的方面看,以道为天性的人,自然而然便会表现与道相应的面貌:“故人者,天地之心也,五行之端也,食味别声被色而生者也。”(《礼记·礼运》)人具有认知万物、判断是非等思维与实践能力,灵明而自如,不仅远胜水火草木,甚至与“知声而不知音”(《礼记·乐记》)这样只具备生理功能而无智识的禽兽也迥然相别。更重要的是,人能以自身的完善的形貌与构造、灵明的习性与机能,最大程度地展现和印证天道的和谐周流。而儒家理解中的天道,不同于道家“天地不仁,以万物为刍狗”(《老子·五章》)的无情冷峻;它不仅是永恒且根本的规律，更含蓄着长育万物的好生之德，也可以说这种好生之德就是永恒且根本的规律本身。正所谓“天地之大德曰生”(《周易·系辞下》)，大道不仅是生命之源、万有之原，更能以不可思议的宏大又精微的秩序，妥帖地将生生不息之宇宙安排得井井有条。人遵天之性而尽人之性，便能居仁由义、制礼作乐，以多姿多彩又中节恰当的实践，积极参与到宇宙的生长演化中，而“赞天地之化育”(《中庸》)，在实现与超越自我的同时，协助万物完成其实现与超越。人正因此“与天地参”(《中庸》)，而确证了自身与天地同尊、超万物独贵的合理性。

可以看出，儒家将“人”视为天理大道唯一的全面继承者和关键维系者，其居于万物顶点的禀赋天性，在很大程度上对整个宇宙之家的存续与繁荣起着决定性作用，“人”也因此承担着不可推卸的责任。“人”的独尊地位和独贵价值正是建立在宇宙一家的伦理关系基础上的。

3. “人之本体”与“仁”

在这样的价值前提下，就不难理解为什么在儒家思想中，“人”与“仁”是可以等量齐观甚至相互替换的。

“仁者，人也，亲亲为大”(《中庸》)，骨肉亲情产生于血缘的纽带与生命的本能，它是人类最基本的情感，也是天道生德最基础、最直观的显现，因此这种情感天然带有伦理道德属性。作为一切情感与道德的起点，亲情能推而广之，遍及他人甚至万物；待到这种一体同心之念充盈于整个宇宙之家，“仁”也就此超越本能情感，得以在道德层面最终完成。而具备了“仁”的人才是真正意义上的“人”。从反面说来，“无恻隐之心，非人也”，因为“恻隐之心，仁之端也”(《孟子·公孙丑上》)，儒家朴素地坚信骨肉亲情天然伴生着同情心与同理心等，这种最起码的共情能力便是一体同心之仁的发端。它潜移默化地渗透进人生存生活的方方面面，冥然左右着人们的形貌与实践，使之和谐中节、恰当合礼。如果从发端开始就出现缺失，那便意味着人丧失了最起码的天性。综上可见，“仁”可谓人之为“人”的充要条件，在很大程度上决定着何谓“人之本体”。

虽然人类个体会因为后天种种影响而表现出千差万别的状况，但其先天禀赋却并不存在差异，即所谓“性相近也”(《论语·阳货》)。即便是对人的生理本能属性抱有批判态度的荀子，都深信尧舜与桀跖、君子之与小人“其性一也”(《荀子·性恶》)，而强调完善的人格不仅有赖人为的“化性起伪”(《荀子·性恶》)，也离不开自省的“诚心守仁”(《荀子·不苟》)。而“人之本体”正是即便受闻见情识熏染也不会发生根本改变的，最纯粹的天性本然。虽然儒家对这一命题的论述无法简单地一言蔽之，但无论是作为先天具备的道德情感，还是作为努力追求的理想人格；无论从秉承自天的本性，还是到发用于外的表现，“仁”都在“人之本体”中占据着不可或缺的一席地位，通过它甚至可以管窥儒家各流派对“人之本体”问题的不同理解和阐释。

二、泰州学派论“人之本体”

泰州学派对“人之本体”问题的认识显然不是铁板一块，但“仁”是人的充要条件这一点却都并无异议。对此何心隐说得最为简明直截：“仁，人也，人人相形，人己乃形。”[①]他从字形出发，首先指出“仁”象征着并肩而立的人类本身。这样的观点可从《说文解字注》“仁，亲也。从人二”[②]的解析中得到印证，而其引郑玄注《中庸》“仁者，人也”句时，也有“人也，读如相人偶之人，以人意相存问之言”的解说[③]。可见“仁”象征着拥有和谐而亲密关系的人类群体。接着何心隐进一步指出，人还可以从“仁”之字形中反观到自我的形象，它代表着每一个独一无二的人类个体。因此无论从个体层面还是从群体层面看来，“仁”就是“人”。

---

① 《何心隐集》，第 67 页。

②③ 《说文解字注》，上海古籍出版社 1985 年版，第 365 页。

1. “仁”是人之本体

所谓“仁义之人，人不易而人也”[①]，某种程度上说，何心隐是将“仁”与人之本体等同的：“仁则人也，有乾坤而乃有人也，而乃有仁也。而乾坤奚原于仁其原耶？惟乾惟坤，而不有天地，则不有乾坤矣；惟天惟地，而不有人，则不有天地矣；惟人而不有仁，则不有人矣。”[②]在这里，他做了这样的反推：乾坤阴阳虽然是宇宙万物、天地万有产生的根源，却唯有落实于宇宙天地，才能获得其意义并实现其自身。同理，天地需要人的认识与实践，才能获得其意义并实现其自身；而“仁”则决定了人的自我确证与自我实现。因此宇宙的最终完成就维系在了“仁”这一属性之上。“仁”决定了人之为人，也因此左右着宇宙之为宇宙。

“仁”这一属性的地位虽然举足轻重，但在这里它尚不能与宇宙本原等同而具有本体论意义。对此，何心隐进一步论述道：

> 夫人，则天地心也。而仁，则人心也。心，则太极也。太极之所生者，两仪也。而乾乎其乾、坤乎其坤者，非乾坤其仪而两耶？两仪之所生者，四象也。而乾乎其乾、坤乎其坤者，非乾坤其象而四耶？四象之所生者八卦也，而乾乎其乾、坤乎其坤者，非乾坤其卦而八耶？是故卦而八者，莫非象之四而四也；象而四者，莫非仪之两而两也。仪而两者，莫非极之太而太也。太者大也，大莫大于仁，而太乎其极也。用九用六，于元于贞者，始以大而终以大也。大莫大于仁，而终乎其始，于贞乎其元，以用乎其六，于用乎其九也。九则九乎，其奇而奇乎其奇者也。六则六乎，其耦而耦乎其耦者也。奇则奇乎其乾，而乾乎其乾者，其阳纯也。纯莫纯于仁，以纯乎其阳之纯而生阴，而乾乃乾乎其乾，则姤则坤也。耦则耦乎其坤，而坤乎其坤者，其阴纯也。纯莫纯

---

① 《何心隐集》，第 26 页。

② 《何心隐集》，第 17 页。

于仁,以纯乎其阴之纯而生阳,而坤乃坤乎其坤,则复则乾也。而原乾坤其原,不原于乾乎其乾、坤乎其坤于仁,其原又奚原耶?①

在这段气势逼人的论证中,何心隐首先指出人以"仁"为心,由此才成为天地之心。这里的"心"是比喻的用法,意为人以"仁"为主要且首要属性,因此也成为天地间主要且首要的存在,可以说是对天地之性人为贵的强调。其次,他借助了大量的周易数术推演,只为指出"仁"因其至大至纯而生阴生阳,故而成为化生一切的源头,与宇宙的本原(在这里,何心隐以"太极"来称呼这个本原)合一。由此他得出结论,"仁"是乾坤阴阳之原,它决定了人之为人,也决定着宇宙之为宇宙。"仁"开始具有了本体论意义。

而这里的"仁",实际上等同于"生"这一生命创造力和内驱力,儒家认为这是阴阳自然演化的结果,是宇宙最根本的能力。这可以从罗汝芳那里得到进一步的印证:不仅"天地之大德曰生,夫盈天地间只是一个大生,则浑然亦只是一个仁矣"②,从经验世界的显现上,可以看到"仁"与"生"一体,浑然遍布,周流无间;而且"天此生,地亦此生也;古此生,今亦此生也;无天地,无古今,而浑然一之者也,生之谓仁"③,"仁"与"生"之间这种一而二、二而一的关系,更是超越了时空的限制,成为不言自明的公理。因此要探讨宇宙的本体,"心"固然因其比喻的意蕴而显得形象生动,却难免不够精准,不如直揭本相由"生"入手:

子曰:"天地无心,以生物为心。"今若独言"心"字,则我有心而汝亦有心,人有心而物亦有心,何啻千殊万异。善言心者,不如以"生"字代之,则在天之日月星辰,在地之山川民物,在吾人

① 《何心隐集》,第17页。
② 罗汝芳《盱坛直诠》,台湾广文书局1967年影印版,第57页。
③ 《盱坛直诠》,第34页。

之视听言动，浑然是此生生为机，则同然是此天心为复。故言下着一“生”字，便心与复即时浑合，而天与地，我与物，亦即时贯通联属，而更不容二也已。①

在“生”的育化之下，品物咸章的大宇宙诞生出现；在“生”的贯连下，纷纭多样的天地万物浑融合一。不仅如此，“生”也驱动着基本规律的和谐运转，更能通过复其天心的体验，而被人所认知、把握和印证。因此可以说，“生”即是宇宙的不二本根、唯一本原。而“生”与“仁”实为一体，“仁”也就此成了宇宙的本体。

细究之，“仁”与“生”之涵义还是存在着微妙差异的。前者更侧重本性而后者更侧重发用，不过这里暂不展开论述，而是将关注的重点放在罗汝芳对于人与宇宙本体之“仁”（亦可谓“生”）的关系的探讨上：

是人之有生于天地也，必合天地之生以为生，而其生乃仁也，亦必合天地之仁以为仁，而其仁乃寿也。古诗书之言寿也，必曰无疆，必曰无期。夫无期也者，所引之恒久则尔也，是仁之生生而不息焉者也。无疆云者，所被之广博则尔也，是仁之生生而无外焉者也。是以大人之生也。生吾之身以及吾家，以及吾国，以及吾天下，而其生无外焉，而吾此身之生始仁也。生兹一日以至于百年，以至于千年，以至于万年，而其生不息焉，而吾此日之生始仁也。②

“仁”超越了时空的限制，深植于人的生命根源，体现在其生理本能的和谐运转与社会功能的自如应对等方方面面。可以说天地之间，惟有人完满周备地秉承了“仁”这一本原，扩充了“仁”，其不息与至大能使人超越渺小的自我，与宇宙天地同在同寿；悖离了“仁”，人也就丧失本质的规定性，而连有别于禽兽之身都不能维持。可以说，

---

①《盱坛直诠》，第 121—122 页。

②《盱坛直诠》，第 120—121 页。

“仁”既是人的本然之性,也是人本真的生存方式,所谓“人之情则然也,人之才则然也,人之良心则然也,人之远于禽兽则然也”[①]。由此可以说,作为宇宙本体的“仁”,也正是人之本体。

2. “心”是人之本体

应该注意到,泰州学派诞生的“明代中叶,宋明理学发生了重大的转折,从程朱理学走向陆王心学;在哲学上则是从‘理本论’走向了‘心本论’,从以‘天理’为宇宙本体走向了以‘人心’为宇宙本体”。作为王门后学,泰州学派对本体的把握,难免受到阳明心性理论的沾溉。赵贞吉便在《求放心斋铭》中写道:

> 乾为吾健,坤为吾顺,风行水流,日丽泽润,动处为雷,止处为山,无声无臭,充满两间,此名为心,别名为仁。无内无外,无损无增,自孝自弟,自聪自明,喜怒哀乐,未有一物,感而遂通天下之故。无情有情,合为一体,未著躯壳,只有此耳。圣人以此洗而退藏,惟有圆圈可以形容。藏中何有?圈中何名?至精至一,为天地心。原此真心,不分愚智,鱼跃鸢飞,各职其职。[②]

这里的“心”已并非作比喻的用法,而是实有所指。“心”是宇宙之本原,在物质存在之前而存在,恒定不改,运行不殆,并且在冥冥中将宇宙间的万类群生贯连为一个整体。不仅如此,赵贞吉更明确指出“心”是人的本原,为每个人类个体平等地具有,它使人成为宇宙万象的缩影、天理大道具体而微的呈现。尤其值得注意的是“此名为心,别名为仁”一句,“心”在人与“仁”之间架起一座桥梁,而使周流不息的生命内驱力、生生不已的天地大德有了着落之处。

“心”何以能成为人和“仁”之间的着落点?徐樾有言:“夫道也者性也,性也者心也,心也者身也,身也者人也,人也者万物也,万物也

---

① 《何心隐集》,第 26 页。

② 《明儒学案》,第 758 页。

者道也。”[1]这段表述从“道”出发，经“性”“心”“身”“万物”，再回到“道”，形成一个彼此勾连、首尾相接的完整圆形，而“心”恰恰处于连缀外部与内部、普遍与特殊、群体与个体、抽象和具体的关键位置，扭结人人秉具的天命之性和各不相同的个体之身，进而维系形而上之道和形形色色的森罗万象，而可被视为宇宙万物的主宰和根源。于是“夫六合也者，心之郛廓；四海也者，心之边际；万物也者，心之形色。往古来今，惟有此心，浩浩渊渊，不可得而穷测也。而曰诚、神、几，曰性、道、教”[2]。作为宇宙本体的“心”由此赅备万有，而“仁”亦在其中。

徐樾言“心”与道同出异名，同时也说道：“往古来今，上天下地，统名曰道。是道在人，统名曰心。”[3]广义来说“心”就是道，而狭义上的“心”则专指人所秉具之道，即所谓的道心。一度从学于徐樾的颜钧对此也持有类似的观点。他也曾前往泰州向心斋拜师求学，次年返回江西时便贴出了堪称学术宣言的《急救心火榜文》。榜文开篇即言：“窃谓天地之所贵者，人也；人之所贵者，心也。人为天地之心，心为人身之主。”[4]由天地到人再到心层层聚焦，最终将宇宙万有之根本凝定在“心”之上。应当注意到，这里的“心为人身之主”将“心”视为了人之本体，很大程度上还是对陆九渊、王阳明之“心本论”的继承。而颜钧也明确质实地指出：“是故仁，人心也。”[5]更直言：“夫赤子之心，天造具足其仁神者也。”[6]若扩而充之，便能“齐家兴国达天下，同心之仁也”[7]。将“仁”视为“心”天然秉具的本质属性，它是个体与生俱来、生而具足的至善天性，具有达及天下群体的普适性。这一观点

---

①③《明儒学案》，第 726 页。

②《明儒学案》，第 727 页。

④《颜钧集》，第 1 页。

⑤《颜钧集》，第 19 页。

⑥《颜钧集》，第 55 页。

⑦《颜钧集》，第 20 页。

上可追溯到孟子良知说,亦是阳明心学的一贯真传,而具备了“仁”的“心”也更接近徐樾所谓的道心。

然而颜钧特别注意到“道心”之外,人还具有“人心”。这二者间不能简单画上等号,甚至“今世人心,嗜欲盘根”[①],而与纯仁之道心呈现出紧张的对立姿态。赵贞吉就认为学者毕生须“以用精一之功,以从事于人心道心之间,必使道心为主,而人心听命”[②],但颜钧却通过一段别出心裁的论述将这对立的二者合而为一。

在泰州学派中,颜钧处于承上启下的关键地位,他与王栋、王襞等相颉颃,继承光大了创始人王艮的思想,更启发了罗汝芳、何心隐等学派中坚。但因为文化水平不高[③],他经常以六经注我的方式对儒家经典信口阐发,其深刻独到的思辨也受限于学养与写作能力,往往无法得到准确明晰的表达,甚至还会被故弄玄虚的表述所掩蔽。同时颜钧又不时借助神秘体验来印证性命要义,因此有学者认为“山农‘已超过了儒学的民间讲学的阶段,走上了化儒学为宗教的道路’”[④]。但仔细辨析其著作却不乏灼见,如《人心道心而执中辨》中,他就以出人意料的方式,解决了人心道心问题。

在文章中,颜钧从“惟”入手,去理解和把握《尚书》中“人心惟危,道心惟微”之句。首先,他借字形发挥,将“心”拆解为由代表乾卦“三阳”的三点和如佩圭般的弯钩构成。这弯钩即“惟”。接着,他论述道,“其善曰‘惟’”,且“是‘惟’能纯乎其精也;是‘惟’能精乎其一也,所以允信自执己心之中,以为人之道。自精其一者也,是一心也”[⑤]。是否可以将“惟”解释为“善”暂且不论,在这里颜钧只是为了说明:善主宰了“心”,“心”便体现出纯仁精一的固有属性,自能执中而不偏不

① 《颜钧集》,第5页。

② 《明儒学案》,第750页。

③ 罗汝芳评价颜钧“辞气不文,其与人札三四读不可句”。王世贞在《弇州史料后集》卷三十五《嘉隆江湖大侠》中甚至讥评他不识字、不能句读等。

④ 吴震《泰州学派研究》,中国人民大学出版社2009年版,第269页。

⑤ 《颜钧集》,第14页。

倚、不过不失，人便能在生存生活中，以其恰当无碍的认知与实践，时刻印证与体现了天理大道，妙合神几，发而中节，人心从此便与道心相合为一。也就是“如此而曰人心道心之危微精一，执中之仁，覆天下唐虞者也”①。人心与道心就此交汇而体现为周遍天下之“仁”，人之本体也就此与宇宙之本体融合无间，而可以“心”一言蔽之。

正是因此，“吾人须是自心作得主宰，凡事只依本心而行，便是大丈夫”②。农夫出身的夏廷美用最朴素的语言指出：真正意义上的“人”，也就是所谓的“大丈夫”，本当如是之性是心，本当如是之行是心，人的本体无须着力向外寻求，它就是与道合一的“心”。

3. “良知”是人之本体

然而在泰州学派创始人王艮看来，“仁”与“心”都不足以定义人的本体。人有其自身的特殊性，即便是天地大德之“仁”，当其体现于人时也不能一概而论：

> “乍见孺子入井而恻隐者”，众人之仁也。“无求身以害仁，有杀身以成仁”，贤人之仁也。“吾未见蹈仁而死者矣”，圣人之仁也。③

虽然人都秉天地生意而生，因此具有“仁”之天性，但在普通百姓这里，“仁”只是趋近于本能情感的发端；在才德之士之这里，“仁”亦需勉力追求，其人亦不免为求仁所累；唯有在圣贤君子这里，“仁”才能与其生命存在合一，自然而然地得到完满的扩充与实现，其人也能从心所欲地蹈仁而行。可以说从众人到圣人，“仁”之禀赋所呈现出来的区别不啻霄壤：“故人皆有是恻隐之心，苟能充之，足以保四海；苟不充之，不足以保四体。”④仅仅保有众人之“仁”这样的发端，而不

① 《颜钧集》，第 15 页。

② 《明儒学案》，第 721 页。

③ 《王心斋全集》，第 11 页。

④ 《王心斋全集》，第 17 页。

能扩而充之达到圣人之“仁”的极致，那在现实世界的熏染之下，人完全有可能昧没甚至丧失这一美德天性，而连最起码的自身存在都无法保全，更不要说抵达天地万物一体的超越境界。所以用“仁”来定义人之本体，显然是不够充分的。

“心”同样如此，王艮的忠实追随者王栋曾经做出这样的辨析：

> “心性”二字，古人俱不并言，则以心者神明之舍灵觉之天；性是心所生之理，而为仁义礼智之德者也。心无性生于中，则心止为血肉之躯，惟能知觉作用而已，不足谓之心也。性不管摄于心，则仁义礼智皆为长物，而无感应时出之妙，岂足谓之性哉！心之与性，离拆不开，故《大学》只言正心，性自含于中。《中庸》只言率性，心自具于内。①

作为本体的“心”，必须是具备天命之性的心。当仁义礼智等美德成为心所秉具的天性时，才不再只是抽象的客观存在，而心只有秉具了这些美德天性，才不再仅仅是单纯的思维器官。这里就出现了混淆的可能——只言“心”时，究竟是心性之心，还是血肉之心呢？

而王艮就更多将“心”的理解为血肉之躯的思维器官，而强调其心理功能：

> “人心惟危”，人心者，众人之心也。众人不知学，一时忿怒相激，忘其身以及其亲者，有矣，不亦危乎？“道心惟微”，道心者，学道之心也。学道则“戒慎不睹，恐惧不闻”，“有不善未尝不知，知之未尝复行”，见“几微”也。②

可以看出，王艮理解的心是思维与情感等产生的根源，心中不计其数的念头里有崇高的正向的，也有低下的负面的。“人心”就专指其中各种世俗的欲求与情绪的部分，而道心则是体认天道、超越自我

---

①《王心斋全集》，第181页。

②《王心斋全集》，第15页。

的动机与志向。二者固然有着本质的区别，但在作为人类心理功能的产物这一点上却并没有差异。因此以“心”来定义人之本体，显然是不够精确的。

而在王艮这段表述中，值得注意的是道学则见几微的说法，从这里可以窥看到他把握“人之本体”问题的入口。人的本体不仅秉承天道之“仁”，着落于与天道相应之“心”，更具有全面体认并充分践行天道的自觉，这是人与生俱来的禀赋，也是人区别于万类群生的本质能力与根本属性。王艮将这种灵明的自觉天赋称为“良知”。

在王艮这里，“道一而已矣。‘中’也，‘良知’也，‘性’也，‘一’也”①，宇宙的本体“道”，“道”的本质特性“中”，与人的天性“良知”是同一的。以此为前提，他从以下几个方面，来论证“良知”是人之本体：首先，“良知”来自宇宙本体之“道”，是体现和印证宇宙之本体的禀赋，也是体认并顺应宇宙之本体的天性，即所谓：“‘天理’者，天然自有之理也，‘良知’者，不虑而知、不学而能者也。惟其不虑而知、不学而能，所以为天然自有之理；惟其天然自有之理，所以不虑而知、不学而能也。”②它是人类独有的对自我、对宇宙、对天道的自觉。其次，如王艮之子王襞所言：“良知之灵，本然之体也。纯粹至精，杂纤毫意见不得。”③这种天性禀赋不由外界习得，不受外界影响，本身圆融自如地运转不歇，拥有着至精至粹的完善。再次，这种天性禀赋贯穿着人的生命历程，不可剥离，即所谓：“故道也者，性也，天德良知也，不可须臾离也。”④同时它能作用于现实世界，作用于人的生存生活实践的方方面面，如王栋所言：“于凡天下国家、日用事物，皆体以良知之本，然自能应万事合体用为一原，而内外尽皆有以包之而无遗矣。”⑤

---

①《王心斋全集》，第 38 页。

②《王心斋全集》，第 31—32 页。

③《王心斋全集》，第 214 页。

④《王心斋全集》，第 49 页。

⑤《王心斋全集》，第 152—153 页。

最后,无论圣愚贵贱,所有人都平等地拥有这一禀赋,“良知天性,往古来今人人俱足,人伦日用之间举措之耳。所谓大行不加,穷居不损,分定故也”[①]。它不会因人的身份地位的不同而改变,也不会因为是否被人充分运用发挥而改变。以韩贞的诗句一言蔽之:“万理具在人心,人心本有天则。天则即是良知,良知不用思索。”[②]

而“仁”只是“良知”的美德属性之一:

> 夫良知即性,性即天,天即乾也。以其无所不包故谓之仁,无所不通故谓之亨,无所不宜故谓之利,无所不正故谓之贞。是故君子体仁足以长人,嘉会足以合礼,利物足以和义,贞固足以干事。终日乾乾,夕惕敬慎,此良知而已。[③]

“良知”与天道同一,因此赅备了“仁”。真正意义上的人,也就是这里所谓的“君子”,能时刻保持着良知精粹灵明的运转,也因此而对天地万物怀有不息的一体同心之仁,更能在生存生活实践中,依凭这种圆融无碍的运转而无往不利、左右逢源,从而在实现自我、完善自我的同时,充分参与到天地万物的实现中去。可以说“良知”是人知仁行仁的前提,它所包涵的意蕴比“仁”更丰富,看不到这一点,就会“仁于仁上只偏仁”[④],而无法对人之本体有全面的把握。

虽然侧重点各有不同,表达也颇有异趣,但泰州学派对“人之本体”的认知,本质上存在着相互发明、互相补充的内在联系:天地生生之“仁”、无所不包之“心”与灵明自觉之“良知”,共同构成泰州学派所谓的“人”。“心”贯连起人与天,使每一个人类个体都具备了充盈于天地间的“仁”,而体现为人人具足的“良知”而贯彻于人伦日用之间。因此人能通过自身的实践认识并改造自我与宇宙,而成为天地间独

① 《王心斋全集》,第 47 页。
② 《颜钧集》,第 170 页。
③ 《王心斋全集》,第 45 页。
④ 《王心斋全集》,第 196 页。

一无二的宝贵存在。与程朱理学将"天理"或陆王心学将"心性"等形而上的抽象存在视为人的本体不同,在泰州学派的理论中,"人之本体"和源源不绝的生命内驱力相连,和与道同一的具体存在相连,和从不停息的生存生活实践相连。在这个意义上,以"百姓日用"来定义泰州学派所谓的"人之本体"是合理的。这一范畴作为人类顺应天命良知,发而中节的全生存生活实践,涵盖了人的本当如是之性和本当如是之状,它是人类本真的存在状态,是人的本体。

第二节　作为美之本体的"百姓日用"

而在泰州学派的理论中,"人之本体"又是与"美之本体"相互涵润,彼此交融的。中国传统哲学几乎都不会否认美就在宇宙天地之间,是至高真理(无论其名为"道"或"天"等)无处不在的周流和显现。而在泰州学派的理论中,"百姓日用"的内在意涵即秉承"道"的"中"之良知天性,是人类与生俱来、无过无不及的原初心理状态和平淡和谐的根本生存境界,以及这种心态境界所固有的真实仁爱;其发用表现为"庸",即为在"中"的冥然左右下,发而中节的本能反应、情绪表现、沉思考量、生产生活、人际交往等,人类永不停息的全部生存生活实践活动。人人生而秉有,人人终生践行,即所谓"圣人之道,无异于'百姓日用'"①。在这个意义上,每个人都成了"道"具体而微的化身,因此无不完满圆融、无不仁和畅达、无不欣欣向荣生生不已,人正是在这个意义上得以与宇宙天地的大美合一,"美之本体"也与"人之本体"合一。

---

①《王心斋全集》,第10页。

一、"百姓日用"是美之本体

"本体呈现的是一个本然的世界,境界则是对本然世界的澄明,或者说是这一本然世界的人生在世的展开。"[①]泰州学派以"百姓日用"为人之本体,用人类永不停息的生存实践来呈现本然的世界,并通过其自然、合理与和谐,照映出永恒的审美超越之境。

1. "百姓日用"之呈现

在泰州学派的认知中,以"百姓日用"为本体的人拥有着独贵于天地之间的地位与价值,是宇宙精华的凝聚者、参赞化育的承担者,也必然表现出与之相应的感性面貌,在这个意义上可以说"百姓日用"呈现着人之美,也呈现着天地大美。

(1)"百姓日用"呈现了天命之美。

天命之谓性,人的天性毋庸置疑是美的——人之形骸躯体、身体机能等,是天性最为直观的显现,而四肢五体的完善匀称,感官生理的健全和谐等,就已经表现出美的特征。这种美固然更多是富有构造性、韵律性、机能性的形式美,但在其背后,更有着天地生生大德赋予人的仁之生机在塑造与驱动:

> 圣贤语仁多矣,最切要者莫逾体之一言,盖吾身躯壳原止血肉,能视听言而动者,仁之生机为之体也。推之而天地万物,极广且繁,亦皆躯壳类也,潜通默识,则何我体之非物,而物体之非我耶?[②]

泰州学派认为"仁"源于生生不已之天道,正是它为人类的血肉形骸注入绵绵不绝的生命动力,由此生化出"百姓日用"间运转自如的生理机能等,而人类的躯壳也因此超越了麻木冰冷的物质属性,成

---

① 宁新昌《本体与境界——论宋明新儒学的精神》,《孔子研究》1998 年第 4 期,第 63 页。
②《盱坛直诠》,第 59—60 页。

为活生生的存在，而拥有了灵明万应的美好生机。不仅如此，这种生命动力同样也驱动着天地间品类繁盛的万物众生，将整个宇宙贯融为生气周流的整体。人们一旦意识到这一点，就有可能突破渺小自我的限制，让自身的生命节律与宇宙万物的消长同调，其形骸躯壳也不再是孤立的个体，而得以融汇入天地大美之中，成为其有机的构成部分。

“百姓日用”不仅表现为生理机能的完满，也表现为心理情感的真挚。在“仁”之天性的左右之下，人对天地万物抱有着和谐中节而极富生长性的情感。这种美好的情感发端于人最单纯直接的亲情：

> 父母生我千万辛苦，而未能报得分毫；父母望我千万高远，而未能做得分毫，自然心中悲怆，情难自已，便自然知疼痛。心上疼痛的人，便会满腔皆恻隐，遇物遇人，决肯方便慈惠，周恤溥济，又安有残忍戕贼之私耶？[①]

血浓于水的亲情朴素、真诚与厚重，它是对血脉相连者发自内心、不容矫饰的体谅、依恋、保护和信赖等，包括泰州学派在内的儒家子弟几乎都默认这是万类群生共同具有的本能情感。但亲情只产生于被血缘关系维系着的个体之间，某种程度上可以说它是自私的，与美还有着一段距离。然而当人能通过其不虑不学的良知天性，自觉地体察这种与生俱来的骨肉亲情中蕴含的仁之生德，从而由对待亲人的真切情感出发，推而广之达及他人，达及天下百姓，甚至达及一切生灵，像信赖、体恤和保护亲人那样，包容天地间所有的生命，达到“仁无有不亲也，惟亲亲之为大。非徒父子之亲亲已也，亦惟亲其所可亲，以至凡有血气之莫不亲，则亲又莫大于斯。亲斯足以广其居，以覆天下之居，斯足以象仁也”[②]的程度，惟其如此，作为本能情感的亲情才超越了血缘种族等限制，如阳光雨露般体物无遗地曲成万物，

① 《罗汝芳集》，第 15 页。
② 《何心隐集》，第 27 页。

而就此拥有仁厚周全的审美意蕴。由此更进一步,将这种美落实在与他人、与社会的应酬交往行动上:

> "将上堂,声必扬",仁之用也。故曰"经礼三百,曲礼三千",无一事而非仁。①

即便是拜访人家时扬声提醒主人知晓这样的日常琐事,遵循内在于"百姓日用"的良知天性应对得当时,也会化为充满人情味的动人景象,而令人体会到审美的愉悦。由此出发,大大小小的礼仪规则与其说是僵化的教条,还不如说是从体谅他人的真实情感出发,设身处地的换位思考而做出的恰当反应。因此能让言行举动更加恰当、人际关系更加和谐等的一系列礼节,也再不是人类行为的束缚,而是出于"仁"的内在需要而产生的必然追求。如果日用常行的点滴细节、生活实践的每时每刻都能如此,那人类群体繁衍生息的烟火人间,将在彼此互尊互爱的情感氛围下,瞬间转化为无比和美的尘世乐园。

在和谐的人际关系中,"百姓日用"进一步指向伦理美德的实现:

> 斯仁人也,斯义人也。自旦至昼,自昼而夜,气自冲然而广,气而仁也。气自毅然而正,气而义也。非禽兽之气也,气而人也。气以充乎其才者也,才以干乎其情者也,情以畅乎其心者也。心以宅乎仁,由乎义,以仁义乎人者也。
>
> 人惟广其居以象仁,以人乎仁,正其路以象义,以人乎义,以操其才,以养其情,以平其气,以存其心。于居之广,路之正,以人乎仁义,则仁义其才也,仁义其情也,仁义其气也,仁义其心也,仁义人也,人岂易易而人哉?②

正所谓"仁者,义之本也","义者……仁之节也"(《礼记·礼

① 《王心斋全集》,第12页。

② 《何心隐集》,第26页。

运》)，当“仁”之天性得到充分的涵育与扩充，人的生存生活实践自然而然就像走上正路那样不偏不倚、合宜中节，这正是“百姓日用”真实自然的运用与呈现，亦即是泰州学派理解的“居仁由义”。人们因其礼义文明而从万类群生中脱颖而出，并能不断充实自身正直磊落的道德人格，贯彻“冲然而广”之仁与“毅然而正”之义的浩然之气，昼夜不息，从而心地光明，襟怀洒落、才情丰畅，就此不断向美趋近。王艮更以出仕为例具体地加以说明：“君子之欲仕，仁也；可以仕则仕，义也。‘居仁由义’，大人之义毕矣。”[①]出于对人类群体的关切而承担社会责任，是“仁”之天性美德的体现；而审时度势而非贸然行动，则是在天性美德的左右下采取的恰当的实践行动，如此便是所谓的“居仁由义”。能够做到这一点，那就获得了成为理想人格的化身、人之审美典范——“大人”的可能。

王艮所言之“大人”，即所谓“圣人”“圣贤”“君子”等，不仅在生理、心理、行为、道德等方面均充实而完善，更能将其天性美德的光辉播撒向他人及社会，甚至超越物我的藩篱，向整个宇宙天地辐照：

> 圣人所以异于人者，以所开眼目不同，故随寓随处皆是此体流动充塞，一切百姓则曰“莫不日用”，鸢飞鱼跃则曰“察于上下”，庭前草色则曰“生意一般”，更不见有一毫分别。[②]

作为人格美的典范的圣人君子，从不囿于血缘、家族、种族等的限制，而能洞悉天道生德赋予万类群生的各异形式背后，那和谐美好的共同天性，从而由生民百姓的日用常行中，由自然万物的勃勃生机中，由庭前春草的明媚生意中，体会到整个宇宙一体相关的整体性，也意识到人、意识到自身对于这个整体的关键意义，这便是圣人君子的“百姓日用”。流动充塞而内外无间的一体同心之仁，也令其生存生活实践具有了共同参与万物之实现、共同创造天地之大美的意义：

---

① 《王心斋全集》，第 13 页。

② 陶望龄《罗近溪先生语要》，光绪二十年刻本，第 15—16 页。

> 盖圣人心通无外,思入有形,元气周流,精神洋溢,上为天地立心,下为生民立命,远之为万世开太平,微之为鸟兽、鱼鳖、昆虫、草木遂咸若之性,其功用若是之大,与天齐准者也。[①]

圣人君子与宇宙本原之间是毫无间隔的,因此其生命存在本身便已丰满而充沛。他更能遵循并完善自身的天性美德,在生存日用的点点滴滴中不断打磨自我,而进一步参与到天地万物的完成中去,慨然无畏地承担起人类应尽的责任与使命,哪怕最微小的草木虫豸亦不忽略遗漏,务令万物各得其所,从而赞化育而与天地参;更要超越时空垂范后世,让人类社会从此美好而和谐,让让幻想中的唐虞盛世永驻人间,让天地宇宙长存为和谐畅茂的生命乐园。因此圣人君子在成就天地万物的同时也成就了自身,这不是勉强而行的苦劳,而是遵循其仁之天性良知,自然而然不容或已的行动,通过这样的行动则能够获得精神洋溢、元气周流、满足充实的美好生命体验。在这个意义上,圣人君子作为真正意义上的"人",作为完美人格之典范,其"百姓日用"充分体现出人秉自天命、完复天性的美。

(2)"百姓日用"呈现了人性之美。

泰州学派以"百姓日用"为人的本体,在很大程度上消弭了天人之间紧张的对立关系,让一度被排斥于天性之外的人心、人身、人欲等,也得到了肯定与张扬,从此不再被视为邪恶渊薮而被排斥于美的王国之外。

作为"仁"之天性的着落点,与"道"同出异名的"心"首先获得了其合法地位。颜钧就在《急救心火榜文》中罗列出心的种种美德:"默朕渊浩,独擅神聪,变适无疆,统率性融,生德充盈,润浥形躬,亲丽人物,应酬日用,自不虑而知,不学而能者也。"[②]"心"内在于"百姓日用"这一人的本体,它广大无际,包蕴万有,变动不居,灵明圆融,同时又

---

① 《王心斋全集》,第160页。

② 《颜钧集》,第1页。

饱满而充实，蕴含着无限生命力量，自然而然地化生天地万物，不着痕迹地流布于人们日常生活的方方面面，和谐无碍地运用于现实社会人际交往中。概言之，包蕴万有的大，流畅自如的灵，造化无尽的生等审美特征，让"心"拥有了成为美的可能性。

而赵贞吉则着力点出了"心"的空灵净澈、虚寂无碍等审美特征，"无象之象，无形之形，根滋茎大，水到渠成，一时翕聚，万古常灵。……不离绳缚，自解脱也，不绝思虑，自澄彻也"[①]，"心"有着洞彻无遗、运转无碍的清澈与空灵，即便处于外在不利条件的限制之下，也自觉自照，保持其不变的清澄与圆灵，因此能抖落俗秽、跳脱尘网，拥有"翼乎如鸿毛之遇顺风，浩乎若巨鱼之纵大壑也"[②]的从容自在，而蕴蓄着自由而强劲的美之潜能。

此外，"心"更具有着将美的可能化为美的现实的能力："是心之体，肫肫焉，灵灵焉，灵照密察，隐微莫遁，肫生万物，无时或息，皆至诚为贞干也。"[③]纯粹空灵而光彩内照的"心"，蕴含着真实强大而仁厚的生命力，因而永恒运动从不停息，体物无遗无处不在，由此便化生出万物纷纭的大千世界之蓝图。于是"空中楼阁，八窗洞开，梧桐月照，杨柳风来，万紫千红，鱼跃鸢飞，庭草也，驴鸣也，鸡雏也，谷种也，呈输何限，献纳无穷"[④]，这生意盎然的美妙画卷源自"心"的无穷生机，是"心"的创造力的直观显现。可以说，"心"本身就能映照出气象万千的美。

不仅如此，"心"之美更能在物质层面的形体躯壳之上得到切实体现。因为"此心此身，生生化化，皆是天机天理，发越充周"[⑤]，心与血肉之"身"从一开始就不存在对立，二者健全完满地合一，和谐应对外界种种变化，本就是对生之天机、大道天理的顺应。此外，物质形

①② 《明儒学案》，第758页。

③ 《颜钧集》，第19页。

④ 《王心斋全集》，第232页。

⑤ 《罗汝芳集》，第5页。

躯与天命之性之间同样也不存在对立,“天命为性,性是形躬,御应无方,成天地人物而太和者也”[①]。这里的“形躬”指代的也是天地人物的血肉形躯,它是世间万物完善的形象及其和谐的运作,蕴蓄着生生之德与冲和之气,是大道天命使然,是天性的直观体现。而天地万物中尤以人类的形躯最为特出完善:

> 从心妙知,丕显活泼之神机,鼓畅肫灵之乐乐,乐极融丽,形躬睟盎,斯为志气硬如铁,精神活如水,身子软如绵,然后可以齐家兴国达天下,同心之仁也。[②]

在“心”活泼灵明的本质创造力沾溉之下,人之形躯充实灵活,其意志、精神和肢体在最大程度上得到了唤醒和解放,贯通融结成自由健全、智识充沛而活力旺盛的生命整体,这一感性形象展现着仁和完善的审美特征,甚至具有齐家治国平天下的审美感化力量。而当人们凭借与生俱来的灵明良知充分体认到这一点,并能践行扩充达到极致,“则仁智中和,昔在书册者,今皆浑全在我此身,则光岳元神,浩然还复充塞,至宝辉焰,赫尔朗照乾坤”[③],人也将超越渺小的自我,其心充实广大,其身光辉朗照,其“百姓日用”本体也将浑沦完全地呈现为美。

在泰州学派的理解中,圣人君子等理想人格典范显然已完成了这样的超越,但与他们相比,百姓众人之形躯却不那么完美:“是心也,人皆有之。贤者能勿丧耳,圣人能自贵,众人则皆不能惜重,瓦裂自败,而行拂乱耳目口体之运,不认本体为作用,道故不明不行矣。”[④]众人不惜重“心”而任其蔽败,而沦入“百姓日用”而不知的境地,就会在耳目口体的本能与行动等层面表现出与美相悖的、不和谐不恰当

① 《颜钧集》,第 8 页。
② 《颜钧集》,第 20 页。
③ 《罗汝芳集》,第 56 页。
④ 《颜钧集》,第 1 页。

的拂乱丑行，二者是“本体为作用”的一体关系。在这里泰州学派将形躯不美同样也视为失道的表现，“不能自尽其道，则是人也，具形体而已矣”[①]。由此可以看出，人类血肉之身的美与不美，已可以与心、道、人这些根本问题相提并论。

进而言之，“耳目之视听，形骸之运用，皆浑然见得是心，心皆浑然见得是道”[②]，在此人的身躯形骸及其应用生理，已被表述为“心”之审美潜能的直观显现及其审美创造力的感性表达，并经由“心”这一中介上升到浑然是道的地位。在此之前，人之形躯常常被看作形而下之器，在至高无上的大道天理面前处于被动且卑微的地位，甚至还会遭到贬斥与压制。泰州学派则通过强调与道合一的“心”，在美的王国中为形躯等一度被轻视、忽视的物质性、实践性等要素保留了一席之地，更为“欲”留下了介入的缺口。

泰州学派一向辩证地看待人类的种种欲求：王艮认为“只心有所向便是欲”[③]，点明了欲与心斩不断的内在联系，心无时无刻不处于运动变化中，只要意向出现，欲也就产生了。何心隐则直接指出“且欲惟寡则心存，而心不能以无欲也”[④]，如果连欲都丧失了，那心也将不复存在。正是在这个意义上，颜钧批评罗汝芳刻意追求心如明镜止水，认为：“子所为者，乃制欲，非体仁也。”[⑤]有欲是心的基本功能，人只要活着就不可能心如死水而全无欲求。较之欲求本身，盲目消灭一切欲望才是丑恶的，因为这是对天性的戕害。连天性都扭曲沦丧，那“仁”之天道又从何谈起，“心”之生机又如何保全，美之本体又如何显现？因此“欲之病在肢体，制欲之病乃在心矣。心病不治，死矣”[⑥]。欲直接影响的只是肢体之身，但强行制欲却会扼杀“心”的生机活力，

---

① 《明儒学案》，第 725 页。

② 《罗汝芳集》，第 33 页。

③ 《王心斋全集》，第 43 页。

④ 《何心隐集》，第 42 页。

⑤⑥ 《颜钧集》，第 82 页。

造成根本性的心病。

有心必有欲,而欲又密切关联着形躯肢体,可以说泰州学派正是由此,而将“欲”视为天与人、身与心之间不可斩断的桥梁:欲是人心所向,但其反映出的却是天性天理;欲来自形躯之身,但压抑和扼制它,则会对心造成致命影响。由此可见,形躯对“心”有着不容忽视的反作用力,其欲求得到合理的表达和满足是符合仁之天道的,从此人无须再通过严苛地克制欲望来体认天理、完善自我,而欲也不能再被视为与美彻底背道而驰的存在。

但也应当看到私心邪念是人世间客观存在的事实。对此王艮指出,与天理相悖的丑恶人欲只是欲之中刻意安排、着力强求而超过限度的部分:“‘天理’者,天然自有之理也,才欲安排如何,便是‘人欲’。”[①]罗汝芳也强调“一切利欲愁苦,即是心迷”[②],要认清物欲私欲恰恰是内在于“百姓日用”本体的“心”陷于迷乱困昧状态的结果。因此人的自我完善就不再是禁欲断念,而是节制泛滥的、过度的欲望,即所谓“寡欲”,如王栋所言:“孟子言养心莫善于寡欲。”[③]

如何寡欲?与欲之产生一样,欲之节制也是心的禀赋、人的天性。泰州学派多数成员就认为面对“欲”,人只需“自信其心”[④],让心拥有不被压抑或助长的自由,良知天性便能圆融自如地调节欲,正如颜钧所言:“但放心则萧然若无事人矣。”[⑤]无事之时,“心”无所欲,处于喜怒哀乐未发,和谐安宁而不乏蓬勃生命潜力的状态;萧然若无事,则是遇事发而皆中节,欲求合理满足,无过无不及而恰到好处的状态,这正是“百姓日用”间良知灵明作用的理想情况,它无须终生勤学不辍才能抵达,也不需要艰苦卓绝地把持熬炼,因为“是妙运也,皆

---

① 《王心斋全集》,第 10 页。
② 《罗汝芳集》,第 138 页。
③ 《王心斋全集》,第 165 页。
④⑤ 《颜钧集》,第 82 页。

心之自能在中也"[1],每一个身心健全的人只需返归"百姓日用"的本真自我,放心而行,便可"允信自执己心之中,以为人之道"[2],就此将平凡的生存生活之境化为"从心所欲不逾矩"的审美之境。

但泰州学派也并不认为这种寡欲养心、所发中节的状态,通过完全放任的态度就能达到。何心隐就指出有意识地"育欲"的必要。人要学会与自身的欲望相处,因为"性而味、性而色、性而声、性而安佚,性也。乘乎其欲者也。而命则为之御焉"[3]。人必然会对恰当适宜的生存生活环境和体验有所追求,这是顺应天性的结果,而天命之性同样也会左右着这种欲求不至于过度泛滥。而乘乎欲与御乎命之间,就是人完善自我的日用工夫之所在:面对着必然产生的欲望,人们首先必须学会"若有所发,发以中也"[4],在目标上合理适度;然后还要"若有所节,节而和也"[5],在程度上恰当中节,圣人君子的尽性至命之道不外乎此。而由此出发,与百姓大众一道从"欲货色",走向"欲聚和",再走向"欲明明德于天下,欲治国、欲齐家、欲修身、欲正心、欲诚意,欲致知在格物,七十从其所欲,而不逾平天下之矩"[6],共同追求幸福圆满的生存境界,追求天下归仁的超越境界,更追求"从心所欲不逾矩"的审美境界,那么欲便就此得到升华,拥有了美好且崇高的意蕴;平凡个体也就此脱胎换骨,实现其终极价值;其"百姓日用"本体所蕴含的审美潜能,也就此得到了最彻底的彰显。

从人之"心"入手,泰州学派赋予人之身体形躯,甚至人之需求欲望以美的意义。这些一度被视为天理大道的对立面而遭到警惕地监察、严厉地克制、彻底地磨练甚至无情地驱除的部分,都重新得到了审视与肯定,从而得以在"百姓日用"本体中,与天命之性一道构成完整的"人"之审美形象,并进一步凝练在"从心所欲不逾矩"审美境

---

① 《颜钧集》,第 17 页。

② 《颜钧集》,第 14 页。

③④⑤ 《何心隐集》,第 40 页。

⑥ 《何心隐集》,第 72 页。

界中。

2.“百姓日用”之境界

“从心所欲不逾矩”是《论语·为政》中描绘的孔子终生为学,步步积累,最终抵达的畅达自由又暗合法度的理想人生境界,因其蕴含的中和之美、中节之度而具有着丰富深远的审美意蕴。这也是泰州学派理解中,以“百姓日用”为本体的人所能和理当抵达的审美境界。

(1)“从心所欲不逾矩”之境。

作为泰州学派所推崇的圣人典范,孔子充分贯彻其“百姓日用”本体,在生存生活的毕生实践中,时刻安居于自由且中节的“从心所欲不逾矩”之境,但这一审美的人生境界却不是高不可攀、遥不可及的。王艮曾就《论语·宪问》中陈成子弑简公一节阐发道:“请讨陈恒,仁也;不从而遂已,智也。若知其必不从而不请,亦智也,然非全仁智者也。仁且智,所以为孔子。”[①]邻国这桩不仁不义的弑君暴行发生后,孔子给出了堪称完美的应对:在可以预料到结果如何的情况之下,他依然以最明智得体的方式向统治者进言,既保全了天性之仁,又成全了人臣之义,礼仪周备进退有度;与他相比,因为预见到结果而缄口不言的做法,则显得自作聪明而缺乏担当。值得注意的是,孔子“仁且智”的美德嘉行,并非极端状态下的极致之行,也非超然于尘世之外的逍遥之举,而是在其工作生活的日常场合,对其职责所在的事务进行适宜恰切的处理。正如赵贞吉所言:“夫子之道,本如慈母,如平地,顾子贡矫焉,揭诸日月,又使人索诸数仞之际,亦甚异矣。今考于夫子之自状,如发愤,如好古,不厌不倦,不逾矩耳,不如子贡之所称诩也。”[②]不同于子贡总是试图在竭力夸饰中彰显夫子之道的超妙,事实上孔子完美的人生境界既没有刻意而为的勉强,也没有高高在上的超离,反而是从容且平凡的。其“从心所欲不逾矩”之境与日用常行并不存在矛盾与间隔,更无须跳出现实世界另行寻觅建构,毋

① 《王心斋全集》,第 4 页。
② 《明儒学案》,第 754 页。

宁说这一审美境界与生存生活实践，在孔子充塞“百姓日用”本体所蕴含的天性之仁，遵循不虑不学的良知，毕生言行举动无不和谐得宜中圆融合一。

因此可以说，这种不离日常的“从心所欲不逾矩”审美之境，恰恰应当是人类本真的生存之境，再普通的人终其一生也多少曾触及过此等境界。但偶然而自发地实践完美之行并不困难，困难的是将其贯注到生存生活的每一个细节，并始终如一地保持，唯有这样审美的境界才得以凝定形成。泰州学派认为能一直安居于这一境界里的只有孔子：“此圣人与百姓日用同然之体，而圣人者永不违其真焉者耳。而颜子者，则亦三月不违者也。若百姓，则不自知其日用之本真而获持之，一动于欲，一滞于情，遂移其真而滋其蔽，而有不胜之患矣。”[①]哪怕颜回这样的贤人尚且有不足之处，百姓大众更是日用而不知，难免被过度的欲望和纷乱的杂念蒙蔽，而言行拂乱，离审美之境越来越远。因此王栋才会说：“所谓惟圣者能之，盖指孔子圣之时者而言，千古一人而已矣，此之谓至圣。”[②]

孔子是圣之时者，也因此是圣之至者。这首先在于其“百姓日用”本体的纯粹完满，湛然无缺。耿定向对踵迹孔子的孟子大加肯定，赞许其“则不藉名位，不倚功能，仕固可，止亦可，久固可，速亦可。譬之行者，日缓步于康庄，东西南北，惟其所适，即有飓风巨浪，倾樯摧楫，心何由动哉”[③]！似乎终生走在左右逢源，无往而不利的康庄大道上。但事实上，无论是孔子还是孟子，其人生都遭遇过不止一次的挫折，然而正因为圆满地保有“百姓日用”本体不昧不忘，他们才能在现实的风浪漩涡中从容不迫，安居于宁静空澄的审美之境，而不被严苛的外界条件所左右与扭曲，真正做到不忘初心，“从心所欲”。

其次还在于其“百姓日用”本体的完满湛然，绝非僵化凝固，而是

---

① 《王心斋全集》，第 216 页。

② 《王心斋全集》，第 155 页。

③ 《明儒学案》，第 821 页。

时刻处于发展变化与完善提升中,从而因对象制宜,准确得体地做出恰当应对。对此何心隐曾比较过:“如夷、如尹、如惠,乃足以其圣之清,以乱孔子之可以止则止之清而时;乃足以其圣之任,以乱孔予之可以仕则仕之任而时;乃足以其圣之和,以乱孔子之可以速则速、可以久则久之和而时也。”[①]伯夷的高洁、伊尹的可靠与柳下惠的宽容,这些都是美好的品质,可是若不能及时顺应具体条件的发展变化,便会沦为过与不及。而孔子能随时随地应变自如,应当高洁时高洁、应当可靠时可靠、应当宽容是宽容,毫不泥滞而从“不逾矩”。

由此可见把握了“圣之时者”之“时”,便把握了“从心所欲不逾矩”境界的核心。它意味着顺时而动、因时而变、应对及时、动静得时等。罗汝芳由此阐发道:“易象之赞,必曰:‘时义大矣哉!’又曰:‘六位时成,时乘六龙以御天。’所以‘君子动静不失其时,其道光明’,而‘随时变易以从道’也。吾夫子平生得力全在于此,惟孟氏独能知之,乃特称之曰:‘孔子,圣之时者也。’”[②]圣之时者的人生境界中最富审美意蕴也最难能可贵的部分,就是其积极奋进却又举重若轻的自由从容。而圣人与百姓人生境界的分判就出现在这里——能得其“时”者便能永不违其“日用之本真”[③]。

正是在这个意义上,王艮才不断将孔子“知本”与其“得时”并举,指出:“孔子之不遇于春秋之君,亦命也。而周流天下,明道以淑斯人,不谓命也。若‘天民’则听命矣。故曰‘大人造命’。”[④]与百姓大众听天由命不同,孔子因时趁势而不为一朝一夕的得失所困溺,无论外部条件如何,都能在平凡生活中自强不息,不断造就自我更超越自我,从而成为人生命运的主人,就此进入审美的自由王国。不仅如此,“孔子只是见得己与圣人同处,亦与凡人同,故以此学,即以此教,

① 《何心隐集》,第 50 页。
② 《罗汝芳集》,第 25 页。
③ 《王心斋全集》,第 216 页。
④ 《王心斋全集》,第 9 页。

要使人人皆如此耳"[①]。其审美的人生境界不是封闭的,也决不止步于自我的实现,而是向家国天下敞开,启发并激励着所有人,在生存生活实践中体认圣人与百姓同然的"百姓日用"本体,随时应节,共同抵达并按居于审美的人生境界中。这样的毕生用功才是"从心所欲不逾矩"之境界的真正完成。

(2)"从心所欲不逾矩"之学。

梳理泰州学脉可以发现,学派对"百姓日用"这一本体的理解其实并非铁板一块,其中最明显的分歧就出现在身心问题的论述上。但这些异见却能在"从心所欲不逾矩"之审美境界中得到最大程度的融合。以颜钧为例就可以清晰看到这一点。

颜钧持"心为人身之主"的观点,认为:"人之生理,自心与身。礼法养心,衣食养身。养身养心,身心兼□。"[②]提及"身"只论及衣食等基本需求,为学则专就"心"而言,即所谓"因心以立学"[③],"立学以养心"[④],因为"夫孔孟之学,亦仁而已矣"[⑤]。天性之"仁"直接对应"心",很大程度上与"身"之血肉躯壳无涉。除非不能学至仁义礼法存心,才会影响到肢体保全——"心不戒惧,身必遭刑。"[⑥]由此可见在"心"的面前,"身"仍旧摆脱不了被动的附属地位,二者的支离在所难免。

然而应当注意到,"在本体问题上,王艮与王阳明都对人表示尊重。但王阳明持'心本论',以'心'为本,以'良知'为本。而王艮则持'身本论',主张以'身'为本,偏重于人的物质存在"[⑦]。王艮早已通过微子、箕子、比干"孔子以其心皆无私,故同谓之'仁'"[⑧],却因为保身

① 《明儒学案》,第825页。
②⑥ 《颜钧集》,第41页。
③ 《颜钧集》,第30页。
④ 《颜钧集》,第1页。
⑤ 《颜钧集》,第19页。
⑦ 姚文放《王艮"尊身论"对舒斯特曼"身体美学"的支持和超越》,《中国社会科学院研究生院学报》2017年第2期,第70页。
⑧ 《王心斋全集》,第12页。

之行有别而高下立判,说明心并不超脱于身之外,更不凌驾于身之上,身心是不可割裂的有机整体。罗汝芳同样认为"心为身主"[①],二者乐于会合,苦于支离,然进而直言"大道只在此身,此身浑是赤子"[②],点明物质之"身"与道合一的本体意义。泰州学派秀出于阳明后学之间,引领了中晚明思想解放风潮,很大一部分原因就在于学派成员大都立足于身心一体,高扬身道同尊的旗帜,并不将"心"视为唯我独尊的主宰。而颜钧虽"志气猛烈,真人豪也"[③],但在哲学层面对"心"的论述却暴露出身心二分的倾向。然而他却通过对"从心所欲不逾矩"境界的阐析,在审美层面上弥合了身心割裂的倾向。

"孔子学止从心所欲不逾矩也"[④]——颜钧对"从心所欲不逾矩"的审美境界推崇备至,不仅将其视为孔子之学的唯一宗旨,更将其提升到性命的根本层面加以理解。他在《论长生保命》一文中这样说道:

> 夫生也,天地大生之性。生天地人物,不易不磨之命也。故曰:性也,有命焉。命即性之生生成象,有定分也。性为命之自天秉赋,无方体也。……讵知心所欲也,性也;继曰矩也,命也。[⑤]

对宇宙天地而言,所谓"性"是其化生万物的本质能力,它混沌无方,是天然秉具的内在驱动力,"命"则是其注定必须承担的责任使命。而万物并作万象森列,各得其所各具其美,便是宇宙天地尽性遵命而达成的具体结果。具体到人而言,"心之所欲"是人之"性",人活着就必然产生种种欲求倾向,其中有生存之欲有成就之欲,有原始之欲有终极之欲,有合理之欲有过度之欲,无所不包。而使这些欲求倾向趋于合理,最终无过无不及地得以成功实现,则是人之"命"。二者

①② 《罗汝芳集》,第37页。
③ 《颜钧集》,第81页。
④ 《颜钧集》,第25页。
⑤ 《颜钧集》,第15页。

相辅相成。有欲的同时又自有其矩，无须刻意把持，自然圆满和畅，这是内在于“百姓日用”本体的“心”的固有机能。而尽性遵命，即为“从心所欲不逾矩”。这种充分发挥天性，自然遵从天命，从而获得本质自由的终极状态，正是超越性的审美境界。

在此基础上，颜钧进一步以“神莫”与“日用”这两个概念，从内在运行层面和外在应用这两个层面，来辨析“从心所欲不逾矩”之境。

首先是“神莫”。“神莫”即“精神莫能”，是颜钧独创的说法。《辨精神莫能之义》一文开篇处即言：“此述心之精神与莫能。夫是莫也，夫子屡称为‘实’字，在发语之首，以并‘神’字用也。后儒不善省证，漫猜其为不可。”[①]于是“莫”在这里便不再具有否定意义，“莫能”即为“实能”。据此他进一步论述道：

> 夫是心也，自帝秉御，渊浩天性，神莫精仁，以为人道，时适乎灵聪之明，为知格诚正之修，允端天下大本者也。是故晰其秉具自灵之精也，睿哲严丽无遗混；御其默运万妙之神也，潜昭隐见无方体；擅其妙运曲成之莫也，测妙时神无声臭。如此氤氲精神，以遂明哲圭宝之能；如此经纶大经，以彰莫显莫见、莫为莫致之成。成若生长收藏，止至覆帱中央，故曰：心之精神是谓圣。莫能载大、莫能破小为中庸，无非立达己人，人人好仁无尚，心心知秉莫能，以遂精神为时时、生生、化化循环无终始也。夫是之谓“从心所欲不逾矩”，夫是之谓一团生气育类人。[②]

颜钧分别通过阐述“精神莫能”四义，来剖析“心”的内在运行：“精”以描述“心”完善自足的天性，它契合大道，生生周流，使万物清晰完满地各具禀赋。“神”以概括“心”之天性无声无形、自由无碍且行之有效的运行状态。精神潜昭默运，浑然地曲成万物而为“莫”（实），展现洞达宝贵之“能”。值得注意的是“莫能”并不是具体的实物或形象，它氤氲精神而无声臭，是“心”蕴含的内在属性和本质能

---

①②《颜钧集》，第13页。

力。在这个意义上,灵明不息而主宰万物造化的"神莫",与阳明之"良知"多少有其相似之处。

于是在颜钧的理解中,"心之精神是谓圣"之义便落在了"心"成就万物而默运自如的高明通达上。《中庸》"故君子语大,天下莫能载焉;语小,天下莫能破焉"之义,也被他解释为"实能"载大"实能"破小,而成为"心"之精神的效验征应。如果人人都能体认遵循"神莫",自然而然便能涵育自我,化育他人,位育天地,让洋然和畅的一团仁厚生气在物我内外间循环不已,从而立己达人,天下大同,共契于"从心所欲不逾矩"的审美境界。

这种境界并非遥不可及。颜钧继而在《辨性情神莫互丽之义》中说道:

> 若性情也,本从心帝以生。其成也,人皆秉具,是生之成,自为时出时宜者也。若神莫也,善供心运以为妙为测也。群习远乎道,百姓日用而不自知也,今合其从其供心帝之运。性也,则生生无几,任神以妙其时宜。至若情也,周流曲折,莫自善测其和睟。是故性情也,乃成象成形者也。神莫为默运也,若妙若测乎象形之中,皆无方体无声臭也。……故曰:性情也,神莫也,一而二,二而一者也。如此申晰,是为"从心所欲不逾矩"之学。①

"性情"与"神莫"实为一体。"性情"由"心"而生,是圆融莫测、妙应无方的"神莫"在每个人身上的体现,具有"成象成形"的物质性、生理性等特征。它是人人共有的生生天性和各自迥异的气质性格,颜钧认为理想状态下,"性情"遵循"神莫"的内在左右,当完满流畅,应时而出,应对得宜。

经由成形成象"性情",无方体无声臭的"神莫"呈现出具体可感的形象,而贯穿于百姓大众"日用"之间。"日用"即人们全部合理的生存生活实践。在"神莫"默运之下,人们各禀"性情",不必刻意而

① 《颜钧集》,第13页。

为，却能和谐恰当地应对日常生活的方方面面。大多数人并没有意识到自身的平凡生活包蕴的“心”之灵明、道之周流，却能自发自然地践行无误，这便是日用而不自知。在颜钧看来，日用不知恰恰从另一个角度体现了“从心所欲不逾矩”的中节之美。

在此，偏重抽象心性的“神莫”便通过“性情”，得以步步落实到“日用”的具体层面。

然后论“日用”。泰州学派向来极重视“日用”。王艮谓“圣人之道，无异于‘百姓日用’”[①]，徐樾也认为“日用是天则”[②]，赋予其道的根本地位。王襞言天性大道失与不失，在“日用之本真”[③]间便一目了然，罗汝芳主张“浑沦于日用常行之内”[④]涵育人与生俱来的太和天性，强调其对道最直接普遍的实践意义。“日用”因而兼备了本体与工夫之义。而颜钧对其理解则突出了一个“动”字：

> 夫日也……万象万形之生生化化也。夫用也，言在人身天性之运动也。是动，从心率性；是性，聪明灵觉，自不虑不学，无时无日，自明于视，自聪于听，自信于言，自动乎礼也，动乎喜怒哀乐之中节也，节乎孝弟慈让为子臣弟友之人也，故曰日用。是日用也，随时运发，天性活泼，感应为仁道也。[⑤]

颜钧从生化变动的万象万形之间，特别点出“在人身天性之运动”，这绝非单纯意义上生存活动：它的主体是人，它源自“心”之天性而符合仁之大道，表现为人们一切合理恰当的个体与社会行为，体现出活泼和谐，无往不适的审美特征。

因此作为主体的人必须能视听言动、能喜怒哀乐、能人伦应酬，必须以活生生的人身参与到“日用”的实践中来，这样才能将抽象的

---

① 《王心斋全集》，第 10 页。
② 《明儒学案》，第 728 页。
③ 《王心斋全集》，第 216 页。
④ 《罗汝芳集》，第 134 页。
⑤ 《颜钧集》，第 14 页。

"神莫"之默运贯彻于视听言动的生理机能,喜怒哀乐的心理表达,孝弟慈让的伦理道德,子臣弟友的人际关系等方面,让生存生活的点滴琐事都不偏不倚、中庸中节,达到"从心所欲不逾矩"的境界。从而"在最平凡琐碎的日常行动中印证了'道',以最和谐美好的形式反映了深邃的真理"[①]。

于是"身"终于被颜钧置于恰当的位置:从"视自明,听自聪,言自信,动自礼"[②],生理功能运行正常,行为举止和谐美好;到"喜怒哀乐自宜节"[③],情感处理恰当,无过无不及;再到"孝弟慈让自顺德"[④],一举一动都合乎社会规范与伦理要求;由此出发推及他人、社会,便可实现"家国天下自齐治均平"[⑤],更能超越时空,垂范后世,"位天地,育万物,无有一人不秉具,自能中和,范围不遗,而无敌于天下者也"[⑥]。这一切固然离不开"神莫"的内在左右,但也有赖于人类个体之"身"于"日用"间,在生理、心理与伦理等不同层面的实际践履,更会因每个人不同的"性情"而呈现出各具特色、变化万千的审美形态。简言之,"心"所蕴涵的美,通过"身"发显于外而最终成为现实。

"神莫"与"日用"表里合一,体现出身心二端的融合。"知好日用之中,以保合大和者,即心之精神之谓圣。"[⑦]人们若能有意识地在"日用"间体认"神莫",保全并完善自我,涵育天性精神,实践和印证大道,就可以摆脱日用不知的境地,真正进入"从心所欲不逾矩"的自由王国,平凡的日常生活也就此折射出美的永恒光辉。至此,颜钧通过在美学层面不断引入生理性、物质性、实践性等因素,而让"身"得以逐步介入,最终以"神莫"与"日用"不可斩断的关联,来弥合哲学层面留下的身心二分的支离,就此让包蕴着"身"的"心",即"百姓日用"本体,完满呈现在"从心所欲不逾矩"的终极审美境界中。

---

① 拙文《泰州学派美学的本体范畴——"百姓日用"》,《中国文化研究》2010 年第 1 期,第 136 页。

②③④⑤⑥《颜钧集》,第 48 页。

⑦《颜钧集》,第 14 页。

通过颜钧这一个案可以看到，泰州学派成员对“百姓日用”本体的认识在大方向上虽然一致，但具体思路亦存在小异，这也正是学派思想丰富性和生命力的体现。而在追求并抵达身心合一、完满和谐的“从心所欲不逾矩”审美境界的过程中，这些万变不离其宗的观点最终也得以打成一片，融会贯通。

概言之，“百姓日用”是不能稍离的“庸德庸言”“小小寻常言行”[①]，即人们目视耳听、吃穿用度、情感思量、人伦交际等全部合理的生存生活实践，这永不止息的形象与行动之洪流正是人类本真与本根。人们日常的言行举止千头万绪，却能顺应良知天性，不费纤力地应对得当，这正是大道天理在人身上自然而然的显现和运用，而过度之欲、失当之举等反倒是违逆迷失了天命之性的结果。而寻常大众若能在平凡人生中体认充塞其“百姓日用”本体并贯彻始终，就抵达了圣人“从心所欲不逾矩”的审美境界，而与宇宙天地的大美合一。由此一言蔽之，“百姓日用”是人的本体，也是美的本体。

第三节　泰州学派的“百姓日用”美学

泰州学派将肢体、天性乃至人生、社会的和谐完整与美视为一体，“将‘外全形气，内保其天’奉为人生的最高境界，也是完满纯全之美”[②]，作为人的本体的“百姓日用”范畴就此从根本上具有了美的本体意义，这可以通过以下几个方面进一步阐明：

1.“百姓日用”与美的精神层面

“百姓日用”显现为人们日常生活的一举一动、一食一饮、一颦一笑、一来一往等种种事物现象与动作行为，这些再普通不过的“家常

① 《王心斋全集》，第189页。

② 姚文放《泰州学派美学思想史》，社会科学文献出版社2008年版，第25页。

事”,对人类的个体生存和种族繁衍而言不可或缺、不能稍离;而“家常事”的“庸”之实践却绝不能等同于虫鱼鸟兽那种本能的生存活动,这关键就在于它始终是在人类的精神指导下进行的。在泰州学派看来,人们目视耳听的机能,饥食寒衣的本能,爱亲敬长的良能等,不仅完备具足,而且灵妙无碍,这正是因为有“中”之良知天性自然而然的安排和主宰。一切生理器官的聪明灵活,一切本能需要的合理而发,一切情感思想的和谐中节,一切伦理交往的符合规范,全部都依赖于明白圆妙的良知天性能够得以融化透彻、毫无滞碍地发挥。因此“家常事”的“庸”之实践绝非懵懂不自觉的动物性生存方式,而是上升到精神性层面,始终与人们与生俱来、各自具备的“中”这一原初心理状态和根本生存境界丝丝入扣、密不可分。

还应当看到“百姓日用”间,“更只小小,庸言庸行之常”[①],在顺应天性之“中”主宰左右的同时,也能产生积极能动的反作用力,成为完善和恢复人们一时蔽于外物而蒙昧不清的良知天性的根本方式,而其最终目标则指向体验和把握人人秉具的、至高无上的“道”,由此而实现自由的审美的人生境界:

> 保合初生一点太和,更不丧失,凭其自然之知以为知,凭其自然之能以为能,怡犹于父子兄弟之间,浑沦于日用常行之内,凡所思惟,凡所作用,凡所视听言动,无昼无夜,无少无老,看着虽是个人身,其实都是天体;看着虽是个寻常,其实都是神化。所以下面极形容其物并育、道并行,敦化川流,而曰:此个天地,比之有形天地,尤为大也。[②]

人作为“道”的化身而来到人间,却无法避免在纷纭杂念、闻见道理的侵染和蒙蔽之下,渐渐地迷失本性。而在“百姓日用”的常行间体认涵育“初生一点太和”,却能帮助人们重新看清自我的本来面目;

---

① 《王心斋全集》,第155页。
② 《罗汝芳集》,第134页。

在“百姓日用”的常行间领悟那平凡中的神妙，更能帮助人们从普通的人身之上再度看到天理大道至美的奥秘。在这个意义上，人的生存绝非麻木不仁地为了活着而活着，而有了抖落世俗尘埃，以美所焕发出的光芒照亮终极奥义的精神性意义。

于是“百姓日用”立足于人们的物质生存，更超越了物质生存本身，而朝向了对宇宙人生的本质真理以及人类生存的真正自由之追寻。因此“百姓日用”的琐事常行固然不能脱离所谓的“有形天地”，但它的意义绝非仅止于此——透过所谓的“人身”呈现出的是精神性的“天体”，透过所谓的“寻常”呈现出的是本真性的“神化”，从人们生存生活的每一个细节之中，展现出的恰恰是“有形世界”之外至善至美的无穷天地。可以说，“百姓日用”固然不外乎人类生活的物质现象和实践活动，但它却诉说着美的精神层面的话语，饱含着追寻天地大道真理和人类终极自由的更深层意蕴。

2. “百姓日用”与美的超越层面

“百姓日用”作为人们物质生存实践的全部内容和形式，却包涵着追求宇宙人生大道真理和人类终极自由的精神意义，因此“百姓日用”表现为现实生活平凡质朴的事物和现象，但这些事物和现象却分外耐人寻味，能以其本质的真实实现对支离破碎的功利性现实的超越，从而成为源于生活又高于生活的美。王襞的一段感叹首先从反面说明了这一点：

> 神龙乘滴水而施雨弥空，灵骥纵逸蹄而历块千里，曾假丝力本分功能。人生宇宙本至灵至贵者也。盖天命之性，其所足具与千圣同源。特在纷华势利中，为其所惑，乃生妄见，将虚洞之府，掩蔽其真窍，而日用动作，始失其妙运矣。惜哉！[①]

由此可见，人们能在“百姓日用”间遵循与生俱来的“中”之良知天性，通过“庸”言“庸”行展现与生俱来、不假外力勉强的“妙运”。因此作

① 《王心斋全集》，第216页。

为天地间最为灵贵的存在,人本当如借助一滴雨水而飞腾天上行云布雨的神龙那样自由,当如一跃千里穿越整片大陆的神驹那样洒脱,这才是人们本真的审美的生存状态。然而被纷华满眼的尘世所侵扰诱惑,人们的真心真窍渐渐被掩蔽,于是生存由遵循天性的本真变成了张皇逐外的虚妄,本应自由的人却变成了功利性现实的奴隶。

然而在何处跌倒便在何处爬起,在日常生活中失落的本真,同样只有从"百姓日用"之美中才能寻觅回来。正如王艮所言:"尘凡事常见俯视、无足入虑者,方为超脱。"[①]这不是像道家或禅门那样要人们蔑视或放弃世俗的一切,从现实中抽身而退、归隐逃避;而恰恰是将自己置身于"百姓日用"的点点滴滴间,但却并不为日常生活的功利得失所左右,而是以"俯视"的角度去看待它。唯有这样才能体认到:"百姓日用"固然脱离不了现实,但耳目口舌、柴米油盐、喜怒哀乐、仁义孝悌又绝不仅仅局限于功利性的现实,从这些琐事常行顺应天道良知的从容自如中,体现出的正是人本质的完善、自由和美。

因此当人们以无牵无挂,无足入虑的"俯视"态度去观照生活中的一切时,"百姓日用"便会在一瞬间脱离现实的时空,展现出了掩藏在它背后的良知天性乃至天理大道的本来面目;于是天道的自然流转、天性的圆融自如便全部呈现在日常生活的每一个角落、每一个瞬间。在这个意义上,虽然人们不可能改变现实,但却可以忘却自我、丢弃得失,从超脱的审美视角去看待"百姓日用"的琐事常行,使其在刹那间显现出真实与自由的景象,从而打破功利的迷障,超越现实的虚妄。人们也能意识到"何人不有虚灵在,觉者都无物欲侵"[②],从根本上实现"动静云为皆是则,穷通寿夭只如常",而能"学到从容处"不再"为区区利欲忙"[③],就此摆脱受制于功利性现实的不自由境地,出入于审美的生存境界。

---

① 《王心斋全集》,第 13 页。

② 《王心斋全集》,第 199 页。

③ 以上均出自王艮诗作《勉友人处困》,《王心斋全集》,第 58 页。

3. “百姓日用”与美的阐释层面

“百姓日用”反映着人的本真存在，折射出超越功利性现实的真相，因此可以说日常生活间一系列具体鲜活的形象正是对“道”最彻底最直接的阐释；而人们经历“百姓日用”，并感受体验其美的过程，实际上就是对“道”进行最根本的理解和把握的过程。

“自朝至暮，动作施为，何者非道？更要如何，便是与蛇画足。”[①]人世间“百姓日用”的一切何者不是“道”的呈现？但宇宙人生的本质真理绝不仅仅停留在零散点滴的现象层面，也不能被抽象理论所穷尽，刻意去把握它、叙述它都只会导致扭曲和误解。但是人类的本然乃至宇宙的真谛却并不是虚无缥缈不可捉摸的，“道”恰恰贯穿于人们一生之中从不停息的“百姓日用”之间，并被日常生活间的事物和现象浑沦直接地呈现出来，这种诠释不是严谨的科学原理，因此不全诉诸理性的认知；也不是表面现象的拼凑，因此不止限于感性的感觉。“百姓日用”所呈现出的“道”高踞于现实的意义世界之上，因此需要一种最深层审美的体验和领悟。然而在泰州学派的理论中，这种直达本质的领悟又决非玄之又玄，不可把捉之境，它依旧是平凡自然同时又闪烁着美的光芒的庸言常行。罗汝芳通过一件小事对此进行了全面阐述：

> 罗子曰：“此捧茶童子，却是道也。”……“汝辈只晓得说知，而不晓得知有两样。故童子日用捧茶，是一个知，此则不虑而知，其知属之天也；觉得是知能捧茶，又是一个知，此则以虑而知，而是知属之人也。天之知只是顺而出之，所谓顺，则成人成物也；人之知却是返而求之，所谓逆则成圣成神也。……人能以觉悟之窍而妙合不虑之良，使浑然为一而纯然无间，方是睿以通微，又曰：‘神明不测’也。”[②]

① 《王心斋全集》，第 216 页。
② 《罗汝芳集》，第 44—45 页。

童子捧茶只是日常生活中一个不起眼的片断,但其中却蕴藏着"百姓日用"本身对天理大道映现,以及人们对此的深刻体悟:正因为属于"天"的"中"之良知天性不虑而知,人们才能在"百姓日用"间自然而然地顺应天道,不学而无所不能。这种对真理把握既不同于闻见道理这些理性的理论和知识,也不同于情绪反应这样感性的感觉和体会,而是一种尚未被觉察的,自发状态下的浑沦直接的顺应。而人们一旦察觉懂得返而求之,从端茶送水这样的琐屑小事间觉察到隐藏其中的"中",领悟到主宰其间的"道",天启般的豁然开朗便霎时降临,人的小宇宙与天地大宇宙瞬间契合,浑然一体而纯然无间,没有一丝阻滞与隔阂。于是人们就此突破了一切迷障而直接领悟到宇宙人生的本质真理,达到自由从容的神明不测之境地,从而真正获得了生存的自觉。因此在泰州学派看来,"百姓日用"正是在以超越现实意义的审美的方式阐释诉说着真理,人们可以从中获得对大道真谛的根本领悟。

4. "百姓日用"与美的个体层面

虽然"百姓日用"之美浑沦直接地诉说着天地间至高无上的真理,诉说着宇宙人生存在的本质,但它却从没有排斥或抹煞不同个体经历"百姓日用"的特殊性。人们的日常生活从来就不是整齐划一、一成不变的,不同的人在视听言动、衣食住行、嬉笑怒骂、人际交往间无不呈现出他独一无二、不可取代的特征,正是在这个意义上,人类社会呈现出来的景象才会如此变化无穷而气象万千。泰州学派非常重视这种个体性,在他们看来,"百姓日用"既包含着尧舜圣王的丰功伟绩,也包含着孔孟先贤的传道授业,更包含着寻常百姓的衣食住行。人们遵从着"中"之良知,实践着"庸"之良能,各自以只属于自己的独特形式创造着各自的美好生活。因此在这个意义上丰功伟业也好,日常琐事也好只是形式有所不同,既无本质差别也无高下之分,每一个人的"百姓日用"都是珍贵而唯一的:

孔子欲得中道,而狂狷亦在所思,乐育英才而鄙夫亦堪叩

> 教，故包蒙藏疾，不弃一人，庸众三千，兼收并蓄。夫然后大以成大，小以成小，而造就曲成之盛，乃至七十余士。如造化之生物不息而品物咸章也。[1]

孔子是儒家学派理想人格的化身，他兼收并蓄，有教无类的行为实际上正是遵从了天道的生物不息而品物咸彰的大德。无所不包、无所不载的天理大道本身完美无瑕，包容涵化着所有个体，决不机械地强求一致，世界因此而展现出森罗万象的多样化面貌。这种对个体独特性的尊重同样体现在"百姓日用"间，根据不同的个体而大以成大，小以成小，人类社会才能够异彩纷呈而和谐统一。

在这个意义上，泰州学派更多突破了儒家以礼乐规范塑造文质彬彬的谦谦君子，强调共性的特点，而是通过强调"百姓日用"而格外凸现自我个体的重要性，正所谓："经书中凡言'自'字、'身'字、'己'字，俱是切要用功字面，不可轻易看过。"[2]人类社会的完满运作，精神世界的圆融透彻，人生境界的从容自由，生存价值的展示体现全都立足于个体的张扬与实现，离开了个体一切都将成为空谈。这便是程学颜所谓的："自我广远无外者，名为大；自我凝聚员神者，名为学；自我主宰无倚者，名为中；自我妙应无迹者，名为庸。"[3]现实生活中每个"我"都是一个无所不包、具体而微的宇宙，每个"我"都应得到充分的重视与尊重，因为每个"我"的"百姓日用"都是打上不同个性烙印的独特生存行为，因此超越了复制性的雷同和模仿，以充分的个体性呈现出世界的多样性本质，展现出绝无重复、纷纭变幻的美。

5. "百姓日用"与美的解放层面

然而还应当看到，人永远不能彻底跳出他所生活的现实世界，物与我的冲突始终存在着，彼此成为对方的束缚和枷锁。因此古今中

---

① 《王心斋全集》，第 176 页。
② 《王心斋全集》，第 188 页。
③ 《颜钧集》，第 76 页。

外的哲学家们穷尽一生寻觅着人们走向本质解放的道路。在上下求索的漫漫征途中屡屡碰壁之后,人们渐渐将视线聚焦在存在于现实中却又超越了现实的“美”之上,将它视为开启自由王国之门的关键锁钥。泰州学派同样如此,其重要成员颜钧曾经浩叹浮生如寄,人终其一生也就不过七十多年时间,除去幼小和衰老的时光,少壮之日本来就不多,还要被夜梦分去一半,加之来自外界的烦劳苦闷如影随形,美好平静的时光决不会超过十二三年。短暂而宝贵的一生转瞬即逝,稍不留意便会白白蹉跎浪费,人甚至连自己生存的目的和价值都来不及弄清,只是麻木而机械地承担忍受着痛苦,便已浑浑噩噩地在这世上走完了一遭,更遑论体验真正的美和幸福,体验本真的自由和解放,这是多么可悲可怕的状况!因此颜钧才迫切疾呼要“急了身命大事”[①],发出对人生终极自由的追问,力求打破苦劳的枷锁,寻觅与外部世界和谐共处的解放之道。可是如何能够穷尽一切奥秘而达到“与造物同上下”的超然境界呢?答案依然应当向“百姓日用”中寻求。在日常生活的平凡琐屑中,若能守住“中”之天性良知,以真诚仁厚的包容态度对待身外的世界,便能消除物与我的界限,打破自身与外界的对立,将生存本身转化为美:

> 故能以仁存心,则是与生为徒,与生为徒,则是以天自处……则精神自然出拔,物累自然轻渺,莫说些小得失、忧喜、毁誉、枯荣,即生死临前而且结缨易箦,曳杖逍遥,孔、曾师徒,岂皆作而致其情也耶?要之,仁理生生,原无死地,人若其中透过,真是时时赤子而步步天堂也。虽千年万载,何异瞬息间哉?[②]

在“百姓日用”间时刻保存着“中”之仁爱良知,以超越性的态度对待宇宙人生,便能“与生为徒”而“以天自处”,达到与世界同一、与万物同一、与生存本身同一的审美境界,从而将自己融入天理大道之

---

① 《颜钧集》,第 6 页。

② 《罗汝芳集》,第 186 页。

中，就此视得失忧喜毁誉枯荣如无物，甚至在生死大限之前也能获得灵魂上的从容与自由。于是在平凡的生活中，人们能时刻如婴儿赤子般天真无邪、心无烦恼挂碍，苦难的现实也就此在一瞬间幻化为彼岸世界的天堂。正是在这个意义上，"百姓日用"之美真正在本质上超越了自身与外物的尖锐对立，展现了人们自由自觉的生存方式，显现了指向彼岸的解放道路。

古往今来，东西方的伟大哲人们从未停止过在人类本然存在中寻求美之真谛的步伐。孔子风乎舞雩的和畅，庄子逍遥内外的自由，朱熹识得桃李东风面的欣悦，王阳明一心包蕴宇宙的澄湛；柏拉图在理想国中展示纯粹永恒的生存之境，海德格尔吟唱着在大地上诗意地栖居，马尔库塞用艺术化的生存对抗单向度的异化现状，福柯要人们像创造艺术品一样创造自己……贤哲们以各自独一无二的方式从人的存在中探寻美的终极奥义，从人类全部的生存实践中创造美、发现美、唤醒美、体认美……泰州学派同样也站在自己独特的学术立场上，树立起闪烁着智慧之光的路标。

泰州学派的"百姓日用"范畴作为人们全部的合理生存实践而存在于现实世界中，却又早已超越了现实的意义：在点滴小事中，"百姓日用"指向的是悠远无尽的精神世界，从而超越了物质世界本身；在纷华扰攘中，"百姓日用"追寻的是本真的自由，从而超越了功利现实本身。"百姓日用"以其特有的浑沦直截而又和谐自如的形象诉说着大道真理，因此超越了日常语言和科学理论；人们从中获得直达本质的深刻领悟，因此超越了理性的认知和感性的感觉。同时"百姓日用"又充分尊重不同个体的独特性和差异性，以千变万化的多样统一超越了一成不变的雷同共性。人们通过在"百姓日用"间以仁厚包容的超脱态度对待身外世界中的一切，就此超越了物我的矛盾与对立，虽然依旧置身于现实中，却能以灵魂体验到只存在于彼岸世界的真正自由。

综上所述可以看到，作为美的本体的"百姓日用"固然源于现实，但它早已跳出了现实的束缚而化为与之迥异的存在,以自身的形象折射出儒家学派理想中的大同世界的彼岸幻影;人们实践“百姓日用”的过程虽然立足于现实生活中的生活与劳动,但却又超越了麻木地求生与机械地苦劳,在一瞬间展现出人类极富生命力与生长性的终极自由——唯有美才有这样的超越性力量。

第四节 泰州学派“百姓日用”美学的当代审视

在泰州学派的美学中,“百姓日用”是美的本体。这样的观点极富前瞻性,即便放在今天也可谓相当大胆,更可置于当代美学视野的某些视角之下进行深入审视。

一、“百姓日用”对生存美学的呼应

提及生存美学,人们往往会想起福柯晚年专注的问题。他给挣扎在当代社会异化现实中的人们,指明反抗这无形压迫的方向,即将日常生活、生存实践作为真正意义上的艺术品来对待和实行,从而实现对制度化和道德化的现状的拒斥①。泰州学派的美学理论当然不能与之简单等同,但在将生活实践的当下现象作为审美观照的对象和审美创造的产物这点上,却有着一定程度的遥相呼应之处。也可以说,泰州学派的美学具有生存美学的意义。

1.“百姓日用”的生存实践蕴藏着美的可能

作为儒家后学,泰州学派创始人王艮极称“圣人”:圣人不仅才德全备,更以自身的生命历程,展示出具有审美意义的完满生存境界。而对于圣人如何实践其完美人生,他却简单一句话概括:“圣人经世,

---

① 这种说法见于米歇尔·福柯《说真话的勇气:治理自我与治理他者Ⅱ》等著作。

只是家常事。”①

儒家思想默认圣人的生存实践是至善的，也是至美的。而至善至美的圣人经世，在王艮眼中，却可与百姓大众最平凡的“家常事”并举。在这里他并非将二者简单等同，二者反之亦未必然——虎豹之鞟尚且不能与犬羊之鞟相提并论。但这样的论述至少说明在“百姓日用”的生活琐事中，存在着美的可能和端倪。对此泰州学派中坚罗汝芳进一步论述道：

> 而能铺张显设，平成乎山川，调用乎禽兽，裁制乎草木。由是限分尊卑，以为君臣之道；联合恩爱，以为父子之道；差等次序，以为长幼之道；辨别嫌疑，以为夫妇之道；笃投信义，以为朋友之道。此则是因天命之生性，而率以最贵之人身；以有觉之人心，而弘夫无为之道体。使普天普地，俱变做条条理理之世界、而不成混混沌沌之乾坤矣。②

人类存在于这个世界，其改造自然的生存实践，首先就是一件壮美宏大的壮举：山川、禽兽和草木，很大程度在人类手中改变了面貌，变得不仅可欲而且可赏。其次，人类也在社会生活内部进行着具有审美意义的实践活动——将君臣、父子、夫妇、长幼和朋友等最常见的人际关系处理得和谐中则、恰到好处，这正是在平凡琐事中“弘无为道体”，践行圣人至善至美的经世致用。于是从大自然到人类社会，“混混沌沌”的无序状态将被摆脱，而进入“条条理理之世界”，拥有秩序井然、和谐恰当的美的形式。正是在这个意义上，“家常事”成为“圣人经世”的可能性才得到充分展现，而人类的生存生活实践才可以创造美，“百姓日用”才可以成为美。

2.“百姓日用”的生存实践何以成为美

由此而深入追问，是什么使“家常事”升华为“圣人经世”，是什么

---

①《王心斋全集》，第5页。

②《罗汝芳集》，第178页。

使“百姓日用”的生存生活实践中蕴藏的美的可能转化为现实?

> 举动过目,其目自见;声音到耳,其耳自闻,坐间数十百人,耳目聪明,却只一般,是则虚灵不测之心也。此个虚灵,遇父母便生孝顺,遇兄长便生爱敬,遇现在师友便生恭逊,是则所谓性也。……立本则中和我致,位育我成,虽天地之化,亦可默契而无疑。[①]

罗汝芳这段论述颇有特色,他首先拈出“虚灵不测之心”这一说法。这虚灵不测之心,主宰着每个正常人都与生俱来的生理本能:看得见,听得着,肢体灵活,随势而动……无须刻意做作,人们都能自然地操纵自己的肢体,流畅地运用在生存生活实践中。这种和谐中节不仅是“百姓日用”之美的直观呈现,更是所有人都能在“百姓日用”中创造美的前提和基础。

而“虚灵不测之心”不仅决定着人的生理本能,还左右着人的社会功能。它能让人在与他人的交流协作中采取最恰当的应对方式,立定自己在人际关系网中的正确落脚点。对此罗汝芳更以一个“性”字来概括。“天命之谓性”(《中庸》),在泰州学派眼中,这同样是上天赋予人类不可剥夺的本能。这种本能不是圣人君子的专属,而是每个人都有的能力。于是人人均能在“百姓日用”的生存生活实践中,完美践行长幼有别、尊卑有序等儒家伦理规则,使人类社会和谐运转,呈现出和乐融融的美好景象。

所以王栋才说:“圣人神化之精,不出于人事应酬之实。”[②]圣人的生存境界的确精微入神,可它呈现出的直观面貌,却不离“百姓日用”的庸言常行,不离本能生理层面的恰当和社会伦理层面的中节。因此这境界虽高远但绝非无法企及,只要每个人都能遵循虚灵之心、天命之性,在日用常行间浑融贯彻,生存生活本身便会化为最宏大悠远

---

① 《罗汝芳集》,第94页。

② 《王心斋全集》,第159页。

的审美创造产物和审美欣赏对象。

3.“百姓日用”生存美学的现实意义

应该看到，泰州学派的论述明显混同了生理功能和伦理道德种种概念的产生基础，认为这一切都是人类生而具备的，不过这并不影响其生存美学在当时特定社会背景下的现实意义。

泰州学派产生发展的中晚明时期，现实社会表面虽然繁花似锦，内里却相当黑暗。政局阴云密布，朝廷昏庸宦官专权；经济虽不断发展，但却建立在对平民大众越来越残酷的剥削压迫上；民间确乎萌动着种种活跃思潮，但从屡次更定祀典和禁毁伪学等事件看来，思想上的钳制禁锢并未明显松动……可以这样说，在当时的情况下，生存就是与痛苦并肩同行。

对于艰难时世下的生存苦难，泰州学派的感受可谓比任何人都深刻。其创始人王艮生活的盐民灶户聚集之地，不但自然条件严苛，灾乱频发，还要承受官僚富商无穷无尽的巧取豪夺；以狂侠闻名于世的颜钧、何心隐等人以一身担当天下的出位之举，使得他们生路坎坷甚至生命受到威胁；求乐自适的韩贞、朱恕一生穷困潦倒，几乎过着朝不保夕的生活；王栋、王襞虽专注讲学，却也被种种的现实问题纠缠；陶望龄、罗汝芳等人学问渊博，职位清显，但也因此宦海沉浮，承受了在野学人难以想象的压力……泰州学派思想的发展过程，也可以看作对现实宰制力量不断深入体认，同时加以反抗拒斥的过程。而其生存美学，实际上就是泰州学派为包括自身在内的，处于生存桎梏中的人们指的一条出路。

泰州学派的生存美学透过苦难的表象，关注人类生存的本真意义："百姓日用"不是为生存而生存的蝇营狗苟，它虽然表现为柴米油盐、生计应酬等平常的琐事，但却顺应大道天性，展现出指向彼岸的超越性目的——在平凡中寻找美，在艰辛中发现美，或者将苦难的生存转化为美。因此在泰州学派看来，顺应天命之性为生存奔忙着的人们，他们的肢体呈现出天造地设的机能之美，他们的举动呈现出圆融自然的行为之美,他们的精神呈现出与大道冥然暗合的条理之美,从而一举一动无一不美,圣人如此,百姓亦可如此。这种美就算不足以对抗现实的苦难,也可以让人看到一线透过黑暗的曙光,明白生存并不只是为了活下去,对待艰辛困苦也绝非只有忍耐一途。

二、"百姓日用"对伦理美学的延展

儒家思想一贯重视伦理与美的内在关联,从孔子对《武》《韶》的比较和评价,即所谓"尽善尽美"的论断就可以看出,纯形式上的完美是远远不够的,哪怕是侧重于形式因素的自然美,也更多是因为天然景物成为某种美德的象征才拥有了审美的意义,就如"仁者乐山,智者乐水"(《论语·雍也》)之说。美不能离开善的因素而单独存在,它始终必须符合人类社会存在发展的内在目的和根本要求。从这个意义上,甚至可将儒家美学视为一种伦理美学。然而这也在一定程度上存在着这样一种可能,那就是将美与善的关系视为形式与内容、表现与本质、手段与目的等关系,从而造成美与善之间微妙的不平等,由此走向极端,美便有成为伦理道德附庸的倾向。

作为王门后学,泰州学派归属于儒家,自然也不可能无视美的伦理意义,却对并不拘泥于前人成说,而将美视为善的附庸。

1. "百姓日用"体现美善一体

首先,泰州学派认为在人类身上就充分体现了美善合一:

> 良知天性,往古来今人人俱足,人伦日用之间举措之耳。所谓大行不加,穷居不损,分定故也。但无人为意见参搭其间,则天德王道至矣哉。①

> 夫孩提之爱亲是孝,孩提之敬兄是弟,未有学养子而嫁是慈。保赤子,又孩提爱敬之所自生者也。此个孝、弟、慈,原人人

---

①《王心斋全集》,第47页。

> 不虑而自知，人人不学而自能，亦天下万世人人不约而自同者也。[①]

良知天性是人的天生“分定”，它是种种伦理美德的根芽，因此美德也非由外铄，而是所有人与生俱来的天赋。它通乎古今、达乎圣愚，甚至对同一个人而言，无论是年长还是年幼，无论是顺境还是逆境，无论创造了经天纬地的大事业还是处于一筹莫展的困窘中，这种固有的美德根芽都不会改变。

而这种伦理美德的根芽，可在“人伦日用之间举措之”。人们运用在“百姓日用”中，便表现为“孝弟慈”的具体行动——爱父母长辈，爱兄弟姊妹，爱子孙后代，进而自然推及天下如保赤子。于是在最真挚的人伦亲情驱动下，人与人交往的每一个行动都将真诚亲切、和谐流畅，不假外力约束，无须虚伪做作。在泰州学派看来，这种与良知天性俱在的情感就是善，而由此出发每个普通人的恰当所为，就是真实自然的美。

因此每个人心中都闪烁着尽善尽美的微光，应任它自然而然地充塞流行。即王襞所谓：

> 着衣吃饭，此心之妙用也，亲亲长长，此心之妙用也。平章百姓而协和万邦，此心之妙用也。舜事亲而孔曲当，亦此心之妙用也。溥博渊泉而时出之者也。若将迎，若意必，若检点，若安排，皆出于用智之私，而非率夫天命之性之学也。……故圣人之心常虚常静常无事，随感而应，而应自神也。是以常休休也，坦乎其荡荡也，纵横而展舒自由，洒脱而优游自在也。[②]

从一人的生理本能，到一家的亲情伦理，到一国天下的安邦大业，到圣人经天纬地的经世大道，这层层递进正是在“百姓日用”常行

---

① 《罗汝芳集》，第108页。

② 《王心斋全集》，第219页。

常事间,从自发顺应良知到自觉实行美德的过程。人们正是在这个过程中,一步步由可能需要依赖道德规范的必然王国,进入"随感而应,而应自神"的自由王国,从而达到"纵横而展舒自由,洒脱而优游自在"的审美境界。这审美境界恰恰也是伦理道德的最高境界,美与善就此浑然一体。

2. "百姓日用"与现实中的丑恶

"百姓日用"尽善尽美,然而现实生活中却存在违反伦理道德的种种恶行丑行。

应当看到,在泰州学派看来,现实生活并不能与"百姓日用"简单等同,前者是实然,而后者是应然。

"百姓日用"是人们遵循良知天性的生存生活实践,是人类本真的存在方式。而现实生活中的丑行恶行却是人类天性被不恰当的情绪思虑、私心物欲等所蒙蔽时发生的状况,并非人们真实本性的反映。而人类至善至美的良知天性虽会被一时蒙蔽,但决不会被侵蚀而发生质的改变。王艮因此强调:"孟子只说性善。盖善,固性也,恶非善也,气质也。"①恶只是"气质之性",是特定状况下暂时的表现。他进一步以澄澈的"水"来比喻人的善美天性:"清固水也,浊非水也,泥沙也。去其泥沙则水清矣。"②天命之性永远是清莹的,外在的"泥沙"只能浑浊其表象。一旦滤去这些杂质,水本身依旧清澈。伦理道德就是为了荡涤泥沙而存在的,起着规正廓清的作用。

因此在这个意义上,伦理道德是必须的,但它的关键却不是建立起一系列森严刻板的规范制度。罗汝芳进一步深化了"水"的比譬:

> 若必欲寻个譬喻,莫如即个冰之与水,犹为相近也。若吾人闲居放肆,一切利欲愁苦,即是心迷,譬则水之遇寒,冻而凝结成冰,固滞蒙昧,势所必至。有时共师友讲论,胸次潇洒,即是心开朗,譬则冰之遇暖气,消融而解释成水,清莹活动,亦势所必至

①② 《王心斋全集》,第 39 页。

也。况冰虽凝，而水体无殊；觉虽迷，而心体具在。[①]

丑恶行径只源于人心一时的迷滞凝结，而伦理道德则应在师友讲论间，如春风送暖融化凝冰般，恢复心体清莹活动，令其能重新灵明无碍地体认发挥天性大道。因此遵循伦理道德规范恰恰是人发自本性的内在需要，是人对至善至美的自觉追求。在这个意义上，"百姓日用"也成为人们自发自然追求和践行伦理道德的直观状态，是人们在生存实践中观照并建设自身美德天性的审美活动，其间更蕴藏着儒家学派以重建完善的伦理道德体系，求得人类本质的自由解放的奥秘。

3. "百姓日用"与美善合一的典范

康德曾说"美是道德的象征"[②]，这亦可在儒家伦理美学中找到共鸣——孔子以赞许曾点"风乎舞雩"审美境界的态度，从而指点出理想的人生境界；以诗、礼、乐的审美教育来切磋琢磨如玉君子，从而指点出理想的人格典范；以重建礼乐规范的审美标准来恢复周制，从而指点出理想的社会模式……可以说，儒家善于以美的具体形象暗示伦理道德的极则。泰州学派同样如此，王艮在"百姓日用"间立起一系列鲜活的审美形象，来象征伦理道德的最高境界。

其中一位尽善尽美的圣人君子形象便是舜。在王艮的描述中，舜并非高高在上的虚幻偶像，而是忙碌于日常琐事间的有血有肉的人："舜处顽父、嚚母、傲弟之间，横逆至而又至，乃能反求诸身。号泣自怨而爱且敬者，无一不尽其诚，卒能化之。"[③]

舜之所以为圣人，并不仅仅在于他惊天动地的大事业，更在于他能在日用常行间顺乎爱亲敬长的天性，达到至诚的程度。面对不公与横逆，舜依然能保持自身的中和仁善，他的忍耐包容不仅保全了自

① 《罗汝芳集》，第 138 页。
② ［德］康德《判断力批判》，商务印书馆 1964 年版，第 201 页。
③ 《王心斋全集》，第 156 页。

身的善性,也感化并挽救了背离天性而行恶的亲人。在这里,舜退去了圣人的光环,被置于家庭伦理漩涡的中央,这是一个平凡却又不普通的审美形象:他体验着与常人相同的人伦亲情,也有着与常人相同的困境烦恼,却能忍耐常人所不能忍耐的一切,并扩充自身的美德善性,直至最终将困境转化为美景,因而在庸言庸行间处处闪耀出善美的神圣光辉。

这一极富平民色彩的形象,便是泰州学派眼中为法于天下,可传于后世的伦理道德典范。如果人人如此并贯彻于日用常行间,那便是"一人孝弟,一家孝弟,而人人亲长,即唐虞熙皞之盛不难也"[①],整个社会于是便可成为儒家追寻的"大同"(《礼记·礼运》)世界。

这里的唐虞盛世、大同世界作为人类的终极家园具有极致的审美意义,而在泰州学派的描述中,它显然不是遥不可及的乌托邦,也不是贤人智者的理想国。"舜自耕稼陶渔,以至为帝"[②],而"唐虞君臣,只是相与讲学"[③]。它是由像舜一样的平常圣人组成的和谐美好的人间乐土,尧舜圣王率领"耕稼陶渔"的普通大众,通过在"百姓日用"生存生活实践中体验、学习、探索和打磨,充分体认、涵育、扩充和完善自身的天性,让至善至美的根芽成长成熟。这大同世界呈现的是一派田园牧歌式的世俗美景。由此,泰州学派将伦理道德之美落实到人们的身边,具体到每个人身上,从而延展了儒家伦理美学的疆域。

三、"百姓日用"对行动美学的践行

有学者认为,阳明心学讲究本体与工夫的合一,注重在践行中体认本体,讲究在不间断的实践行动中观照自身本体固有的澄明美好

① 《盱坛直诠》,第151页。

② 《王心斋全集》,第11页。

③ 《王心斋全集》,第16页。

境界，这使其理论不仅具有思辨层面的审美意义，而且还具有行动美学的特质[①]。泰州学派便是心学传人中最热衷于行动的一支。诞生并立足于平民阶层的这一学派，始终关注百姓大众的生存窘境，其成员往往不会将自己封闭在书斋内，以抽象思辨为学术生涯的全部，而会更多重视"百姓日用"的具体实践，将思想贯彻落实到行动之中。虽然他们中有些人的所作所为就算放在今天都足以令人诧异，但在某种程度上可以说，正是他们将王门的行动美学发挥到了极致。

1. "合着本体是工夫，做得工夫是本体"

泰州学派对行动美学的践行主要表现在两个方面，这二者都可用王艮的一句话来概括。其一是："合着本体是工夫，做得工夫是本体。"[②]这主要侧重于个体在"百姓日用"的生存生活实践中，不断自我打磨，达到知行合一的境界，从而完善自身固有的美好天性，使之达到极致而完美无瑕。即所谓的"成己"。其二是："即事是学，即事是道。"[③]这主要是个体以自身和谐中节的实践行动为手段，启发和教化百姓大众以至"人人君子，比屋可封"，从而构建完美的伦理道德体系，使得理想中的大同世界降临人间。这即是所谓的"成物"。归根结底，泰州学派的行动美学"必至于'内不失己，外不失人'，'成己成物'而后已"[④]。

王艮本人就是"合着本体是工夫，做得工夫是本体"的积极践行者，他的言行举动都明确依循其审美理想。自二十五岁过山东谒孔庙，立志向学之后，他早年的行动方式就算不是中规中矩，也至少不算出格：修身自新，孝顺长辈，善于理财治家，能去神佛塑像恢复祭祀祖先，尽其所能坚守儒家礼乐传统……然而就在三十七岁那年，王艮

---

① 潘立勇、傅建祥《"知行合一"与阳明的"行动美学"》，《浙江学刊》2004 年第 1 期，第 215—217 页。

②《王心斋全集》，第 38 页。

③《王心斋全集》，第 13 页。

④《王心斋全集》，第 29—30 页。

行动渐渐有了超越常规的意味,他"按《礼经》制五常冠、深衣,绦绖、笏板,行则规圆矩方,坐则焚香默识"[①],不合时代的奇装异服、古怪的言行举止已令人费解,四十岁那年他更变本加厉,制蒲轮车,穿古衣冠招摇上京。无怪乎"都人以怪魁目之"[②]。

然而实际上,无论是前期的笃实敦厚,还是后来的惊世骇俗,这些行为本身对王艮而言都有着相同的意义——这是他在"百姓日用"的生存生活实践中探索理想人格的典范,并形之于自身的审美尝试,最大限度地体现了他的审美趣味和审美追求。

将上古盛世的衣冠穿在自己身上,将上古圣人的言行复原在自己举动中,便能在现实生活中再现古之圣人君子的直观形象,从而否定和超越虚妄的现实本身——这些超越常规的创造性行为,正是王艮在有意识地实践其行动美学。这种特立独行的方式被其门人弟子继承:朱恕掷金还衣的耿介孤高,颜钧亦正亦邪的豪杰侠气,何心隐以布衣议政、虽殒身而不恤的豪快壮举,罗汝芳变卖田产、不顾自身安危挽救师友的赤诚胸襟……凡此种种,都是"合着本体是工夫,做得工夫是本体",是个体浸透着审美意蕴的"成己"实践行动。正如有学者总结的那样:"泰州学派人物充分展现狂者胸次,发挥自我精神意气,冲决一切罗网、世俗藩篱,走上了与醇儒不同的成圣道路。"[③]

2. "即事是学,即事是道"

泰州学派成员们在"百姓日用"间,通过自身的形貌举止传达其审美追求,同时他们并未止步,而是希望以此进一步来感化众人、教化天下,从而重建儒家完美的伦理道德体系。正如王艮写在门扉上的话:"此道贯伏羲、神农、黄帝、尧、舜、禹、汤、文、武、周公、孔子,不以老幼、贵贱、贤愚,有志愿学者,传之。"[④]这便是所谓的"即事是学,

---

① 《王心斋全集》,第 69 页。

② 《明儒学案》,第 710 页。

③ 赖玉芹《晚明清初豪杰人格的渐次形成》,《中华文化论坛》2016 年第 2 期,第 9 页。

④ 《王心斋全集》,第 69 页。

即事是道”，它充分体现了泰州学派追慕先贤，力图恢复礼乐盛世的审美追求，同时也表现出他们以师道自任的责任感与胸襟。

在洋洋洒洒的《原学原讲》中，何心隐清晰指出，日用常行间任何行为实践都不离于“学讲”，人们的一举一动无非传道也无非受教。因此“学讲”亦是人类最普遍最根本的生存方式，是“百姓日用”的特殊表达。因此在泰州学派理解中，每个人都可以成为“师”。所谓的“师”应是积极的行动者，须在“百姓日用”的种种平凡琐事中顺应大道真理而行动，树立自身端正美好的形象，从而在言传身教间最大限度激发百姓大众对审美的生存境界的追求，籍“成己”而“成物”，最终实现重建儒家理想社会的终极目标。这个意义上，王艮身着上古衣冠、施行旧式礼仪的举动便是在以师道自任，以行动讲学，通过自身折射出那个早已消失在时间洪流中，或者从未在这个世界上出现过，但却永远存在于儒者们心里的大同世界的盛景。

更为重要的是，泰州学派已不再满足于在书斋讲案上的个人展示，而要在更广泛的层面上实践其行动美学。王艮在析分家产时已小试牛刀，后来更在《均分草荡议》的明确纲领下进行过建立理想社会模型的尝试。韩贞以化俗为己任，使得其居处村村前歌后答，一派礼乐洋然。颜钧创立萃和会，力求实现“老者安，少者怀，朋友琢磨，瑟僩喧扬”[①]的和谐社会。何心隐以宗族为基础，建立组织更为严密的聚和堂（萃和堂），从生产、生活、教育、经济等方面全面推行其理想乡村模式。罗汝芳办开元会讲学，有教无类，罪囚亦令听讲……他们将行动美学扩展到与下层民众息息相关的实际生活方方面面，不仅引导人们在“百姓日用”的琐事常行间磨练完善自我，还希图籍改造一乡一邑去辐射更广阔的范围，从而陶铸天下，将整个世界改造成符合儒家审美理想的唐虞盛世。

3. 泰州学派行动美学面临的矛盾

也正因为如此，泰州学派的行动美学在当时社会一度成为各方

① 《颜钧集》，第 75 页。

关注的焦点,人们对此不乏非议,主要集中在两组矛盾上:一是儒家对个人品格修养的要求,和泰州学派特立独行的行动方式之间的矛盾;二是泰州学派以儒家正宗自命的出发点,以化育天下为己任的主观目的,和其行动的实际状况及客观效果之间的矛盾。它们始终贯穿于泰州学派的行动美学之中,成为挥之不去的阴影。

儒家讲究“文质彬彬,然后君子”(《论语・雍也》),这就要求内在品德修养必须与外在形象行动有机统一,达到中和中节、不偏不倚的和谐状态。任何怪僻偏激、乖戾张狂的形貌服饰、行为举止对力求完善自身人格的儒家弟子而言都是不恰当的。因此泰州学派的行动美学为他们招致了不少负面评价,王艮就被看作“怪魁”,颜钧、何心隐等人更是被视为“嘉隆江湖大侠”,甚至一度被诬为大盗妖逆[①]。黄宗羲评价他们“多能赤手以搏龙蛇”,甚至“复非名教之所能羁络”[②],在某种程度上已将这些泰州学派中的激进分子视为“名教”之外的存在。

可是纵观泰州学派的思想理论不难发现,这些特立独行的怪魁狂侠恰恰是在努力使自己的行为,符合想象中的圣人君子审美标准——着奇服,乘古车,办族会,教百姓,归根结底都是试图将自己的美好伦理道德品质表现在具体行动上,贯穿于“百姓日用”中,即便这些行动实际上非狷即狂。这种与儒家正统思想不相一致的错位表达,固然与这一学派大量出身民间底层的成员的认知能力,文化素养和审美趣味等脱不了干系,但也应从泰州学派行为的出发点考察。

王艮及其后学非常欣赏张载的“横渠四句”,并不断复述:“为天地立心,为生民立命”[③]。对诞生在平民阶层并以下层百姓的生存状态和合理需求为关注焦点的泰州学派而言,说这是他们的理想志向

---

① 见王世贞《弇州史料后集》卷三十五《隆嘉江湖大侠》和沈德符《万历野获编》卷十八《大侠遁免》。《何心隐集》后附录此两章,前者题名不变,后者题名则为《妖人遁逸》。

②《明儒学案》,第 703 页。

③ 见于王艮《答邹东廓先生》《鳅鳝赋》等文,此外王栋等人也时常论及。

和行动纲领也不为过。泰州学派的学术风格决非象牙塔内的抽象思辨，而是以担当天下、解决下层百姓的生存困境为己任的行动派理论。这明确的目的和积极的态度决定其审美追求上的张扬和行为方式上的大胆，使他们自命为儒家正宗，却以种种出格离奇的行动来复兴早已被“曲解”或“湮灭”的孔孟奥义，以期实现对久已失传的往圣绝学的恢复坚守和推行普及。

于是出发点和目的，就与实际情况和客观效果难以避免地发生龃龉。那些惊世骇俗的实践行动，在当时当然不会得到普遍的赞许和拥戴，最终招致的结果也可想而知：王艮在王阳明的裁制下收敛锋芒，颜钧和何心隐的族会热闹一时但无疾而终，罗汝芳因讲学遭张居正弹劾黯然归乡……然而也正因为如此，才更让人清晰地看出，泰州学派的行动美学只是借儒家思想的上古衣冠制度，亲身演出一幕极具叛逆精神和启蒙意味的新戏。

在当代美学的某些视角下，回望泰州学派“百姓日用”这一美的本体范畴，它独创性地赋予了下层百姓的生存生活实践以审美的超越性意义，从而从思想宰制力量内部产生出消解其钳制和压迫的张力，在一定程度上撼动着封建伦理道德统治的根基。因此泰州学派美学思想不仅对明清之际的美学观念形成雷霆万钧的鼓荡和冲击，对今天亦有其启发性的意义。

第三章 泰州学派美学审美特征论

泰州学派美学以“百姓日用”来定义美的本体，它是人们从不停歇的生存生活之流，离不开具体的物质存在和实践行动。它植根于人们的天命之性，萌芽于人们丰沛仁厚的本能情感，和谐美好、从容中节，展现着极具代表性的诸多特征，而共同体现出“生”之特性。

第一节 “百姓日用”之美的特征

在泰州学派的美学理论中，“百姓日用”表现为日常间一系列切实可感且无穷无尽的事物与现象，这些事物和现象构成了美所寓居的形象载体，且共同体现出以下五个具体特征。

一、鸢飞鱼跃的活泼特征

在这个世界上，人们穿衣吃饭，嬉笑怒骂、生计营求、人伦应酬的种种生存实践活动如同一条河流，没有一刻会停止，这一系列鲜活的形象之流呈现出的是遍及天下每个角落的广泛而根本的美，可以说这种美的最显著特点就是变化不居、生动活泼。因此在泰州学派的理解中，美的形象不应当是固定的，不应当作为某种恒定不变的榜样或模范来供人仰望膜拜，而是应当处于不停的运动变化的状态，展现在所有人日用常行间的具体事物事件之中。

1. *活泼灵动的形象之流*

泰州学派乐于以"鸢飞戾天,鱼跃于渊"(《诗经·大雅·旱麓》)来摹状"百姓日用"之美的活泼灵动。依照孔颖达所疏:"其上则鸢鸟得飞至于天以游翔,其下则鱼皆跳跃于渊中而喜乐,是道被飞潜,万物得所化之,明察故也。"①这是一种万物各顺其性、各得其所的生动画面:天地间一切存在,无论宏大的还是微小的、平凡的还是极端的,其天性生理虽千变万化,却都能自然而然发挥运用,从不凝滞、从容自如地与永恒的大道冥然暗合。因此泰州学派美学从一开始就将美置于不断运动变化发展的审美形象之流中,显现出其活生生而运行不息的活泼特征。

但这种活泼运行却并不是漫然而动、毫无规律的,在"百姓日用"的审美形象之流中,有"动中之静"的核心作为其宗旨,有"动中之律"的规则作为其准绳。同时这核心与规则也并非僵化凝固一成不变,而是依照其自身规律的发展而处于不断的变化之中。

2. *"动中之静"*

所谓的"动中之静"意味着,"百姓日用"的事物与现象每一刻都在运动变化,却始终围绕着永恒不变的中心,那就是放之四海皆准的最高范畴之"道"。具体到在每个人身上的体现而言,就是不偏不倚、宁静淳和的根本状态——"中"。因此"百姓日用"的审美形象虽变化万端,但却像满天星斗围绕北极星运转一样,始终围绕"中"之轴心,绝不偏斜背离。然而作为一切运动变化的主轴,"中"却并非固定不动、毫无变化,相反它的永恒性恰恰就是在生生不息、变动周流中显现出来的。

"中"的变动不居,首先表现在人的生存本能层面,体现于主宰人生存生长的造化生机:"独不观兹柏林之禽鸟乎?其飞鸣之相关,何

---

① 孔颖达撰《毛诗正义》,人民文学出版社 2012 年版,第 310 页。

如也?又不观海畴之青苗乎?其生机之萌茁,何如也?……易曰:水流而不息,物生而不穷。造化之妙,原是贯彻浑融。而子蚤作而夜寐,笑嬉而偃息,无往莫非此体。”①人同草木鸟兽一样得天地之道,受其源源不息的造化生机而欣欣然生长,这种生存本能如流水般贯彻浑融,一刻也不停息地左右着人生存活动的种种反映和表现,呈现出变化生动,但却无不合理中节的蓬勃之美。

“中”的变动不居,其次表现在人们的生活实践层面,体现于主宰日常应对的良知天性。泰州学派承认古往今来,无论老幼、不分贵贱,良知天性都是人与生俱来的,它不增不减、圆融自足,是不为外在因素改变转移的天定天分。但这并不代表良知天性本身就是一成不变的铁板一块。正如王艮所言:“天性之体本自活泼,鸢飞鱼跃便是此体。”②天性之体虽然无声无息地左右着人们的行动实践、日用应酬,但它却也是处于生长变化中的活泼之物,无时无刻不在自行运动。恰恰正因为这不息的流变,人们在日用间遇见种种情况才能毫不刻意着力却能应对自如,反之天性若是固定而僵化的存在,那绝不可能实现随感而应,应之即神的从容流畅。天性的活泼使人类生活中的事物与现象变化多姿、绝无雷同却均和谐恰当,从而呈现出灵活应对的圆融之美。

“中”的变动不居,还表现在人们的心理情感层面,呈现在决定人情绪反应的“心”上。人心遇见外物的刺激,就能自然而然生发出喜怒哀乐的情绪反应,这在罗汝芳看来,恰恰是因为“汝心原是活物且神物也”③,这个“心”原于天道生机,顺乎良知天性,感应自然万物抒发情感,从而无不中节。因此通常状况下,人在日用间能遇乐则喜笑,遇悲则哭泣,没有一点困难障碍和失当逾节。这正是因为人的心无时无刻不在微妙的周流运动着,如同从不枯涸冻结的泉水,具体的

① 《罗汝芳集》,第168—169页。

② 《王心斋全集》,第19页。

③ 《罗汝芳集》,第85页。

外物和情况便如座座岩礁，心之泉流接触到它们，自然而然就会呈现出或婉转，或激越的不同形态，因此"百姓日用"间的情绪反应、感情表达同样呈现出新鲜活泼的流畅之美。

在泰州学派的美学中，"百姓日用"间的生命活动，生存实践和心理情感，无一不体现为变化万千，生动活泼的审美形象，同时也无一不发而和谐中节。这是因为内在于"百姓日用"的宁静澄明之"中"本身就具有生动活泼、运动变化的特性，由此而衍生出的审美形象万变不离其宗——"百姓日用"之美永远在运动变化中蕴藏着永恒，又永恒地体现着运动变化。

3. "动中之律"

"百姓日用"活泼特征的另一大体现，就是审美形象的"动中之律"。美围绕着"中"这一核心，因此也必须遵循着与之相应的形式上的潜在规律。人类社会的事物与现象、人类生活的实践活动等要成为美，那就不可能只是一堆杂乱无章、毫不相干的零散原料，而应当彼此作用、相互联系，组成了一个血肉充盈、生气连贯的活的生命体。将它们融会结合在一起的内在规律，就是在充分尊重"中"之良知天性的前提下，自然应对，绝不刻意把持、勉强安排。

这种规律首先呈现于人们自然从容，不刻意着力的自发行动中，王艮说："良知之体，与鸢飞鱼跃同一活泼泼地，当思则思，思通则已。如'周公思兼三王'，'夜以继日，幸而得之，坐以待旦'，何尝缠绕？要之自然天则，不着人力安排。"[①]人们日常间面对外部世界纷纷扰扰，无须一一去刻意应对，时常是在无意识之间灵动万变的去顺应和处理，这种不假纤毫外力的自在自由，王艮认为这是自然天则的作用，王畿则进一步形容为"神触神应原无壅滞。……才有纤毫作见与些子力于其间，便非天道，便有窒碍处"[②]。人们在"百姓日用"间绝不可以刻意着力和扭曲把持，而应当顺应这种规律，随机应变，充分放任

① 《王心斋全集》，第 11 页。
② 《王心斋全集》，第 224 页。

人秉承自大道的天性,自然而然地遵循美的规律去行动。

但仅仅做到自然顺应还不够,泰州学派进一步强调要在“百姓日用”间自觉主动地把握这种规律。罗汝芳这样说道:“我今与汝,终日语默动静,出入起居,虽是人意周旋,却自自然然,莫非天机活泼也。……中间只恐怕喜怒哀乐,或至拂性违和,若时时畏天奉命,不过其节,即喜怒哀乐总是一团和气,天地无不感通,民物无不归顺,相安相养,而太和在我大明宇宙间矣。”[①]泰州学派承认人能在应对外部世界的一系列灵明活泼的行动中,展现出不着人工匠意的自然质朴之美,同时也看到了它未经加工的不稳定性。因此只有在琐事常行间认清这种灵动活泼来自“中”之天性良知的左右,从而获得对大道的真知,就此自觉践行而时时不离,这样才是有意识的把握美的规律,才能使“百姓日用”审美形象稳定下来。

值得注意的是这种有意识的遵循同样不同于刻意勉强,而应当是遵循天性良知,放开心灵缰绳,发挥人最大的潜力与能动性,无拘无束地驰骋于“道”的大路上而不偏离。正如罗汝芳所言:“收拾一片真正精神,拣择一条直截路径,安顿一处宽舒地步。共友朋涵泳优游、忘年忘世,俾吾心体段与天地为徒,吾心意况共鸢鱼活泼。”[②]从无意识自发状态的天机自任,到有意识自觉状态的优游充裕,都需要不着人力安排,而只需虚心应物,这样才能将良知天性的运转发挥到最大程度,体认到人生应然的状态,而就此能“是以常休休也,坦乎其荡荡也,纵横而展舒自由,洒脱而优游自在也”[③],达到灵动圆满,幻化不已的审美境界。

作为美的本体的“百姓日用”本身就是变动不居的,它以“中”为内核,在“家常事”间遵循天道良知灵活感应的规律,因此美也绝不可能是恒定不变的无机质,而必然是活泼生长的有机体。因此美是通

① 《罗汝芳集》,第 55—56 页。

② 《罗汝芳集》,第 306 页。

③ 《王心斋全集》,第 219 页。

过一系列决不僵化固定、而永远处于活泼生动的变幻中的审美形象传达给人们的。虽然泰州学派的理论中很少直言美，但是其对美的活泼灵动之特征的理解，将其视为不断生长变化的生命体的阐释，将其与日常生活、实践行动等紧密联系在一起的一系列观念，已非常接近当代西方美学家们的观点：美不应当仅仅局限于早已被创作完成、凝定下来，冷冰冰高不可攀地在博物馆美术馆中陈列着，只能供少数人鉴赏清玩的完善艺术品，而应当是需要、是行为、是热腾腾的生活，是活生生的人本身。

二、鱼龙变化的新颖特征

泰州学派的"百姓日用"之美，来源于人们自由自觉的生存实践活动，表现为一系列灵动变幻的鲜活形象。人们在这从不停息的生存实践活动中确证着自身的"中"之天性，展现着与生俱来的本质的创造力，因此美也充满生气勃勃，不断向前的新颖特征。

王艮在他的《天下江山一览诗六首觉友人》中，有过这样一首《咏江》：

> 真机活泼一春江，变化鱼龙自此江。惟有源头来活水，始知千古不磨江。①

通过奔腾不息的江水这个喻体，王艮形象地模拟出"百姓日用"之美常变常新的状况：它风生水起，化鱼成龙，每分每秒都呈现出后浪推前浪的全新姿态，可谓时移势易，日新月异。曾经是真善美的一切，随着时间的推移也会渐渐落后于时代，甚至最终沦为假恶丑的存在，而被历史所淘汰，被崭新的事物与现象所代替。然而在这推陈出新的辩证发展过程中，正因为有人们的生存实践这一永不停息的丰沛源头，在源源不断地补充着生机活水，"百姓日用"本身才永远不会

---

①《王心斋全集》，第57页。

磨灭消失,其创造力和进步性可谓无穷无尽,美也因此而常在、常变、常新。

1. 故与新

所谓的"新"首先表现在"百姓日用"的内容上。作为人们生存实践方方面面总和的"百姓日用",自古以来原是文人士大夫们不屑一顾的家常琐事,根本不具备所谓的审美价值。然而在泰州学派的美学中,这些琐事常行体却现出人自然遵从天道,不偏不倚的"中"之本体状态,从而呈现出天理良知的本质;同时也只有变化万端,与时俱进的日用常行才能将亘古不灭但却变动不居的"道"最大程度地表现出来,因此欣赏人的天性及其与之相应而表现出的生存本能,真挚情感与生产生计,社会交往等,也正是从全新的角度去欣赏蕴藏其中的天理大道。这是泰州学派美学中美的新颖特征的第一重表现。

对于这美的全新内容,泰州学派也为之赋予了相应的崭新形式,但它不是否定前人割断历史,另起炉灶,而是对传统儒家美学进行全新的理解和诠释,使旧的形象能与新的思想内涵相应,这里姑且将这种对传统形式的改造称为"化故为新"。

泰州学派门下虽然多有能以赤手搏龙蛇的翻天覆地的人物,其言行有时也标新立异甚至匪夷所思,但究其思想根源,无一不是以恢复儒家礼乐规范,重建儒家伦理道德体系为己任,因此他们多以自己的独特理解来重新阐发儒家经典,赋予其时代意义。这从泰州学派所推崇的理想人格之化身——孔子的形象上便可以看出,在他们的描述中,万世师表、集大成者孔子,不再是高高在上、不食人间烟火的庄严偶像,而是普通百姓中生活得最真实、最自然、最恰切的那一个。泰州学派将他置于"百姓日用"的大背景下,强调其同样遵循"中"的良知天性,但却能在"家常事"之"庸"间保守不失并扩而充之,使得自身爱亲敬长之情,日用应酬之理如春风般蔼然和畅,从而起到感化天下的榜样表率作用。这样的孔子的形象立足于儒家的传统理解,文质和谐,不狷不狂;但却更加血肉丰满,亲切生动,也更加贴近普通大众乃至下层百姓。这从旧出发而焕发出全新光辉的理想人格审美形象，充分表现了“百姓日用”之美契合于时代的新颖特征。

泰州学派美学尊重传统，但这种尊重却又不是毫无限度的，对传统继承决不能一成不变，毋宁说在“化故为新”的同时，泰州学派更看重所谓的“悔过迁善，舍旧从新”①。

泰州学派认为人类有着不断创新的本质力量，潘士藻就曾直截了当地指出人的天性有“日新之机，此机一息，便非天命本体”②。美是人本质力量的感性显现，也是在人类保守和打破传统形象的辩证过程中不断建立和完善起来的。“百姓日用”间尚处于自然质朴状态的审美形象，固然至真至善，但这些未经雕琢的形式也有其容易被时代淘汰的不稳定性，因此必须不断根据历史发展的具体状况进行改变调整、改造发挥甚至破除重塑，从而适应社会发展的需要，“所以‘君子动静不失其时，其道光明’而‘随时变易以从道’也”③。面对着日新其德的“道”，圣人君子能灵活自如地随时改变自己那些曾经符合，如今已不再符合这一本质规律的言行思想，从而顺应真理采取全新的形式，做到在“百姓日用”间一举一动无不切中关节、和谐美好，圣人君子也正是在这个意义上才成为美的典范。大千世界无时无刻不在变化，美的形式也永远存在于不断创新之中，从没有一刻凝滞，因而才能永葆其品质与活力。

泰州学派美学的“化旧为新”和“舍旧从新”从本质上说是一体的，正所谓“一番新知则一番安固”④，“新”不仅仅是学问见识的增长丰富，更是人格天性的涵养浑化，当它沉淀下来便又将凝固为“故”，从而变成日后之“新”的坚定基础。因此盲目武断地撇开故，新也将找不到立足点而成为空中楼阁；同时又不能一味的墨守成规，而是应

---

①《王心斋全集》，第 183 页。

②《明儒学案》，第 836 页。

③《罗汝芳集》，第 25 页。

④《王心斋全集》，第 161 页。

当根据客观世界的变化发展,当故旧的形式已经不再符合时代,不再符合美的规律的时候就不应再拘泥不化,而是大胆改变甚至舍弃,像凤凰涅槃那样让旧的美在毁灭之火里熔炼新生。“蘧年亏我知非晚,幸是汤盘日日新”[①],王襞化用汤之《盘铭》的“苟日新,日日新,又日新”之意,极言创新变革对于美的重要性,这也正是泰州学派钟情于描绘万物新生时的美景的原因,每一个初生之景都是一个全新的开始,从内容到形式都显现着生机勃勃的新颖特征。

2. *老与新*

泰州学派美学所推崇孔子这一理想人格审美形象中,就已经蕴藏着万物更新、春风化雨的意象,而他们为数不多的文艺作品中,更集中体现出对“新”的激赏。学派成员不断讴歌新生的景象,对万物初生时新鲜生动的事物和画面的情有独钟——“修身乃立本,枝叶自新鲜”,“溪上桃花新带雨”,“绿柳新莺又织梭”,“红桃浥雨怜新霁”,“南山色霭景常新”[②],菊有“新英”,石有“新苔”,柳有“新条”……一年四季中情景风物常新常美,这些初萌新长,生气氤氲的意象都蕴藏着泰州学派美学对美的新颖特征的热爱与追求。

应当看到,相较于“新”,中国的文人墨客大都推崇“老”,“老”不仅仅指时间上的历史悠久,更指境界上的成熟老练。这首先是因为在中国传统思想普遍遵循的“效前律”[③]左右下,人们欣赏和珍重经历过时间考验的存在,以遵从和效法传统为宗。同时也因为在泰州学派所处的有明一代,“她(按,指明代的中国文化)已耗尽了那巨大的创造才能和无限地更新其青春的力量”[④],因此导致从文艺创作到审美趣味一度全面趋向保守,比如明代诗坛前后七子力图在自己的作

① 《王心斋全集》,第 239 页。

② 依次选自王艮《送胡尚宾归省》、王襞《江右龚某见访次韵答之》《用前韵和答宗休弟有求教之意》《三月十九日领诸叔命访槐亭兄不遇将共成宗祠》《庆南梁陈海洲八十》。

③ 姚文放《中国戏剧美学的文化阐释》,中国人民大学出版社 1997 年版,第 219 页。

④ [法]雷奈·格鲁塞《东方的文明》,中华书局 1999 年版,第 563—564 页。

品中展现古人的格调，画坛也荡漾着脆弱而淡薄的因袭式的典雅风格。当时的人们推崇气品高古的老道之作，欣赏法度森严的老将之笔，玩味朴拙古淡的老熟之境，美的新颖特征在当时可谓相当不受重视。

但是泰州学派美学却一反主流趣味，变崇老为尚新。相对于圆熟澄明的老，他们更醉心于鲜活生动、欣欣向荣的新生之美。虽然并没有积极投身于文艺创作等审美创造活动之中，但泰州学派却能够散播儒家经典的新解，实践前所未有的新行，传达以师道为己任、以一身担当天下的新志。正是这种积极进取上下求索的精神状态和人生目标，决定他们书写紧贴下层百姓的思想新篇，以阳气般仁慈清新的生意来象征周流化育天下的良知天性，描绘出大同世界的新景。

泰州学派的审美趣味与追求一反在当时文人士大夫阶层占主流地位的成熟完满到了极致、已丧失其活力的“老”，标举活泼生动而质朴平实的“新”，这不仅得到了当时下层百姓的共鸣，还受到一部分具有先进思想和敏锐的感受力的文人墨客的推崇，从而激发了后世公安派等文艺流派的洒脱不羁，求真求新的创作风潮，将勃勃生气吹入了寻章摘句，务为老态的文坛，为后世的文艺创作开启了一扇全新的大门。

三、万物一体的情感特征

“百姓日用”的审美形象变化不息、形骸不散，日新月异，其背后有一种内在力量始终在支撑着，那就是美感染人、打动人的情感特性，而这种情感归根到底都可以用一个字概括，那就是“爱”。

1. 本能之“爱”

“爱”在泰州学派的美学理论中拥有最广泛的包容性。它首先是本能之“爱”，表现为生灵对同类同伴，种族族群的发自本能的爱恋和依赖。这种情感是个体得以生存，种群得以繁衍的内在凝聚力，不仅仅人类具有,任何有血有肉有生命之物全都不会例外。正如罗汝芳所言:"芳自知学,即泛观虫鱼,爱其群队恋如,以及禽鸟之上下,牛羊之出入,形影相依,悲鸣相应,浑融无少间隔。"[①]微不足道至于虫鱼鸟兽都知道爱恋族群,与同伴形影不离的相依相偎,因此人们时常可以发现,"观彼蜂蚁,犹知有上。看彼鸿雁,亦知有长"[②]。实际上这正是所有物种发自本能的亲厚之爱,大自然也正是因此而呈现出品类繁盛、丰富多彩的美景,人们能够由此从根本上观照到孕育一切生灵的天地大道本质上的仁慈和谐,从而产生发自内心的欣悦满足之情。

同时人也是社会的动物,与其他生物在本能之爱的表达上有相似也有不同。人类平时更多偏厚族群中与自己有血缘更亲近的人,似乎使这种情感多少带上了一点功利色彩,然而在某些特殊的情况下,本能之爱还是会自然而然地体现出来。罗汝芳紧接着前一段论述说道:"后偶因远行,路逢客侣,相见即忻忻,谈笑终日,疲倦俱忘,竟亦不知其姓名。别去,又辄恻然思曰:何独于亲戚骨肉而异之?噫!是动于利害,私于有我焉耳。"[③]客途中与陌生人的萍水相逢便是摒弃了一切功利因素的特殊状况,反而呈现出人们本能中依恋族群的真实情感,这种本能之爱是人性中最美的部分之一。

当人们体验到这种真情的宝贵,而有意识地在日用常行间保持下来,那么血缘远近的阻隔便会被本能之爱打破:"鸟雀失群,飞跃呼寻。人生处世,和乡睦群。居住一乡,事同一体。一体相关,是非不起。是非不起,情和意美。……和气生福,异姓骨肉。和睦乡里,圣谕锡福。"[④]泰州学派认为"百姓日用"之所以美好,某种程度上就是因为人们能在对大道良知的自然顺应中,自觉或不自觉地展现出这种真挚的本能之爱,从而在一成不变的功利生活中蓦然唤醒人们遗失的记忆,使他们回忆起沉睡在自己内心深处的那种至善至美的无私

---

①③《罗汝芳集》,第 113 页。

②《颜钧集》,第 39 页。

④《颜钧集》,第 40 页。

情感，从而令平凡的城镇乡村在一瞬间变成人与人和睦融洽的地上天国。

因此，美的情感特征首先来源于个体生灵依恋种群、亲慕同族的本能，这是一种带有自然烙印的感情，上至人类下至禽兽无一例外，虽然人类社会生活中的利害得失会一时将它蒙蔽，但它永远存在于人们灵魂中。然而同时也应当看到人类毕竟与其他生灵有着本质的区别，人的情感也绝不仅仅停留在生理本能的层面上，因此除了确保个体生存种族繁衍的自发的本能之爱以外，人类还具有更自觉的天性之“爱”。

2. 天性之“爱”

天性之爱是人类独有能力，与理性息息相关。但在泰州学派的美学中它却丝毫不高妙虚玄，究其本质无外乎人与人之间的骨肉亲情。“父之爱子，天性也。”[①]父母慈爱子女之情，这种直接关乎幼体生存成长的无私慈爱，是人类天性之爱中最多保留动物本能的部分，然而人类的慈爱与禽兽哺育幼崽的本能却有着本质的区别。除了对子女后代的挚爱和呵护之外，这种爱还表现在长辈公正无私，不偏不倚，积极主动而有意识的教育和引导上。

王栋就认为真正不违天性的慈爱应当是有理性的，对子女不过分冷淡也不过分骄宠；并且对独子也好、多子也好，有出息的孩子也好、没才能的孩子也好，全都能一视同仁地给予公平适当的爱护和教导，使他们均能成人成才，否则便会“溺于慈子而深于悦色，此却与禽兽蠢然知觉为不相远矣”[②]。人类的这种慈爱中包含着理智的思量、有度的节制、殷切的期望和严格的教育，闪烁着美好的天性和成熟的智慧所焕发出的光辉，从而令人产生由衷的感叹与赞美。

极富责任感的理性慈爱是人类父母独有的，而其子女则用发自内心的孝敬来回报这种天性感情。泰州学派推崇孟子的观点，认为

---

① 《王心斋全集》，第162页。
② 《王心斋全集》，第194页。

孩提赤子无不知敬亲爱长,这是人不虑而知不学而能的良知良能。爱父母为孝,爱兄长为悌,孝悌则是仁义美德之实,其极致固然是人必须努力具备的最高道德品格,但其发端却是人与生俱来的天性亲情。人能明了这种情感的存在并自觉的保守扩充,因此与禽兽"莫知其为孝,莫知其为不孝"①的反哺跪乳的本能行为有着本质区别。

保守并扩充热爱父母长辈兄弟姐妹的孝悌之情,不仅能使人渐渐拥有完满成熟的人格,继而成为能给予人理性慈爱的父母,还能使人进一步拥有"冲然而广""毅然而正"②的堪为典范的圣贤品质。因此慈爱与孝悌组成了天性之"爱"的良性循环,它发自人的良知天性,贯穿于生活日用的点点滴滴,是从古至今第一紧要关头,第一经世大业,"不一世获庆,亦且永世有赖"③,更是一切美好的伦理道德品质在"百姓日用"间的缩影,通过它人们可以眺望居仁由义的完美境界,并关照到自身所拥有的理想人格胚芽。

3. *万物一体之"爱"*

因此在泰州学派美学中,美必然渗透着慈爱孝悌等伦理化的心理因素。但在这里,伦理道德和心理情感并不互相悖离、互相冲突。二者需相辅才能相成。人们若只是放任陷溺于情感,片面的各爱子女、各敬父母,由此发展下去则会导致人与人之间彼此冲突而利害相攻,自身的良知天性便被功利私心蒙蔽,同样会导致违背天性的异化。在这个意义上,伦理并非限制心理情感的外在的条条框框,而是人类心理情感发而中节的内在需要,以及实现发而中节之后的必然变表现。

然而在现实中,人们往往意识不到这一点,或者意识到了却还是诱于功利。在泰州学派看来,人类社会无法实现天下大同,从某种程度上说症结恰恰就在这里,而要解决这个问题,依然必须依靠美的超

---

①《何心隐集》,第 52 页。
②《何心隐集》,第 26 页。
③《何心隐集》,第 69 页。

越性力量。

所谓“亲亲而尊贤，以致有凡血气之莫不亲莫不尊”①，这是泰州学派给出的消除这一矛盾的答案。归根到底，功利私心的根源就在于偏离大道天性的过度情感，人们必须认识到它决非天性的显现。“百姓日用”间，尊生保命的本能之爱和爱亲敬长的天性之爱在一定范围内是真挚甚至无私的，有着推己及人的浑厚与仁慈。但这种情感更须超越自身父母兄弟的有限范围，拥有推而广之遍及天下之人的包容力，才真正符合大道天性。以对待自己骨肉同胞的感情去对待天下人的骨肉同胞，自然而然地怜恤幼小、敬爱尊长，在这种泽及天下的至情大爱中，人与人便不再分远近亲疏，而能如同一家人一般和乐融融的共同生存。

这种景象已经非常和谐美好了，泰州学派却并不止步于此，有血气者何止人类，它还包括天地间一切生命存在：山川草木，虫鱼鸟兽无不应当被人类这种无私之爱所泽被包围，这种爱表现在不好田猎的恻隐，不除窗草的仁爱，表现在以对待自己同类的心情去对待一草一木、一鳞一羽的所有生灵。以博爱之情对待天下万物，这样不仅仅是人类社会，包括自然界在内整个宇宙都将呈现出相亲相爱，仁厚无私的美好景象，正所谓“与斯人情相联，气相贯，而蔼然相亲，则民吾同胞，物吾同与，通万物为一体，而包涵遍覆不隔藩篱矣”②，这种洋溢着万物一体的无私之爱的大同世界，是泰州学派理想中至善至美的地上天国，它发生于人类与生俱来的日用常行间的普通情感，看似微不足道，但却是作为万物灵长的人类独有的爱之能力。于是人们便能在“百姓日用”间，通过喜怒哀乐的每一个情感细节创造并展现出无处不在的美。

美的情感特征使得氤氲生气围绕人情而周流运转，不断创新改变。在这个意义上，人与生俱来且真挚无私的万物一体之爱是推动

① 《何心隐集》，第 27 页。
② 《王心斋全集》，第 153 页。

美不断有机生长、永远不会停滞的内在驱动力;也是凝聚美不断丰富创新,却始终不脱离常情的内在向心力。“百姓日用”间一系列审美形象正是这种无私之爱的具体化和形象化,因此才会充满以情动人的感染性。它们是人们心中情感的具现,又反过来引导、浸润和净化着人们的心灵,因此情感特征是“百姓日用”之美的重要特征之一,缺少了情感,“百姓日用”就失去了生气,缺少了情感,美就失去了灵魂。

四、良知良能的认知特征

将美和社会现实紧密地联系在一起,是儒家美学的一贯传统。作为儒家学派一分子的泰州学派,其美学从一开始也就不可能单纯地为艺术而艺术,而是紧紧与社会生活实践相联系。这也就不难理解在这一学派的理论著述中,几乎看不见直接关系到美和艺术专有概念范畴的研究阐述,这一切都被高度凝练地融汇进了对社会现实问题具有审美意蕴的探讨中,水乳交融不可分割。

1. 灵根一览

美是一种社会现象,它必须依赖人类社会才得以存在;同时美又必须以自身迥异的面貌反映着人类社会的本质,呈现出源于现实又高于现实的超越性。不妨这样比喻,美就如万花筒一般,折射出绚烂变幻又不可名状的感性形象,但这些形象归根结底都是由现实生活的碎片以陌生而崭新的形式重构而成。美正是以其源于又异于现实的感性形象象征着真理与道德,人们往往能通过欣赏它,而在一瞬间如同神启般把握住悠远动人的神韵和深邃无穷的内涵,从而了解世界的真实面貌,领悟自身的本质真相。但这种了解与领悟又全然不同于接受理论与道德的说教而产生的理解和觉悟,它始终有着模糊而不确定的特征。正是美这种反映现实的独特能力造成了它独特的认知特征。

泰州学派的美学充分强调美的这种认知性,美即为“百姓日用”,

它体现为人类全部的生存生活实践，在这个意义上而言，人类生存生活的当下现实，实际上也就是美的全部展现。人们通过日用常行间的具体事物和现象体认灵明不昧良知，欣赏这种与生俱来的顺应天道，优游充裕，应付自如的和谐中节之美，从而进一步了解自身和宇宙的真相，“百姓日用”也因此而拥有了深刻而曲折的认知功能。

王艮借一首小诗揭示这种认知的深刻曲折之处：“千书万卷茫茫览，不如只在一处览。灵根才动彩霞飞，太阳一出天地览。”①若将“太阳”比作天地间至高无上的大道，而日出则是领会大道奥义后光朗澄澈的境界的话，那“灵根”就是人得以看见这极具象征意义的日出的先决条件：古往今来人人俱足的良知。良知在泰州学派思想中可谓举足轻重，细究起来，前文曾通过辨析“仁”“善”等范畴，看出学派如何理解良知之“良”，而在对“百姓日用”认知特征的阐发中，则可以看出学派如何理解良知之“知”。

在泰州学派看来，良知是包含着道德属性的先天的认知能力，它并不借助某种条理清晰的抽象知识去认识万物本原，而是如云兴霞动俯瞰天地，借助审美形象去感知和把握。这样的方式固然浑沦难言，但却更直接而根本。人们与其到书本上寻找间接的经验，不如以虚灵不昧的天性“灵根”，守定“百姓日用”这“一处”尽“览”，在生生不息的审美形象中把握天地宇宙的奥秘。

这就是所谓的“‘虚明之至，无物不覆’，‘反求诸身’，‘把柄在手’。合观此数语，便是宇宙在我，万化生身矣”②，王艮将王阳明和孟子的思想融入自己的理论中，说明“百姓日用”独特的认知特征：无所不在、无时或息且变化不已的审美形象之流，遍及日常生活中的每个人、每件事，惟有虚明的良知能映照出其间蕴含的本质真理。因此人们无须远求，最简单的方式就是通过反观自身在“百姓日用”间的从容应对的中节之美，便能体认良知天性与大道真理的存在周流，这便

---

①《王心斋全集》，第 57 页。

②《王心斋全集》，第 10 页。

是把捉到亘古不变的永恒规律之“把柄”。因此王襞当下提点启发——“诸公今日之学,不在世界一切上,不在书册道理上,不在言语思量上,直从这里转机向自己”[①],而获得对至真至善的大道只可领会而不可言传的体认。可以看到,“百姓日用”的认知特征是直达本质的,宇宙人生的大道真理全都蕴藏在人们反观自身和谐从容的日常应对之中。

2. *本然之知*

“知得良知却是谁,良知原有不须知。而今只有良知在,没有良知之外知。”[②]王艮这段口诀进一步说明,良知从“百姓日用”之中获取真理,不落知识道理、不假情识闻见、不借意志情绪,是不需外力自完自足之知。闻见道理对于个人知识的丰富而言固然重要,但对泰州学派来说,仅仅是知识的丰富,与“百姓日用”蕴含大道的认知特征并没有直接关联,毋宁说刻意从见闻道理中寻找大道,反而会导致人的良知“灵根”混浊蒙蔽,反而离真理越来越远。因此王栋强调:“良知虽人人自有,多为见闻情识所混,识认不真。”[③]良知原本清明虚灵,能自然无碍的体认天理,正如婴儿赤子不认你我,没有私心私见,因而其日用间视听言动无非良知,自然随处与大道同游。但随着人渐渐长大,懂得功利得失,产生私心物欲,良知的清明之体也就遭到了蒙蔽,人的眼中看见的也就再也不是世界的本来面目,体认到的也就不再是宇宙人生的本质规律了。

正是针对这种状况,罗汝芳才会疾呼要分清“本然之知”和“闻见之知”。“闻见之知”是“知从外得,而非本心之灵”[④]。它并非对“百姓日用”感性形象圆融浑成的直接体认,而是人们刻意学来的支离破碎的知识。那些见闻知识流于经验的积累而未曾涉及认知的本质,不

① 《王心斋全集》,第 227 页。

② 《王心斋全集》,第 57 页。

③ 《王心斋全集》,第 152 页。

④ 《罗汝芳集》,第 17 页。

仅不能反映客观世界的真实面貌，而且千头万绪、良莠不齐，有的甚至错误百出，最终会妨碍到人们天性良知对大道真理的清明认知。因此恢复和保守源自本心之灵的“本然之知”才成为必须。

罗汝芳用这样一个比喻来说明所谓的“本然之知”：“故孔子曰：知之为知之，即日光而见其光也；不知为不知，即日黑而见其黑也，光与黑任其去来，心目之明，何尝增减分毫也耶？”[①]如同日出天亮、日落天黑的外界状况与目之视力并没有任何关系，外界的见闻情识也与良知体认天道的能力无关；这种“本然之知”作为人类无拘无束的本质力量，只是透过“百姓日用”间和谐平实的点点滴滴直观宇宙人生的真理大道，从而体悟出美那种借助感性形象折射出万物本源的认知特征。

值得注意的是，泰州学派的美学认为“百姓日用”之美具有无涉知识经验的认知性，但同时也强调不能将其视为于事无补的虚玄空谈，这种直达本质的认知性同样具有实践的价值，“百姓日用”间，认知和实践，也就是知与行是紧密联系不可分割的——实践活动需要依靠认知的指导和主宰，认知也必须通过实践活动明确展现并最终完成。

3. 知行合一

早在孟子处，代表认知和实践的“良知”与“良能”便已缺一不可地被同时提及：良能以良知为体，是良知体悟天道的实现；良知以良能为用，是良能顺应天道的主导。而“体用一原，知体而不知用，其流必至喜静厌动入于狂简；知用而不知体，其流必至于支离琐碎日用而不知”[②]。良知必须贯彻于良能中化为实际行动，否则一味追求虚玄空想，而不能将大道贯彻发挥于日用常行间，所得的收获也与背诵书册知识的纸上谈兵无异，终是流于疏狂简慢，而与空谈心性的佛老没有区别。但是若在日用间流于应对琐碎小事，却不去探究其内在本

---

① 《罗汝芳集》，第 134 页。

② 《王心斋全集》，第 43 页。

质和规律,那么良知会被眼前的纷繁物欲所蒙蔽,而良能也将沦为失去终极目标的蝇营狗苟,只能算是麻木懵懂浑浑噩噩,被动地终其一生。

在这个意义上,知行合一才是第一要务,"百姓日用"间良知的认知性必然伴随着良能的实践性,就如同乾与坤二者相辅相成自然转化,彼此不离须臾,然而究其本质:"乾坤之德,只是'知''能'两字,其实又只是'知'之一字。"[①]在知行合一的辩证统一中,知是矛盾的主要方面——良能是良知从容自然的生发流行,以体认大道为基础、指导和动力,并以最终确证大道为终极目标。因此认知性主导着良知与良能的合一,从而达到人类本质力量生发周流而从心所欲不逾矩的审美境界。这也是前文所谓的,能在"百姓日用"的践行中自觉贯彻对大道真理的体悟,才是所谓知行合一的真知。

泰州学派的美学是与人类现实社会密不可分的,这清晰体现在美所具备的认知特征上。"百姓日用"中具体可感的事物与现象显现着天理大道的本质,不依靠精确的科学语言和严格的伦理教化来诉说,而是通过出于日常生活又迥异于日常生活的感性形象和具体事件来表达,因而展现出更加深邃丰富的内涵,具有了直达本质的认知特征。人们在应对瞬息万变的外部世界、处理纷纭芜杂的生活实践时,借助于与生俱来随感随应的本然之知直接感悟体会,不迷惑于支离琐碎的表面现象,而是通过这一系列感性形象所传达出的暗示去追寻主宰于其间的本质规律,并以此贯彻于日用常行之间来指导自己的言行举动,从而于实践中确证天理大道的充塞周流。"百姓日用"之美的认知性是一种具有着超越意义的认知性,它以浑沦而不确定,同时又紧密结合实践的整体形式,展现给人们更深刻更全面的世界的本相。

---

① 《罗汝芳集》,第82页。

五、中和位育的化育特征

泰州学派的美学中，“百姓日用”的具体事物与现象生动地反映着宇宙人生的本质规律，这种形象的反映不同于科学的精确论述和伦理的严格说教，它融化于琐事常行间，但正是这种看似模糊的反映却有着直达大道本质的准确性。因此“百姓日用”间的一系列审美形象在诉说着世界之奥秘的同时，也作为天理大道的感性显现而拥有着启迪人们心智灵魂的典范价值。在这个意义上，拥有“位天地”“育万物”[①]的化育力量是“百姓日用”之美的又一大特征。

1. *“位天地，育万物”*

“位天地，育万物”之说语出《中庸》：“致中和，天地位焉，万物育焉。”先儒解释为能将喜怒哀乐未发之的“中”、发而中节之“和”推而极之，令自身“心正”“气顺”，便能令天地“安其所也”，万物“遂其生也”。[②] 这句话里暗含默认的一个前提，第一时间引起了泰州学派美学共鸣，那就是视天地万物与人为一个有机整体。这种天人合一的一体，不局限在天人交感(也就是认为人类社会的兴衰与自然界的消长有着息息相关的感应和联系)的思想之中，而是一种更真诚地视天地为父母，视万物为同胞，视他人为手足的博大情怀。

因此王艮直言：“夫仁者，以天地万物为一体，一物不获其所，即己之不获其所也，务使获所而后已。是故‘人人君子，比屋可封’，‘天地位而万物育’，此予之志也。”[③]以他为代表的泰州学派成员自视为儒家正统，他们不认可像道家佛门那样，只求得自身的虚静与解脱，到头来做到个自了汉，而始终是以启迪化育生民百姓，安养抚育天地万物为己任，只有使得人类社会回到唐虞盛世，自然界恢复天则秩

---

① 《王心斋全集》，第 17 页。

②③ 《四书集注》，第 19 页。

③ 《王心斋全集》，第 30 页。

序,才能收获得其所哉的安心。

在先儒的思想中,"位天地,育万物"并非易事,"此学问之极功、圣人之能事"③,是儒者们刻苦磨练身心最终想要达到的至高目标,是理想中圣人君子才能实现的参赞位育之大事业。然而到了泰州学派这里它却不再高高在上、遥不可攀:"良知一点分分明明,亭亭当当,不用安排思索,圣神之所以经纶变化而位育参赞者,皆本诸此也。"④

"百姓日用"间人人俱足的良知正是位天地育万物之本,不假外力、和谐中节的生存实践本身就有着参赞位育的典范作用,就连圣人经世,也只是"家常事"而已。化育天下直至使其成为上古盛世的实践行动无外乎日用常行,所以可以说在位天地育万物的可能性上,圣人与百姓同然。只是圣人能自觉将其发挥到极致,使得自身一举一动成为美的典范。若常人也能认知体悟,同样也可以实现参赞位育的圣贤之功。意识到这一点,王艮才在《送胡尚宾归省》一诗中自信地唱出:"位育皆由我。"这世界上地位卑下、毫不起眼的千千万万个"我",同样也拥有通过"百姓日用"来参赞位育,建立起经世事业的能力与机会。

2."致中和"

在这个意义上,泰州学派才格外强调"百姓日用"化育特征。化育并非一般意义上的教育,它更多表现为自然而然地言传身教、春风化雨地熏陶启迪。"圣人之心纯乎天理之极,故能成己成物,赞化育而与天地参"⑤,儒家理想中的圣人君子,其心性品质无一不与大道吻合,是天地间本质规律的化身,作为道具体而微之显现,圣人君子的形象因此而具有了堪为天下万物表率的化育力量。这种化育特征潜移默化地表现在"百姓日用"的具体事物与现象之间:"盖天生圣贤,为民物也。故圣贤尽性必尽民物之性,必赞化育而后与天地参。"⑥

④《王心斋全集》,第43页。

⑤《王心斋全集》,第181页。

⑥《王心斋全集》,第185页。

王栋这段话说明圣人贤者是为了启迪成就百姓万物而存在的，同时其本身也是百姓万物的一分子。圣贤君子在日用常行间锤炼打磨自身之性，扩而充之达到极致，从而以自身为榜样表率自然而然地感染化育，通过完善自己而完善他人万物，所谓参赞化育之经世大业也无外乎于此。

因此王艮借用《孟子·尽心上》里的一句话“大人者，正己而物正者也”①来指出，圣人化育天下并非刻意去指点说教，而是在与所有人自身息息相关不离须臾的日用常行、人伦应酬之间不断参省完善自身天性，使其晶莹纯粹。同样，就算是最平凡的下层百姓，只要在日用常行间顺应与生俱来的良知天性，并不断磨砺扩充使其充塞周流，一样也能使自己的生活实践折射出美的光辉，从而自然地拥有了位天地育万物的化育之力，这便是与大人圣贤一样的育世之功。

“百姓日用”化育特征的根源又在哪里？泰州学派依然回到儒家典籍中寻找答案，并以自己的理解给出全新的解释。“圣学只在正己做工夫，工夫只在致中和而已矣。”②泰州学派从《中庸》的“致中和”理论入手——人们将“百姓日用”间无过无不及的“中”推而至极，在“家常事”点滴实践的应对中皆能达到发而中节之“和”，这便是位天地育万物的圣教圣学了。

> 未中而庸，喜怒哀乐亦未中而和也，天地其能位乎？③
>
> 人不自知日用即道，故推原道者，不可须臾离也。……显诸形器也，视自明，听自聪，言自信，动自礼。喜怒哀乐自宜节，孝弟慈让自顺德，家国天下自其治均平。位天地，育万物，无有一人不秉具，自能中和，范围不遗，而无敌于天下者也。④

---

① 《王心斋全集》，第 4 页。
② 《王心斋全集》，第 213 页。
③ 《何心隐集》，第 75 页。
④ 《颜钧集》，第 48 页。

可以看出,化育涵养之功起初不过是在"百姓日用"间调节视听言动之能、喜怒哀乐之情、孝弟慈让之行,从生理本能、心理感情、伦理道德等层面涵育自我实现中和,并由这个开端推而广之达到极致,便能够位天地,育万物,成功地建立经天纬地的事业。

这种中和位育的能力人人秉具,而真诚的体认自身的良知天性,发自内心的爱人敬人则是它最关键的一步:"若曰做人的常是亲亲,则爱深而其气自和,气和而其容自婉,一些不忍恶人,一些不敢慢人,所以时时中庸而位天育物,其气象出之自然,其功化成之浑然也。"①说到底,"致中和"便是真挚地亲爱他人、尊重他人,由此便可涵养保持平和中节的心境,不会因私心私欲而对人起恶意歹念或轻视怠慢别人。这种心境表现在外则是亲切和蔼的温婉仪表和恰当言行,自然而然符合道德要求和礼仪规范。在这看似简单易行的实践过程中,儒家理想人格的审美形象已在不知不觉间得到了塑造,其平凡亲切的感染力能使天地各安其所,万物各遂其生。

3. "学不厌,而教不倦,便是'位、育'之功"②

因此在泰州学派看来,中和位育的参赞之功不仅是上至圣人、下至百姓每个人都拥有的能力,更是他们共同承担的责任。"致中和"离不开"学而不厌,诲人不倦"(《论语·述而》),它既是个体的自我完善,也是对他人的启迪涵化,学与教辩证统一,彼此推动的过程。

> "致中和,天地位焉,万物育焉",不论有位无位。孔子学不厌,而教不倦,便是"位、育"之功。③
>
> 盖物我原是一体,则学诲原是一事。只如世人好博者必求角敌,若己之技捷,则敌人之技必捷,人之技捷,则己之技益捷矣;好弈者必求对局,若己之着高,则对之者必高,对之者高,则己之着亦高矣。此其机括相缘,固无独成之理,而精神充长,自

① 《罗汝芳集》,第74—75页。

②③ 《王心斋全集》,第6页。

有日益之势。所以学不厌者，必诲不倦，而不倦者，必不厌也。[①]

就如同一个人不可能独自成为善弈者，而必须在与他人的对弈中不断提高自己的技艺一样，人们致中和而使日用常行成为具有化育特征的审美典范之过程，必须在“学而不厌”与“诲人不倦”的辩证统一中实现。在泰州学派眼中唯有孔子能真正做到这一点。孔子不管自身地位高下、天分深浅、职位有无，始终于日用常行间丝毫不懈怠自满，不断汲取大道真理充实完善自身的良知天性，使一举一动发而无不中节，同时为人师表，无时无刻不在启发陶冶他人。其形象正是在这个意义上成为圣人君子典范，具有了代表天地间一切美德，足以垂范万世的化育力量。

由此泰州学派极力推崇孔子，认为唯有他能将“百姓日用”之美的参赞位育之功发挥到极致，甚至比传说中“修身慎德为生民立极”[②]的上古圣王都有过之而无不及：“只是‘学不厌，教不倦’，便是‘致中和’，‘位天地’，‘育万物’，便做了尧舜事业，此至简至易之道，视天下如家常事，随时随处无歇手地。故孔子为独盛也。”[③]孔子成为古往今来独一无二的圣人，是因为能充分利用“百姓日用”之美的感染力教化天下，于家常琐事之间完善良知天性进而提点大道真理。如果百姓常人能学习孔子学而不厌诲人不倦的态度和意志，在日用常行间琢磨天道，并能将其贯穿于日用常行的实践中，那么同样可以将自身之中和推而至极，使得自己成为像他那样的独盛于天地间的表率和榜样。以王艮为代表的泰州学派成员张扬“百姓日用”如春雨般润物无声、流布天下的化育特征，并强调教学相生缺一不可，他们也因此而敢于并乐于以师道自任，自觉以化育天下为担当。

泰州学派的美学立足于人们日常生活间的视听言动、喜怒哀乐、

① 《罗汝芳集》，第 98 页。
② 《王心斋全集》，第 156 页。
③ 《王心斋全集》，第 17 页。

衣食住行、人伦应酬等一系列具体鲜活的事物与现象,展现出遍及自然界与人类社会的无所不在的“百姓日用”之美。这种美不是作为遥不可及的幻景,在彼岸召唤着人们无可奈何地眺望,而是作为与人们息息相关的一系列鲜活变化的形象之流,在现实生活中展现出和确证着人们的本质力量。泰州学派对美的阐述扎根于又有别于传统儒家美学,“百姓日用”之美有着极富活力的新颖特征。但这种创新却又并非惊世骇俗而彻底抛弃传统——有一股力量始终承前启后地指导着其美学的发展方向,那就是基于人们良知天性而生发出来的真挚情感,“百姓日用”也因此体现出极具感染力的情感特征。

良知天性不仅真实仁善,更有灵明的认知能力,可以通过“百姓日用”朴素平实的庸言常行,来把握出宇宙人生的本质规律。从这个角度出发,泰州学派就站在了与先儒迥然不同的立场来观察宇宙万物,了解社会人生。因此“百姓日用”显现出一种全新的可能:它作为美的存在,源于现实同时又呈现出迥异于现实的面貌,以日用间的具体形象和事件映照出天理大道的本质奥秘。因此“百姓日用”之美又具有了用形象诉说真理的认知特征。人们通过在日用间参省蕴藏于自身的具体而微的“道”——良知天性而重新认识自我和世界,深入地体认到自己与自己之外一切间不可割裂的内在关联,于是每个普普通通的人在重塑自身人格的同时,也自然而然融入位天地育万物的化育之中,“百姓日用”间一系列感性形象从而具有了生动的教化意义。

从对美的特征的论述中可以看出,泰州学派醉心于超越而崇高的美,坚信它是宇宙人生的最高境界,是现实苦难的根本救赎。然而他们却并不将这种超越与崇高当作脱离现实、遥不可及、神秘莫测的彼岸存在,甚至不将它当作圣人君子的专美。在他们看来,美始终与最广泛的下层百姓紧紧联系在一起。只有回归到平民大众的生活实践中,“百姓日用”的形象才可能活泼新颖,亲切生动,进而能够真挚深情地在平凡琐事间揭示大道真理、化育天地万物。

第二节　“生”——审美特征论的核心范畴

“百姓日用”有着活泼特征、新颖特征、情感特征、认知特征、化育特征等一系列具体表现，这些区别于其他事物的征象和标志决定了泰州学派理解中的美有着与众不同的特性。美一开始就置身于瞬息万变的日常生活大背景下，与有血有肉、有情有义的万物生灵同在，并永远处于不停变化发展、日新月异的生长状态中，因此美的特征可以用一个核心范畴来概括，那就是“生”。

一、“生”范畴的根本内涵

可以说，我国的各大传统思想流派都对“生”范畴进行过精彩阐述，集中到泰州学派归属的儒家话语体系中，“生”更可谓举足轻重。在与“道”“命”“德”等六类范畴互动关系间，其内涵得以展现：“‘生’首先是指事物的长、进，指个体事物的自我生成，即自身形态由隐蔽的转变为显现的，或者指一事物生出另一事物。”进而儒家“逐渐将‘生’与宇宙天地的大化流行联系起来，将之视为天地万物的根本，并根据现实伦理生活的需要，赋予了‘生’以深刻的德性内涵”①。“生”作为被赋予伦理内涵的自然现象，甚至成为儒家理解和处理天地物我关系的出发点。泰州学派论述也由此起步。

1. 何谓“生”

在泰州学派的言说中，“生”除了用作“初生”“所生”“化生”“形生”等表示诞生产出等义的动词之外，最基本的用法当如“舍生杀

① 张舜清《儒家“生”之伦理：一种思想资源的意义》，《武汉科技大学学报（社会科学版）》2010年第4期，第23—24页。

身"[①]"不待生而存,不随死而亡"[②]等表述中那样,指宇宙间万类生灵得以存在和活动的最根本属性和能力——生命,而与"死"对举。我国传统哲学对"生命"的探讨同样莫衷一是,在泰州学派看来,血肉之躯是生命不可或缺的依托和载体,一旦"杀身",那"生"也将不复存在。因此"生"从一开始就带有着鲜明的物质性特征。

但"生"又并不仅仅是可闻可感可直接触摸的具体物质,它更是蕴含在躯壳内的创造力和驱动力。周汝登曾以草木为例:"人于草木,以根为本、以杪为末者非也。生意其本,根与杪皆末也。"[③]从物质层面看,植物的根是本枝是末,但这只把握了表象。质言之,肢体枝叶都是末节,而生命的内在动力"生意"才是真正的根本。失去它,宇宙会僵化凝固、万物会死亡凋零。"生意"虽不可把捉,但切切实实地存在。它具有普遍性,并不专属于某一事物,而是源源不绝地遍覆周流于宇宙之间,所谓"化工生意无穷尽"[④],万物都浸润着它的恩泽,所以圣人才能由"庭前草色"而领悟到"生意一般"[⑤]。

据此可以归纳,血肉之躯承载的生意淋漓的生命是"生"范畴的根本涵义。泰州学派进而通过生命的对立面——"死"来丰富"生"范畴:

> 昔夫子告季路以生死矣,第曰"知生",告季路以人鬼矣,第曰"事人"。盖谓死莫非生,而鬼无非人也。夫知死无非生,则古即今,今即古,而万世斯一矣;鬼无非人,则明亦幽,幽亦明,而三才始统矣。[⑥]

这段有着六经印证吾心意味的阐述说明泰州学派对"死"的态

---

①《王心斋全集》,第29页。
②《罗汝芳集》,第118页。
③《明儒学案》,第856页。
④《王心斋全集》,第59页。
⑤《罗汝芳集》,第102页。
⑥《罗汝芳集》,第339页。

度——死犹生。这不仅指认识层面上的"视死如生"和实践层面上的"事死如生",更进一步传达出:既然天地物我都融贯着无处不在的"生意",那么生死幽明、古往今来、已知未知,所有的一切也都不再截然对立、迥然孤立,而是彼此相通共容甚至相互转化的。"死"何尝不是"生"的另一张面孔,另一种形态?在这个意义上,天地间无物不"生","盎然宇宙之中,浑是一团生意"①,宇宙就此化为了浑融的生命整体。

2. "生"的状态

在泰州学派看来,无处不在的"生"表现出如下状态:

首先是"生生",表示"生"各赋完形,永不枯竭的状态。王栋一言蔽之:"造化之生物不息而品物咸章也。"②这句话涵盖了"生生"的两个层面。第一层是韩贞所谓的"天机到处自生生"③描述了生命在宇宙这完满整体间不可遏抑、奔流涌涨的状态,因此"夫不止曰'生',而必曰'生生'云者,生恶可已也"④。第二层则是"生生成象"⑤,"生生"不仅是生命力的丰盈增长,更是生命体的扩散累加。形态各异而各备的万类生灵不断繁衍又彼此依存,展现出宇宙整体内在的宏大而精妙的有机结构。

其次是"生化",表示"生"变幻莫测、灵动圆妙的状态。生命的增殖决不是简单复制、数量累加,世上找不到两片相同的树叶,可见"生"繁衍增长的过程,也是生命个体不断演变进化的过程,即所谓"万象万形之生生化化也"⑥。在这个意义上,生命本身就蕴藏着不断自我改变、自我完善甚至自我超越的潜能。这种潜能随生命的轮转自然运行着,活泼泼地,没有一刻僵化凝滞,更无须外力抑制或助长,

---

① 《盱坛直诠》,第 26 页。
② 《王心斋全集》,第 176 页。
③ 《颜钧集》,第 171 页。
④ 《盱坛直诠》,第 10—11 页。
⑤ 《颜钧集》,第 15 页。
⑥ 《颜钧集》,第 14 页。

其自然圆融的奥妙至今也无法穷尽,所谓"生化圆融之妙,自达之顺而靡滞矣"[①]。它不仅使个体或族群更加趋近完善,也使作为生命整体的宇宙无限趋近和谐。

3. "生"的属性

泰州学派进而追溯,"生"的内在属性决定了宇宙间生命"生生"不息、"生化"不已。

首先是伦理性的"生德"。泰州学派继承了"天地之大德曰生"(《周易·系辞下传》)的基本观念,认为"天地之大德曰生,夫盈天地间只是一个大生,则浑然亦只是一个仁矣"[②]。万物生灵之所以能共存繁衍,全赖于天地的生长载覆。而这决不仅是自然现象,更是作为整体的宇宙对生命的珍爱、怜惜、尊重与护佑,所以方学渐断言:"此道生生,毫无杀机,故曰善。"[③]这份浑然之"仁"折射出至善之光辉。这仍是儒家一贯的赋予"生"以伦理内涵的思维方式,但泰州学派进而有针对性地强调:"今虽匹夫之贱,不得行道济时,但各随地位为之,亦自随分而成功业。苟得移风易俗,化及一邑一乡,虽成功不多,却原是圣贤经世家法,原是天地生物之心。"[④]即使普通百姓,若能自我完善,成己成物而移风易俗,便是对至善"生德"的顺应效仿。至此泰州学派将天地大德与匹夫常行合一,将至善之仁的超越性和日常行动的实践性合一,显示其独有的平民特色和平等倾向。

其次是规律性的"生理"。韩贞有诗:"一段生生理,天然妙莫穷。许多人不识,错用一生功。"[⑤]宇宙是复杂性的生命整体,混沌却不混乱,因为有天然玄奥的"生理"妙运其中。"生理"是可以认识和把握的规律,并具有普适性:"盖天道人心,总原是一个生理,"[⑥]细绎之,天

---

①《罗汝芳集》,第 200 页。

②《罗汝芳集》,第 92 页。

③《明儒学案》,第 838 页。

④《王心斋全集》,第 186 页。

⑤《颜钧集》,第 169 页。

⑥《罗汝芳集》,第 184 页。

之生理"是一元之理，百物之所生也，"[①]这规律以生命整体系统的动态和谐为根本，支配万物各遂其生各得其所。而人之生理当顺应它并更加具体："人之生理，自心与身。礼法养心，衣食养身。养身养心，身心兼□。生理经营，信行天理。"[②]人在日常生活实践中体认和遵循天之"生理"，涵养精神心性并合理满足需要欲求，这便是对宇宙人生本质规律深刻而全面的把握。

泰州学派对于"生"的阐述，体现出儒家一以贯之的伦理色彩，而又能从物质性的角度去探寻生命本质，从整体性的角度去描述生命现象，从实践性的角度去把握生命规律。从而以其富有生活气息和平民色彩的独特言说方式，赋予"生"以崭新的意义，丰富了儒家的范畴系统。

二、作为美的特征的"生"范畴

泰州学派视"百姓日用"为美的本体，并以此为基点建构起美学思想体系。而"生"则作为标志性的显著特点，规定着美的特征。

1. "生"是美的特征

"百姓日用"语出《周易·系辞下传》，指人类的生存生活实践，包括目视耳听、喜怒哀乐、言动行止、饮食男女、事亲抚子、生计营谋、交际应酬等，很大程度上涵盖生理本能、身体官能等层面。泰州学派注意到并肯定了这些一直被忽视甚至贬斥的部分中隐藏的超越性力量，在一定程度上松动甚至消解了美与生活之间不可逾越的藩篱。

然而应当看到，人们日常生活中所有事物和现象并非全都是美好的，有些甚至还不乏粗杂丑恶，因此泰州学派也并未不加区别一概而论，而是作了明确的分判：

---

① 《明儒学案》，第 841—842 页。

② 《颜钧集》，第 41 页。

> 夫大哉乾元!生天生地,生人生物,浑融透彻,只是一团生理。吾人此身,自幼至老,涵育其中,知见云为,莫停一息,本与乾元合体。众却日用不著不察,是之谓道不能弘人也。必待先觉圣贤的明训格言,呼而觉之,则耳目聪明,顷增显亮,心思智慧,豁然开发,真是黄中通理,而寒谷春回。①

作为宇宙这个生命整体的组成部分,人浑融秉有至善"生德",所以能在纷纭万状的日常点滴间,并不刻意着力却往往应对自如,发而中节。这种毫不勉强便灵明如流的状态暗合"生理",不曾觉察就已经混融透彻,一经觉悟更是光辉显亮,从而能与乾元大道合一,而达到终极的审美境界。究其根本,人们日用常行间这份美好灵明与生俱来,其根源正是生命本原周流不息的乾元"生意",更表现为现实中生生化化的一系列具体形象。因此"生"可以描述和规定"百姓日用"永远生长变化而时刻和谐中节的显著特点和根本属性,人类日常生活实践千头万绪,能成其为美的,唯有符合"生"这一特征的部分。

2. "生"作为美的特征的理论根源

泰州学派以"生"作为美的特征,通过描述伏羲始创乾卦从而体悟生命奥妙的过程,泰州学派形象地表达出,在生命源头处,美与"生"就已并肩携手:

> 盖伏羲当年亦尽将造化着力窥觑,所谓:仰以观天,俯以察地,远求诸物,近取诸身。其初也,同吾侪之见,谓天自为天,地自为地,人自为人,物自为物,争奈他志力精专,以致天不爱道。忽然灵光爆破、粉碎虚空,天也无天,地也无地,人也无人,物也无物,浑作个圆团团、光烁烁的东西,描不成、写不就,不觉信手秃点一点,元也无名、也无字,后来却只得叫他做乾画、叫他做太极也,此便是性命的根源。②

---

① 《罗汝芳集》,第 28 页。

② 《罗汝芳集》,第 80—81 页。

这段论述极具想象力和文学性。假想中的观察者——伏羲通过类似宇宙爆发般的灵感迸发体验，突破了表象的外壳而窥觑到生命的真相，那就是天地人物共同的开端根源——乾画、太极。所谓“乾画”“太极”也只是强名，可以说与《周易》中：“大哉乾元，万物资始，乃统天”（《周易·乾》）之“乾元”同义。它难以简单描述，却从一开始就有着美的形态——“圆团团、光烁烁的东西”，既浑沦又晶莹，既圆融又明亮，更蕴藏造化纷繁浩荡的生命形式的无穷力量。在泰州学派心目中，这就是生命根源所呈现出的直观形态。可以说生命自源头处就已具有并显现美的特性，美从一开始就与“生”不可分割。

而在这段论述中，有一个重要的飞跃尤具审美意义：当伏羲看透乾元资始的同时，他对宇宙万物的认知也由常人的“天自为天，地自为地，人自为人，物自为物”的表象层面，上升到“天也无天，地也无地，人也无人，物也无物”的本真层面。这种天地人物皆无并不同于释家禅门所谓“本来无一物”的空花泡影，而恰恰是一种天地人物不分你我的契合融会——宇宙万有“浑作”了生命整体，共同透射出“乾元”的圆澈光明。这极富审美意蕴的状态正是宇宙的本相。在这个意义上，无天无地、无人无物实际上就是天中有地、人中有物，天地物我在“生”之中交融，在美之中合一。

出于美而归于美，这便是“生”作为美的特征的理论根源。

3. “生”作为美的特征的具体表现

作为美的特征的“生”具有了抽象的理论根源，泰州学派进而论述其具体直观的表现。宇宙作为整体，蕴含着彼此各异又相互依存的无数个体，万物既在生命源头处共有“生意”，又各具其“生”。但并非所有事物之“生”都可以视为美的特征：

> 盖仁之一言，乃其生生之德，普天普地，无处无时，不是这个生机。山得之而为山，水得之而为水，禽兽得之而为禽兽，草木得之而为草木。天命流行，物与无妄，总曰“天命之谓性”也。然

《礼经》云:“天地之性,人为贵。”人之所以独贵者,则以其能率此天命之性而成道也。[①]

山水、草木、禽兽各得其“生”,又真实无妄地表现出各自之“生”,但它们懵然遵循生命本能,借用马克思的说法,就是“只是按照它所属的那个种的尺度和需要来建造”[②],其“生”往往肤浅支离而不能“率此天命之性而成道”。能够完美而透彻地印证折射大道的,只有人之“生”。因为人不仅能以灵慧的心神领会生生大德,更能从实践层面与大道生理无间暗合,因此可自豪地宣称:“宇宙在我,万化生身。”[③]正是在这个意义上,人类才独贵于天地之间,唯有人之“生”才能作为具体而微的缩影,凝聚和赅备宇宙万物之“生”。

因此人们更要意识到:“天地之道,先以化生,后以形生。化生者天地,即父母也;形生者父母,即天地也。”[④]这不是将天地父母进行简单的类比,而是传达出泰州学派这样的理念:世间生灵虽然自其父母处得到不同的外形,看似纷纭繁多差别巨大,但追根溯源都拥有同一个生命源头,彼此理应如相亲相爱的骨肉手足般不分你我。所以独贵于天地间的人更有责任和义务,“以最贵之灵、生生之德,而统三才、一万世,则盈天地间,固皆我之心神,亦皆我之形骸也已”[⑤]。而从超脱功利的角度来对待万物生灵,以自身为灵魂核心,担当凝聚起宇宙这一多样统一的和谐生命整体。

一旦如此,人之“生”将展现出真实完满而纯全的美,人们日常生活实践也将就此摆脱得失利害的束缚,自然而然地荡涤尽粗疏丑恶的部分,化为的“百姓日用”之美而彻底展现出“生”之特征。

---

① 《罗汝芳集》,第 178 页。

② [德]马克思、恩格斯《马克思恩格斯全集第四十二卷》,人民出版社 1979 年版,第 97 页。

③ 《王心斋全集》,第 10 页。

④ 《王心斋全集》,第 50 页。

⑤ 《罗汝芳集》,第 339 页。

三、“生”范畴各层面的美学意蕴

细绎之,人之“生”作为美的特征,其意蕴又可以分为以下几个层面:

1. “生性”

“生”的第一层面是“生性”,即人类与众不同的生命特质。泰州学派认为要理解它,“须是先识‘性’字,性是心之生理,于中自具五常之德,自知宽裕温柔,发强刚毅,齐庄中正,文理密察”[①]。所谓的“生性”,首先是“理”,是包涵在人生命中的天理大道、生生之德。其次这种“理”在“心”,即人的思想、思维中自然而然地运行和体现,它圆融完满和谐中节,刚柔相济从容自由。再次,也是最重要的一点,是“理”中“自具五常之德”,人的“生性”从一开始就具备了仁义礼智信的美好品质。因此作为生命特质的“生性”之伦理天赋,决定了人生而卓荦于万类苍生之间。

这样的论述并非泰州学派的独创,孔孟先哲早已自信而乐观地宣称美德根芽就蕴藏在人类天性之中。但也应当看到,长久以来道德规范早已被道学家们异化为外在于人的教条,甚至压抑束缚人天性的枷锁。而泰州学派却还原了伦理美德的本来面目:“刘子曰:‘人受天地之中以生。’《书》不云乎:‘惟皇上帝降衷于下民,若有恒性?’夫衷,中也,降衷为性,故性即是中。仁义礼智溥博渊泉而时出之,时出,正所以中也。”[②]

作为生性的“中”,是“喜怒哀乐之未发”时,“无所偏倚”的状态[③],是人类原初的心理状态和根本的生存境界,上至圣人下至百姓人人生而具有,仁义礼智美德便由此而从生命深处自然而然地涌出,不假

---

① 《王心斋全集》,第179页。
② 《王心斋全集》,第180页。
③ 《四书集注》,第19页。

外力也不容做作。于是所谓纲常被直接纳入人真实无妄的"生性",成为人得自天道,发于内心的本质能力。人既有这种本能,就无须外力规范束缚便言行和谐中节。

于是"生"的第一个层面"生性",是本能性和道德性的融合,使"百姓日用"显现出真实的美善合一的特征。

2. "好生"

"生"的第二个层面是"好生",即人类对待生命的态度。首先,"至于四时之行、水土之化,无一物不有所自生,则无一物而不好生"[①]。"好生"与生命本身是紧紧扭结在一起的,万物对生命的珍惜和热爱不需学习也不可遏止。在这个意义上可以说有生者也必定有情有爱,因为生命本身就是生灵无法抛撇舍弃的爱之根源。

因为"盖天地以仁爱而生物,则所生之物,莫不得是心以为心"[②],对生命的珍爱正是万类得自宇宙天地的本能天性,更是苍生生存立足的基点和一切实践活动的出发点。然而如果说禽兽草木爱惜性命还只是停留在本能层面的"贪生"的话,那么人类的"好生"便是出于此又高于此的升华结晶——人类固然与禽兽草木一样爱惜自己的生命,但却绝不仅限于此,人们首先更懂得追溯生命之源的感恩。

颜钧说:"天地生民,人各有身。身从何来,父母精神。"[③]撇开物我皆然的天性,人的诞生成长都得自并依赖于生身父母。人既然爱惜自己的生命,就更应该感恩赐予自己生命的父母,这种最朴素真挚的感情便是"孝",它决非"在礼度上逐节求中"的"外面妆饰"[④]。这份感恩之情进而推展为对延续生命的子女的无私慈爱。从本质上说,"孝"与"慈"都是人类对于"生"的执着,是随着血缘不断转化传递的"好生"之情,赅备人类全部情感。正所谓"盖天命不已方是生而又

---

① 《罗汝芳集》,第 134 页。
② 《王心斋全集》,第 194 页。
③ 《颜钧集》,第 39 页。
④ 《王心斋全集》,第 193 页。

生，生而又生方是父母而己身，己身而子，子而又孙，以至曾元，故父母兄弟子孙是替天命生生不已显现个肤皮，天命生生不已是替孝父母弟兄长慈子孙通透个骨髓，直竖起来便成上下今古，横亘将去便作家国天下”[①]。这发自内心的感恩、绝假纯真的慈孝遍布于天地之内，成为连接构成人类世界的纽带：“其四海九州，谁无子女？谁无父母？四海九州之子母，谁不浓浓蔼蔼浑是一个也哉！”[②]在骨肉血缘间传递的“好生”之情是最基本却最坚固的凝结力，它更拥有强大而温柔的浸润作用，能溢出血缘的界限遍及整个人间。

进而如王襞所言：“盖人生皆本天地一元之气造化者，故同根之念，自出于天理之至情。”[③]既然“好生”之情人人都能深切体会，那推己及人，四海一家、万众一心的大同世界终会成为现实。那“老吾老，以及人之老；幼吾幼，以及人之幼”(《孟子·梁惠王上》)的仁慈体谅心肠、宽广包容胸襟，如果能推广到人类社会以外的更广阔的世界，对于非人类的山川草木、鸟兽虫鱼，人同样能以“同根之念”去体察它们对宝贵生命的珍惜，那整个宇宙将在这份“好生”之情中重拾其和谐的整体性。唯有人类有能力将各爱其生的“贪生”，升华为民胞物与的“好生”，从而令天地间万类苍生一同欣欣向荣、生长畅茂，化为和谐畅达的美的画卷。

因此在泰州学派的美学中，“生”的第二个层面“好生”是本能性和情感性的融合，“生”之中饱含着感染人、打动人的情感特性，春风化雨般地涵蕴弥散在“百姓日用”之中。

3. “生机”

“生”的第三个层面是“生机”，即人类生命的存在状态。生命周流不息、永恒运动，一旦僵化凝滞就代表生命终结。万物苍生均如此。而对于人而言，“大抵心之精神，无时不动，故其生机不息，妙应

① 《罗近溪先生语要》，第 40 页。

② 《罗汝芳集》，第 205 页。

③ 《王心斋全集》，第 235 页。

无方”[①]。人类生命的灵妙不仅表现在鲜活自如的躯体本能上，更显现在灵动不止的“心之精神”上，它主宰着人们从容中节地周旋于“百姓日用”之间，将生存实践转化为美的创造。这便是所谓的“生机”，正如王艮所言：“寸机能发千钧弩，一柁堪驱万斛航。”[②]微而隐的“生机”表现在个体上，是身心的灵明活泼；表现在群体上，是族类的进化完善。

人类个体在“生机”主宰妙应之下，能自然而然地符合大道的本质规律，又不知不觉地呼应着生命的根本目的，人的生存过程便呈现为一系列活泼灵动、新颖鲜活的具体形象。它无须任何外力的驱动，不容任何刻意安排，完满美好、玲珑微妙并源源不绝。就像王艮一再引用先贤的言论强调的那样：“无思”，“无为”，“无意、必，无固、我”，“无‘将迎’”，“无‘内外’”，“不忘、不助”等[③]，任何外力都会成为牵制和束缚“生机”的绳索，只有任由它纵横驰骋的时候，人的日常生活才具有浑然天成地顺应天道的审美意义，达到所谓“随感而应，而应之即神”[④]的自由境界。

人类群体由“生机”主宰下身心灵明的个体构成，这就是“生生不息之国本”[⑤]，通过每个人最平凡的日常生活实践，人类社会能得以处于永不止息的变化发展之中，从而拥有了不断完善、无限趋近审美之境的可能。而当群体中所有人都能体认并依循“天机”，便能展现出“生生而自不容于或已”“化化而自不容于或遗”[⑥]的宏大力量，而在日用常行间将支离零散各自为政的万物，重新凝聚成生意贯融的整体。在这里，泰州学派勾勒出一幅处于永恒变化发展中的宇宙图景，无数生动的个体组成素朴圆融、生意周流的和谐世界，品类繁盛朝气蓬勃

① 《王心斋全集》，第 149 页。
② 《王心斋全集》，第 58 页。
③ 《王心斋全集》，第 36—38 页。
④⑤ 《王心斋全集》，第 52 页。
⑥ 《罗汝芳集》，第 79 页。

的美的表象背后，自有“生机”默然运行其中。

在这个意义上，“生”的第三个层面“生机”，是本能性和自由性的融合。在它的左右下，“百姓日用”之美浑然天成地展现着人类本质的创造力量。

泰州学派美学大胆地将美的特征范畴“生”，安置在血肉之躯承载的物质和本能基础上，进而从生意氤氲的生命根源入手，寻觅其伦理性、规律性特质，描绘出宇宙这一生命整体间，万类苍生“生生”不息、“生化”不已的景象。“生”在源头处便已与美同行，而人之“生”是其具体而微的缩影，“生性”“好生”和“生机”三个层面，蕴藏着“生”道德性、情感性和自由性的超越力量。符合“生”之特征的人类全部的日常生存生活实践，便是“百姓日用”之美。

应当看到，直到今天，人们在承认可以把审美的态度引入日常生活的同时，依然有理由忧虑：“日常生活审美化像一把双刃剑，一方面把美学带入日常生活，另一方面又将美学贬为日常生活的琐碎细节和技术的阐释。”[①]身体本能、生存生活、情感欲望等感性层面要素成其为美合法性仍存在争议。而泰州学派却以中国传统美学特有的浑沦圆彻的思维方式，诉说了另一种可能：“生”与美并肩同行，美与人类的生命活动、生存实践也许原本就不存在区隔，美的光芒也许并不仅仅闪耀在彼岸，在“百姓日用”的洪流中，也许早已存在着自由的审美境界，蕴藏着美终极的救赎力量。

---

① 周宪《美学的危机或复兴?》，《文艺研究》2011 年第 11 期，第 16 页。

第四章　泰州学派美学审美主体论

泰州学派认为“百姓日用”就是美，最广泛的人类生活即为美的当下呈现，因此下层生民大众的物质生存和日常经验等，一系列具有“生”之特征的生活实践内容被赋予了美的含义，人间万象、市井百态等，就此成为折射出宇宙人生本质真理的审美形象。同时人们经历“百姓日用”的过程，不再仅仅是生产和消费物质资料的过程，也是人们创造和取得精神资料的过程，更是创造和欣赏美的过程。这种生存生活与审美活动的有机交织，形成了泰州学派独特的审美主体论。

第一节　作为生存实践主体的“身”

在生活这个世界上最为宏大的创造美的实践活动中，人类始终积极能动地发挥着本质的创造力，从而当仁不让地成为创造美的主体，得以傲然屹立于作为对象世界而存在的天地之间——“天位乎上，地位乎下，人位乎中”[①]，在泰州学派眼中，人与天地并举而号称三才，是天地间最为宝贵和显要的中心和灵魂。

而“人”之中占绝大多数的并非权威显赫的帝王将相，也非特出超拔的圣人君子，而恰恰是平凡朴实的生民大众，即构成人类社会金

---

① 《何心隐集》，第 32 页。

字塔坚固底座的千千万万最普通的下层百姓。然而在以往的观点中，百姓大众往往被视为浑浑噩噩的苍生群氓，更被抹煞了不同个体各自独有的个性、地位和需要等，而成为社会大厦上一块块面目模糊的砖石。泰州学派恰恰注意到了这种不合理性，他们关注作为血肉丰满的独立个体而存在的人们，并且进一步规定：作为实践主体参与到“百姓日用”的创造中来的，正是生民百姓之“身”；创造“百姓日用”之美的，正是每一个有血有肉、有情感有欲求、有自己与众不同的个性与价值的独立个体。“身”是这世界上从物质生产到精神劳动，从生活实践到审美创造的无可替代的主体。

一、泰州学派关注“身”范畴的原因

在我国传统哲学思想中，很少有人留意作为形而下之器而存在的“身”，人们关心的往往是“心”“性”“命”等深达灵魂精神的形而上层面的范畴。而所谓的“身”只不过是承载灵魂精神或屈从天理天命的、处于附属地位的容器，不仅与人类本真的存在无涉，有时甚至还会被当作一切邪恶混浊欲念的渊薮，而成为清静无垢的心性灵魂和天理伦常的对立面，从而遭到压抑和贬斥。然而泰州学派却前所未有地重视并张扬“身”这个偏重于物质存在，并与具体实践息息相关的范畴，其原因必须从各个方面进行仔细的考量。

1. 生存的苦难使得泰州学派关注“身”

首先，生存的苦难使得泰州学派痛切地感受到“身”无可取代的重要性。从泰州学派创始人王艮开始，“身”这一范畴就被大胆地推到了其学术思想的最前线，并一直被其后学奉为圭臬。这是因为王艮生活的明中叶前后，虽然尚有南倭北虏之边患，但社会总体而言承平日久，农业手工业得到长足的发展，社会生产力迅速提高。产品的积累刺激了商品经济的发展，进而生发出资本主义的萌芽。在当时的中国，城市埠镇越来越繁华，市民阶层越来越壮大，社会分工越来越细致,贫富差距也越来越巨大。社会风貌越来越呈现出两极分化的迹象:一方面,统治阶级挥霍无度,正所谓上有所好,下必甚焉。而经济上渐渐掌握话语权的庶民阶层,也开始追求奢华与享乐,盲目侈靡渐成风气,甚至连官方都无法禁止。但另一方面,百姓却因天灾人祸频仍,而生活在水深火热之中:

> 御前八局中,有所谓银作局者,专司制造金银豆叶以及金银钱,轻重不等,累朝以供宫娃及内侍赏赐。今上冲年,每将钱豆乱撒于地,任此辈拾取。观其倾跌攘夺以为笑乐。……(沈德符《万历野获编》卷一"赐讲官金钱")①

> 天下服饰僭拟无等者有三种。其一则勋戚,如公侯伯支子,勋卫为散骑舍人,其官正八品耳,乃家居或废罢者皆衣麟服,系金带,顶褐盖,自称勋府,其他戚臣如驸马之庶子,例为齐民。曾见一人以白身纳外卫指挥空衔,其衣亦如勋卫,而里以四爪象龙,尤可骇怪。其一为内官,在京内臣稍家温者,辄服似蟒似斗牛之衣,名为草兽,金碧晃目,扬鞭长安道上,无人敢问。至于王府承奉,曾奉旨赐飞鱼者不必言,他即未赐者,亦被蟒腰玉,与抚按藩臬往远宴会,恬不为怪也。其一为妇人,在外士人妻女,相沿袭用袍带,固天下通弊。若京师则异极矣,至贱如长班,至秽如教坊,其妇人出,莫不首戴珠箍,身被文绣,一切白泽麒麟飞鱼坐蟒,靡不有之,且乘坐肩舆,揭帘露面,与阁部公卿交错于康逵,前驱既不呵止,大老亦不诘责,真天地间大灾孽。嘉靖间霍南海、近年沈商丘俱抗疏昌言,力禁僭侈,独不及此二种,何耶?(沈德符《万历野获编》卷六"服色之僭")②

> 词林交际最简,其始入者,合衙门自政府以下至史官,各送贺仪分金七分,即书名于书仪之上,不具他柬,其以奉差谒补入

① 《明代笔记小说大观》,上海古籍出版社2005年版,第1916页。
② 《明代笔记小说大观》,第2078—2079页。

者，具青布一端为礼，此先人在馆时事，盖沿袭先辈雅道，想至今尚不变，若他署则不及知矣。……二十年来，即平交必用二币，至于四至于六，今且至八币，而以他物如数侑之，谓之八大八小，不知终始自何时。而当之者反以为俗套，不肯尽收。乃于八大八小之后另开珍异及土宜适用之物以备选择，至黄白酒枪之属别创异名，以避旁观之目，掩属垣之耳。如此恶俗，将何底止。(沈德符《万历野获编》卷十“交际”)①

弘治元年五月丙子，辰刻，南京震雷坏洪武门兽吻。巳刻，坏孝陵御道树。六月己酉，又坏鹰扬卫仓楼，聚宝门旗杆。二年四月庚子，又毁神乐观祖师殿。三年七月壬子，又坏午门西城墙。……十二月壬戌，南京雷雨，拔孝陵树。七年六月癸酉，如之。②

(正德元年六月)丙子，南京暴风雨，雷震孝陵白土冈树。……十二年八月癸亥，南京祭历代帝王，雷雨大作，震死斋房吏。③

(嘉靖)四年七月己丑，雷击南京长安左门兽吻。五年四月戊寅，雷击阜城门城楼南角兽吻及北九铺旗杆。十年六月丁巳，雷击德胜门，破民屋柱，毙者四人。癸亥，雷击午门角楼及西华门城楼柱。十五年六月甲申，雷击南京西上门兽吻，震死男妇十余人。十六年五月戊戌，雷震谨身殿鸱吻。二十八年六月丁酉朔，雷震奉先殿左吻及东室门槅。三十三年四月乙亥，始雷。三十八年六月丙寅，雷击奉先殿门外南西二墙。④

弘治三年，北畿蝗。四年夏，淮安、扬州蝗。六年六月，飞蝗自东南向西北，日为掩者三日。七年三月，两畿蝗。嘉靖三年六

① 《明代笔记小说大观》，第 2178 页。
② 张廷玉等撰《明史》，中华书局 1974 年版，第 434 页。
③④ 《明史》，第 435 页。

月,顺天、保定、河间、徐州蝗。①

(正德五年)十一月,苏、松、常三府水。……十二年,顺天、河间、保定、真定大水。凤阳、淮安、苏、松、常、镇、嘉、湖诸府皆大水。②

嘉靖元年七月,南京暴风雨,江水涌溢,郊社、陵寝、宫阙、城垣吻脊栏楯皆坏。拔树万余株,江船漂没甚众。庐、凤、淮、扬四府同日大风雨雹,河水泛涨,溺死人畜无算。二年七月,扬、徐复大水。夏、秋间,山东州县俱大水。八月,苏、松、常、镇四府大水,开封亦如之。③

(嘉靖)二年七月,南京大疫,军民死者甚众。④

通过以上几段例证就可以看出这极端的分化与对比:从宫禁到民间,从官僚到文人,人们在服饰、饮食、出行、居住、应酬、娱乐等方方面面的点滴小事中,透露出的奢侈浮华、挥霍无度的病态虚荣。而在富有者挥霍浪费的同时,平民百姓生存现状却每况愈下,越来越艰难困窘:剧烈的土地兼并使得农民流离失所,而严苛的赋税则进行着最残酷的巧取豪夺,再加上自然灾害、匪乱兵祸,广大下层百姓在饥寒交迫中挣扎求生。

王艮出生的安丰场盐户灶丁聚居区,正是最激烈矛盾冲突上演的舞台之一——运河沿岸沟通南北交通的商埠重镇:淮安、扬州等城市可谓软红十丈,繁华富庶,但百十里外的安丰场内,人们却在盐灶边,过着日复一日烟熏火燎,却依然衣食不继的饥寒生活。对于上层人物的穷奢极侈,下层百姓的艰难困苦,这一切王艮都历历在目,使得他不得不产生对人们生存权的深层追问,并进一步对承载生命所必不可少的血肉之躯将如何保全、如何才能得到真正意义上的幸福

---

①《明史》,第438页。

②③《明史》,第451页。

④《明史》,第443页。

满足之类问题,进行深入的思考。

2. 现实与理想的两难使得泰州学派关注“身”

其次,现实与理想的两难使得泰州学派前所未有地重视“身”。在当时的社会,威胁人生命生存的又何止不合理的贫富落差。政治腐败的社会现实与修齐治平的人生理想之间不可调和的矛盾,同样也直接威胁到一些或许并不为贫困所苦的文人士大夫。这也促成了对“身”这一范畴的重视,在社会各个阶层之间都得到前所未有的共鸣。

泰州学派产生发展的时代,正是明朝从盛世逐步走向衰落的过渡期:空前的君主专制造成了封建统治权力的危险倾斜,而宦官则与朝臣分庭抗礼,揽权独断。深受儒家思想熏陶的官僚中尚存责任感者,他们据理力争换来的不是罢黜就是迫害,廷杖更是彻底打掉了士大夫的尊严。就算在野的文人士子,一样也要面对潜伏于黑暗中的厂卫爪牙、捕风捉影的文字狱等威胁。

对于知识分子而言,怀抱着兼济天下的理想,某种程度上说等同于怀抱着随时都会割伤自己的利刃,因此在极端腐败又极端专制的统治下,挣扎求生的不再仅仅是穷苦百姓,就连上层官僚、文人士子都人人自危,如履薄冰。人们有时甚至不得不面对是放弃应当终身坚守的信念、还是放弃无可取代的生命之间的两难选择,以及随之而来的对生存目标和生存价值的迷惘。这也使得泰州学派关注人们艰难的生存窘境,而努力寻找理想和现实、信念与实践之间的夹缝,以期求得一条在保全自我的同时,又能实现理想的两全其美的道路。

3. 儒家思想自身发展的必然要求使得泰州学派关注“身”

再次,儒家思想发展的必然要求,也是泰州学派重视“身”范畴的重要原因。归根结底,儒家思想的立足点还是人。熏陶完美的人格,建立和谐的人际关系,创造理想的人类社会等,一直是从孔子开始就萦绕在儒者心头的永恒追求。可以说,儒家思想在从来就不曾和人类生存的本质要求相违背,甚至说在重视人的本真存在以及审美的人生境界等问题上，儒家较之任何传统哲学思想流派都未尝逊色。

如何让人们充塞发挥完善的天性之端倪，达到中和至善的审美的人生境界，是儒家追寻的目标，而所谓的礼仪规范、伦理纲常、道德秩序都是为了达到这种境界的必要手段而非最终目的。更何况在孔孟先儒看来，这些仁义礼智的道德规范很大程度上就是人类天性的具体生发和内在要求。但随着时代发展，儒家思想也在悄悄地发生变化。

程朱理学可谓宋代理学之集大成者，是儒家学派中宝贵的思想财富。它在明初便被统治阶级认可而成为科举考试的规范标准，从而取得学术上的合法性和统治地位。然而自二程提点出“万物皆只是一个天理”[①]后，朱熹在《答黄道夫书》中继而论述：“天地之间，有理有气。理也者，形而上之道也，生物之本也。气也者，形而下之器也，生物之具也。”[②]着重强调了“理”这一先验的绝对的存在，使得儒家思想出现向外在的天理倾注更多关注的倾向，而产生扭曲违背人天性的危险可能，最终导致后世道学家以此为依据，片面而极端地发挥了“存天理，灭人欲”等封建伦理道德的教条。陆王心学某种程度上是对这种偏离的修正反拨，是对儒家人本思想初衷的回归。无论是陆九渊“宇宙便是吾心，吾心即是宇宙”的论述[③]，还是王阳明“心外无物，心外无事，心外无理，心外无义，心外无善”[④]的判断，都可以看作主体意识的觉醒。心学强调人本质天性的力量，以人的虚灵之心包蕴宇宙万物。这固然斩断了外界强加于人的束缚，但也暗含着与释道合流而空谈心性、玩弄光景的可能。

而泰州学派则从阳明心学出发，切切实实从贴近人身家性命的角度进行考虑，思考人类天性最初和最终的依凭与归宿，给予形而上

---

① 程颢、程颐《二程集》，中华书局 1981 年版，第 30 页。

② 朱熹《朱子文集》卷五，商务印书馆 1937 年版，第 42 页。

③ 陆九渊《陆九渊集》，中华书局 1980 年版，第 273 页。

④《王文成公全书》，第 190 页。

的抽象存在以形而下的物质基础，并着力揭开人何以为人，为何拥有大道赋予的共同天性，却会成为迥然相异的不同个体的根本原因——充分重视人个体存在的“身”这一范畴便是泰州学派给出的答案。

审视泰州学派美学的审美创造主体范畴：“身”，它既是泰州学派为人们在艰难时世下如何自保自处给出的答案，也是指出人们面对理想和现实冲突时所应把握的底线，同时更是人们完善自身与生俱来的天性时所应坚持的前提。“百姓日用”由生民大众千千万万之“身”所创造，它是社会存在的基础，历史发展的动力；也是文明产生的源泉，文化繁荣的土壤。一切创造美的活动基于“身”这一积极能动的审美创造主体而展开，因此这一范畴正是泰州学派审美创造论的核心范畴。

二、泰州学派论“身”

泰州学派的“身”范畴烙印着鲜明的物质属性和自然属性，同时更强调“身”是精神与肉体的统一，缺乏任何一方面，“身”都是不完整的。

1. “身”是精神与肉体的统一

泰州学派对血肉之“身”格外重视，其代表人物之一颜钧对身从何来的问题，答以“形化母腹，十月艰辛”[①]。他首先强调人之“身”的由来，没有任何神秘主义的夸张和渲染，只是朴实地陈述人身由母腹孕育而成，有血有肉的物质属性、自然属性是其最根本的前提。但对人的本质的探讨却不能仅仅停留在肉体的物质的本能层面，否则人就与禽兽草木甚至土石无异。因此颜钧进而强调：

> 身之中，涵以心、意、知、格，为时日运用之妙。是妙运也，皆

---

① 《颜钧集》，第39页。

> 心之自能在中也。此中几动森融曰意,此意拟测贯通曰知,知中自出分寸矩节曰格,格知自善乎身形显设也,为视明听聪,为言信动礼,为孝弟慈让,以挈矩上下四旁,直不啻乎如保赤子之蒸蒸也。[①]

在其认识中,人之"身"必须包含所谓的"心",躯壳形骸决不能离开"心"而单独称之为"身"。"心"拥有能够顺应外部世界具体的时机和条件,灵明巧妙地随即应对的本质能力;因此它能够圆融微妙地思考,这便是"意";能够就此而推理判断,这便是"知";能够据此而掌握分寸,这就是"格"。人之躯壳形骸必须顺应"心"的妙运才能行动,这样便自然而然地耳聪目明言行中节,自然而然地遵从伦理道德规范并能推而广之。在这个意义上,"身"并不仅仅是单纯的血肉之躯,而恰恰是"心"与"形"的结合。对此罗汝芳及其弟子也有过一段讨论,正与颜钧的观点相呼应:

> 中之为理,果是难言,兹欲言中,请以钟喻。经曰:"人受天地之中以生。"是人之未生,中在天地,浑然寂然,即钟之初融大冶,岂尝有钟之迹哉?及甄而铸之、举而悬之,是则天地之既生乎人,人之各有其身,而人果类乎钟矣。然天地果孰生乎人哉?一中以生之也。人亦何以为身哉?一中以为身也。是故有耳以听,听则能聪;有目以视,视则能明;有口以言,言则响应;有四肢以动,动则快当;有心意以思,思则分晓伶俐。是中即此身,身即此中,自赤子以至老死,自吾辈以至途人,又何中而非身!何身而非中也耶![②]

这段关于"身"的理解和阐述,被罗汝芳评价为"于本体固不杂,而工夫未备"[③],表明他赞同论者在"身"之本体问题上的表述。这段

① 《颜钧集》,第 17 页。
② 《罗汝芳集》,第 47 页。
③ 《罗汝芳集》,第 48 页。

论述首先强调了"身"与"中"的内在联系：人是物质与精神的统一体，精神性的良知天性，即所谓的"中"，是具体而微的天道，它必须依附并融化于物质性的"身"，体现在发而中节的日用常行间，才能化为现实而展现为"百姓日用"之美，否则将永远是抽象理论层面的空谈。因此论者大胆断言"中即此身，身即此中"——人的四肢五体就可以看作天道良知的物质表现，耳目口身心等和谐运作的生理机能正是良知天性发而中节的具体展现。在这个意义上，天理大道也好、心性灵魂也好，无一不与实实在在的血肉肢体有机融合在一起。

可以看出，泰州学派所谓的"身"就是拥有血肉丰满的形骸之躯和不虑而知的良知心性的人类生命个体，对于这个体而言，完满自然的天性和完整实在的躯体这二者缺一不可：良知天性离开血肉之躯便会沦为海市蜃楼的虚像，血肉之躯离开天性便会成为行尸走肉的死物，缺失任何一方面，"身"都将不再完整。然而归根结底，"身"这个辩证统一体的主要方面还是落在其物质性层面上——形而上层面的一切必须依赖血肉之躯才能最终实现。因此可以说"身"范畴代表人类个体，它是灵与肉的有机融合、道与器的有机融合，而躯体存在的物质性决定了其矛盾的主要方面。

这当然不是说泰州学派简单地排斥"理"与"心"而过分放任、片面强调人的生理属性和物质属性。回顾前文颜钧所说"身之中，涵以心、意、知、格"，又有何心隐所谓"心、意、知莫非身也"[①]。抽象的"心、意、知"是和具体的肤皮骨肉一样，都是"身"必不可少的组成部分。这些心理和天性层面的因素使得作为人类个体的"身"得以用更感性，更纯粹，更直接的方式秉承着并体认着道，以自我的小宇宙重合天地的大宇宙；正是在这个意义上，"身"才能作为积极能动的主体，"自性、自灵、自完、自足"[②]地在"百姓日用"间创造着无处不在的美。

在这个前提下，泰州学派创始人王艮从人类生命个体的立场出

---

① 《何心隐集》，第 33 页。
② 《王心斋全集》，第 161 页。

发,将"身"提高到了与"道"相提并论的崇高地位。在与其弟子徐樾的一段对话中,他这样总结道:"身与道原是一件。至尊者此道,至尊者此身。尊身不尊道不谓之尊身,尊道不尊身不谓之尊道。须道尊身尊,才是'至善'。"[①]可以说,"道"代表着古往今来我国传统思想流派共同追寻的最高范畴,然而在王艮这里,"道"与"身"平起平坐了。"身与道原是一件"当然不是在这二者间简单地画上等号,而是强调对于任何一个都是独一无二的生命存在的人类个体而言,"身"和"道"的地位同样举足轻重。可以这样比喻——"道"如同永恒的光线笼罩着天地宇宙,只有当它投射于每一个独特的个体之"身"时,才会落下可闻可感的阴影,从而让人们意识到它无处不在,真实不妄。离开了"身","道"这一至高无上的法则只是作为超验的彼岸存在,而具有单纯的真理和规律的客观意义。只有通过"身"这一中介,它才具有了指向人类发展最终目的的"至善"的意义,关系到每个具体个体的和谐与幸福。

因此从这个层面看来,王艮将"身"与"道"并举是为了阐明它们在彼此依存,相互映照中,显现出对人类个体而言具有同等的决定性地位和至高无上的价值。

2. "身"是天地万物之本

正因为"身与道原是一件",所以在泰州学派的理论中,"身"超越了其他一切存在而成为宇宙间天地万物之本:"是故身也者,天地万物之本也,天地万物,末也。"[②]个体之"身"与天地万物有着本末先后之别,对此学派重要代表人物王栋这样论述道:

> 万物皆备于我,旧谓万物之理皆备我心,则孟子当时何不说万理皆备于心。孟子语意犹云视天下无一物非我,总只是万物一体之意,即所谓仁备于我者,备于我身之谓也。故下文即说反

① 《王心斋全集》,第37页。
② 《王心斋全集》,第33页。

身而诚，其云强恕而行，正是反身之学。由强而至于诚，都是真知万物皆备我身，而以一身体万物也。[①]

由此可见，人类个体之“身”与道同一，它具备了乾坤天地间的万物苍生共同遵循的真理和规律，也正是在这个意义上与万物苍生紧密相连交融一体。既已承认了人与自然本来就属于同一个完整的有机系统，不可割裂，泰州学派进一步生发开去，认为“万物皆备我身”，“身”也是沟通至高法则与具体事物的桥梁，是组织联系起天地间表面上各自为政的万事万物的内在核心。“身”是天地万物的凝聚与缩影，天地万物则是“身”的延伸和扩展，人只有立足于自身，感应和体认外部世界的存在和变化，视天地万物为一身之四肢手足，才能算是找到了自己在天地间的安身立命之所。

还应当看到，在王栋这段论述中，所谓的“身”是与具有某种程度的抽象意义的“心”对举的。当人们作为主体面对客观世界时，仅仅停留在主观的抽象的“万理皆备于心”的程度是远远不够的；更重要的是能够落到实处，将对天地万物的体认归结到“身”这一有血有肉、有情感有思想的具体生命存在中，也就是“万物皆备于身”——通过“身”在“百姓日用”间的一切实践活动来沟通物与我的内在联系，天地间将会被万物一体之仁的气血所充盈融会，“真是溥天溥地，浑是一个仁理生生，便浑天浑地，合成一个大大的人，而更无彼此也”[②]，整个宇宙都将就此化成宏观意义上的大大的人之“身”。因此“身”对于人类个体而言，是在天地间寻觅自己恰当位置的出发点，也是实现万物一体之仁的最终归宿；而对于外部世界而言，“身”便是凝聚万事万物，使其不至于回到各自支离零散、毫不相干的碎片存在的灵魂核心。

“人类诞生之前的大自然，其本身作为纯粹的‘天’，没有‘镣铐’，

① 《王心斋全集》，第161页。
② 《罗汝芳集》，第185页。

但也没有文明;一有了‘人’……便有了维护生存和发展的人为的规则,即‘镣铐’,但这‘镣铐’(规则)却是文明的标志。”[①]人与自然间的关系从一开始就演奏着矛盾却又和谐的交响,而无论人类的先进科技和文明规则走到哪一步,自然界始终都应该是人类永恒的母体、根基和家园。泰州学派传承和发扬了儒家以天地万物为一体的传统观念,在现代人类与自然越来越隔绝甚至对立的现实状况下,甚至有其生态美学的意义。

3. “身”是天下国家之本

对于自然界的天地万物而言,人类个体之“身”是凝聚一切之本;而对于人类社会的天下国家而言,“身”同样有着举足轻重的核心地位。正如王艮所言:“身与天下国家一物也,惟一物,而有‘本末’之谓。”[②]仔细看来,“身”与天下国家之一物和“身”与天地万物之一体的论断有着微妙的不同——人类个体面对外部世界,将自然存在的天地万物以其“身”凝聚起来,从而使整个宇宙化成生命体般鲜活的有机整体,这便是“身”与天地万物一体之本末。

“身”与天下国家一物之本末,则是所谓的“天下家乎国,国家乎家,家家乎身”[③]。人类社会由千千万万个“身”所组成,它来自“身”并依赖于“身”。这个“身”正是一切社会关系的扭结点和缩影。人类社会以个体之“身”为前提和基础,一旦离开“身”,国家就无所谓国家,天下也不成为天下。正是在这个意义上,这个扭结一切社会关系的“身”对于天下国家而言,起着决定其兴衰存亡的关键作用,“身”较之天下国家,才有着更为本质的地位和更为重要的价值。“故立吾身以为天下国家之本”[④],“身”为本,天下国家为末,二者间不仅仅有着主

---

① 杜书瀛《关于音律——李渔戏曲美学随谈之八》,《扬州大学学报(人文社会科学版)》2011 年第 2 期,第 57 页。

② 《王心斋全集》,第 34 页。

③ 《何心隐集》,第 33 页。

④ 《王心斋全集》,第 4 页。

次先后的区别,更有着轻重缓急的区别。

对此何心隐的论述最为系统,在他看来,作为“本”的“身”第一步扩充演变为“家”——“家者,形象乎其身者也”[①]。家由人类个体之身所组成,是由血缘所凝结起来的最基本的社会单位,它是依赖身与身之间的骨肉血脉这一最原始的维系而得以形成的广义之身。进而言之,“天下、国,莫非家也”[②],天下与国是家的延伸扩展,是超越了血缘,依靠伦理道德、法律规范等一系列更为复杂的关系之网维系起来的宏观之身。然而作为“末”的天下国家却造成了作为“本”的个体之身的不平等。“身”是拥有生命的完整意义上的人类个体,是真理之“道”、天性之“中”的具体化;“道”和“中”不分高下贵贱,那么“身”同样也应当是平等的。恰恰因为天下国家这种人类社会的结构方式不够完美,使得贫富贵贱的差异始终存在并越来越加剧,才造成了“身”的不平等。

因此在何心隐的心目中,已存的“天下国家”绝非“身”的终极形态,毋宁说恰恰是家族血缘的排他性、国家机构的暴力性从客观上造成了“身”高下贵贱的分别,使得绝大部分处于被统治地位的下层百姓之“身”备受压迫,根本谈不上什么“天下国家之本”。何心隐认为“身”最完美的扩展模式应当是“会”:“夫会,则取象于家,以藏乎其身;而相与以主会者,则取象于身,以显乎其家者也。”[③]它突破了天下国家这种传统的结构模式。“必身以主会而家以会,乃君子其身其家也,乃君子以显以藏乎士农工商其身其家于会也。”[④]超越了天下国家,跳出了君臣父子,聚师友而成“会”,能最大限度地保全“身”的独立、完整与自由,更能让人们能够摆脱“士农工商之身”的固有身份,以怀有共同志向的师友的形式结合在一起。这实际上是富有颠覆性

① 《何心隐集》,第 34 页。
② 《何心隐集》,第 33 页。
③ 《何心隐集》,第 28 页。
④ 《何心隐集》,第 29 页。

革命力量的思想,如果何心隐据此掘进,甚至有抵达“社会的每一个成员都能完全自由地发展和发挥他的全部才能和力量”[①]的思想高地之可能。但何心隐心目中最单纯完美的“身”的结构形式——“会”,仅仅是他为个体之“身”在人类社会中寻找的最理想的安身立命之所而已。因此在他大胆实践创建“聚和堂”,将其理论付诸实施的时候,思想局限性的内因和整体社会生态的外因,共同导致了这一理想社会试验昙花一现的结局。

应当看到,中晚明时代社会现实的苦难,知识分子面临的现实与理想的两难,以及儒家思想自身发展的必然要求,使得泰州学派对“身”范畴倾注了格外的关注:“夫道也者性也,性也者心也,心也者身也,身也者人也,人也者万物也,万物也者道也。”[②]在这个循环中,“身”是承上启下的中心环节,与道合一的“身”包含着道与器、物质与精神的二元含义,其中物质之器的一元则是其中矛盾的主要方面。

“身”既是人之本,也是天地万物之本,更是天下国家之本。离开了身,人的生存便无从谈起,由人组成的天下国家自然也会分崩离析,由人所体认感怀的天地万物同样也会流离失所。以己“身”担当起天地万物,天下国家的责任,正是每个真正意义上的人的责任和义务;而令自身、令他人乃至令整个人类社会和自然界都能更和谐更美好地生存生活,则是整个人类的责任和义务。在这样的责任和义务面前,所有个体之“身”都是平等的,圣人与百姓、贤者与不肖者皆然,正因如此,每个人都才有可能在日用常行间共同以平等之“身”创造着“百姓日用”之美。

泰州学派美学充分强调了作为主体的人之“身”的本能、生理和感性层面的本质力量,对灵肉合一的个体之“身”的张扬,扭转了我国传统哲学重心轻身,重共性轻个性的倾向,带有明显的平等理念和现代精神的萌芽。

---

① 《马克思恩格斯全集第四十二卷》,第 373 页。

② 《明儒学案》,第 726 页。

第二节　作为审美创造主体的“身”

这个世界上有能力去认识并有意识去实践生存的只有人类，因此人是当仁不让的生存主体。已有学者指明：“人，就其存在与实践的历程来看，就是一个不断拓展自己知识视野与思想视野的感性的活动者。”①这样的活动者必须具备成熟的智识与理性，同时感性能力也不可或缺，因为基于知觉和表象的直观方式是人们存在与实践的最基本形式。然而在我国传统哲学思想中，“人”却常常是割裂的：精神心性层面常受到关注和肯定，肉身躯体等则被看作处于附属地位的容器，而被轻视和压抑，这在某种意义上可以被看作是本末倒置。

因为生存很大程度上表现为一系列具体实在的实践活动，“身体是实践的承担者，实践的主体是身体”②，对肉身躯体的忽视甚至贬斥势必导致主体的割裂支离。泰州学派早已清醒地意识到这一点，因此标举“身”作为生存实践主体范畴。“身”正是具体而微的大道，体现出其包蕴万有的特性，是心性灵魂的精神层面与血肉肢体的物质层面的和谐合一。作为生存实践主体范畴的“身”代表着灵魂与血肉、精神与形骸完满融合的有机生命体，是完整意义上的“人”。

一、审美创造主体——“身”

泰州学派将“百姓日用”视为美，人类永不停息的日常生存生活

① 吴根友《对当代中国哲学创新的思考》，《华中师范大学学报（人文社科版）》2015年第5期，第62页。

② 王晓华《身体——主体的缺席与实践美学和后实践美学的共同欠缺》，《学术月刊》2011年第5期，第96页。

实践,同时也是无处不在的创造美的审美实践。在这个意义上,作为生存实践主体的“身”,亦可被视为审美创造主体。

惟有完整意义上的“人”才有可能将其和谐恰切的生存实践化为审美实践:

> 惟幸天命流行之中,忽然生出汝我这个人来,却便心虚意妙,头圆足方,耳聪目明,手恭口止。生性虽亦同乎山水、禽兽、草木,而能铺张显设,平成乎山川,调用乎禽兽,裁制乎草木。由是限分尊卑,以为君臣之道;联合恩爱,以为父子之道;差等次序,以为长幼之道;辨别嫌疑,以为夫妇之道;笃投信义,以为朋友之道。此则是因天命之生性,而率以最贵之人身;以有觉之人心,而弘夫无为之道体。使普天普地,俱变做条条理理之世界、而不成混混沌沌之乾坤矣。①

这段话首先突出了人类头足耳目手口等生理存在,它们构成了先决条件,使人类有能力以具体的实践行动,整治山川河流、调训禽兽草木,合理地改造自然界;进而能进一步在群体内部,依照伦理道德标准,建构起人类特有的社会交往关系模式。于是自然万物各得其所,人类社会和睦相处,整个世界化成了和谐圆融的美的存在。这正是“最贵之人身”的宝贵之处,正是同样秉承天机,山川草木禽兽仅仅只能成为山川草木禽兽,而人类却能超越自身独贵成道的关键所在。

这某种程度上甚至与马克思主义的观点遥相呼应:如蜜蜂、蚂蚁之类的动物虽然也有生产行动,但“只是按照它所属的那个种的尺度和需要来构造”,而人“懂得按照任何一个种的尺度来进行生产,并且懂得怎样处处都把内在的尺度运用到对象上去”②。蜜蜂、蚂蚁只会依照本能酿蜜筑巢,即如泰州学派所谓,它们只能成为它们自身。但

---

① 《罗汝芳集》,第178页。

② 《马克思恩格斯全集第四十二卷》,第97页。

人类却能以己“身”铺张显设，遵循事物客观规律，并按照自己的实际需要来行动，甚至在可能性上，发挥其本质的创造性，按照至真至善的大道规律来行动，“因此，人也按照美的规律来建造”[①]。可以说人之“身”恰恰成为这世界上从物质生产到精神劳动，从生活实践到审美创造的无可替代的主体。原本混沌无序的世界在人“身”的一系列具体实践行动下，展现出和谐中节的面貌，从而成为美的存在。

人们以“身”的实践行动去完善自我，并合理地改造自然，进而在群体内部建构起符合伦理道德标准的社会交往关系模式。于是个人身心完满、万物各得其所，社会和睦有序——整个世界化成“条条理理”的美的存在。在这个意义上，作为生存实践主体之“身”，也作为主体实践着审美创造行为，概括来说：

首先，“身”通过印证“道”来实现审美创造。“身与道原是一件。至尊者此道，至尊者此身。……须道尊身尊，才是‘至善’。”[②]“身与道原是一件”正是“中即此身，身即此中”更为明确直接的表述，人们若能珍视与“道”同尊的“身”，自觉地以和谐中节的言行来印证“道”，直至自然而然，最终便能达到“至善”的审美人生境界。

其次，“身”通过化育自然万物来实现审美创造。“是吾身为天地万物之本也，能立天下之本，然后能知天地之化育，夫焉有所倚？”[③]如果把大自然比喻成一棵参天巨树，那“身”恰恰是它的根。人类个体之“身”虽然渺小，但正是这千千万万渺小之“身”以完善自我的“立本”实践，参与着天地化育的伟业，从而使万物浑然一体不再流离失所，使大自然一派欣欣向荣。这过程无所倚待，展现了审美创造的本质的自由。

再次，“身”通过絜度天下国家来实现审美创造。泰州学派讲究

---

① 《马克思恩格斯全集第四十二卷》，第 97 页。

② 《王心斋全集》，第 37 页。

③ 《王心斋全集》，第 44 页。

"立吾身以为天下国家之本"[①]而"挈度""于本末之间"[②],人类社会以无数平凡个体之"身"为基础,自个人而至家国天下就如用规尺画出不断放大的同构体一般,所以"吾身犹矩,天下国家犹方,天下国家不方,还是吾身不方"[③]。人类社会总体是否完善,是否符合大同世界的理想,归根结底要看个体之"身"是否美好,是否能在日常点滴中暗合大道,在这个意义上,"身"的一举一动都在描绘和谐盛世的蓝图。

泰州学派将主体之"身"的生存生活实践视为审美创造行动,这不难让人联想到"直接将'审美的态度'引进现实生活"[④]的"日常生活审美化"问题。这二者当然不能简单等同,但却都蕴藏着一种暗示:那就是人类的最终救赎和本质的自由解放,也许无须到生活之外去寻找,当人的身心灵肉完满一体的时候,当人成为真正意义上完整的人的时候,彼岸与此岸间的鸿沟便可能就此消解。

二、"形色"——"身"的审美创造载体

而"身"这一主体的审美创造力何来?泰州学派认为先决条件是人类之"身"具有的共性:"人人良知自具,仁义礼智自知,孝弟忠信,所谓不加毫末万善趣焉者也。"[⑤]这便是儒家所谓的人之天性、人先天便具有的道德意识——"良知"[⑥]。它决定了人遵从天理,行止中节,拥有将自身、将自身的生存生活转化为美的本质能力。然而"良知"毕竟是抽象的,必须依靠主体之"身"的"形色"来赋予其变化万千的

① 《王心斋全集》,第 4 页。

② 《王心斋全集》,第 34 页。

③ 《王心斋全集》,第 19 页。

④ 朱明弢《艺术与日常生活审美化——谈西方现代主义与后现代主义艺术对日常生活审美化问题的探索》,《文艺评论》2011 年第 9 期,第 24 页。

⑤ 《王心斋全集》,第 193 页。

⑥ 作为儒家后学、心学传人,泰州学派也将良知视为天性,认为"良知天性,古往今来人人具足"(王艮《答朱思斋明府》)。

外在形式。

1. 何谓“形色”

泰州学派承认人人良知自具，“人而明此，则但反求诸身，色色种种都从我一念至诚恻怛中自然流出，自无不藹然真实”①。良知美德须通过具体的“色色种种”才能“流出”于外，这就不得不“反求诸身”而落实于物质层面的“形色”，即“人无贵贱贤愚，皆以形色天性而为日用”②。

“形色”之说语出《孟子》：“形色，天性也。惟圣人然后可以践形。”（《孟子·尽心上》）朱熹对此的解释是：“人之有形有色，无不各有自然之理，所谓天性也。”③“形色”是人之“身”可闻可感的外貌和形象、行为和表现，自有“自然之理”主宰其间，因此也是天性，也应符合“良知”的美好共性。

然而世人之“身”呈现出千差万别的言行样貌，更多表现出各有的个性，其中必然存在某些与天理良知不尽相合的表现，因此朱熹进一步解释道：“盖众人有是形，而不能尽其理……惟圣人有是形，而又能尽其理。”④他看来惟有圣人能做到内外合一，尽善尽美，百姓大众之纷纭“形色”根本无法完全显露天性中共有的美德。因此物质层面的“形色”被视为是杂乱粗疏而低下的，需要通过磨练净化来使之符合礼仪规范。泰州学派却敏锐地意识到，“形色”恰恰是“身”之中最具创造活力的部分，更是人们将抽象的“良知”展现为美之形象的唯一载体。

2. “形色”与“良知”融合为“身”

“形色”何以成为“身”审美创造的载体？首先可以看颜钧极具特色的《辨性情神莫互丽之义》一文：

---

①《王心斋全集》，第 193 页。

②《罗汝芳集》，第 88 页。

③④《四书集注》，第 382 页。

> 若性情也,本从心帝以生。其成也,人皆秉具,是生之成,自为时出时宜者也。若神莫也,善供心运以为妙为测也。群习远乎道,百姓日用而不自知也,今合其从其供心帝之运。性也,则生生无几,任神以妙其时宜。至若情也,周流曲折,莫自善测其和晬。是故性情也,乃成象成形者也。神莫为默运也,若妙若测乎象形之中,皆无方体无声臭也。如此互丽冥运,皆心帝自时明哲万善以为神妙,莫测乎性情者也。故曰:性情也,神莫也,一而二,二而一者也。如此申晰,是为"从心所欲不逾矩"之学。[①]

人类个体之"身"的"性情"也好、"神莫"也好,都源自所谓的"心帝",这里的"心帝"在某种程度上可以看作秉承自"道"的个体之"中"。"性情"是与生俱来人人具备的"成象成形者",可看作物质层面的"形色"之体现发用。而"神莫"则是默运其中的神妙莫测之体,它无声无息地左右着"性情",使之明哲万善、从心所欲不逾矩,因此可看作所谓的"良知"。

归根结底"性情也,神莫也,一而二,二而一者也",在这个意义上"形色"和"良知"实为一体,并没有轻重之别、贵贱之分,更不存在截然割裂的善与恶、美与丑的鸿沟。虽然遣词上与泰州学派其他成员有所异趣,但颜钧这段论述不仅有效避免了崇"良知"抑"形色"、重共性轻个性偏颇倾向,更清晰地传达出一种观念:"性情"与"神莫"在彼此"互丽"中,融合成完整的个体之"身",舍此有形有象"形色",无形无味的"良知"将无所附丽。

进而泰州学派言道,前人重"良知"轻"形色"根本就是舍本逐末:"而今说者多详性而略形色,便觉无意味也。大要亦是世俗同情,皆云此身是血肉之躯,不以为重。及谈性命,便更索之玄虚,以为奇特。孟轲氏惜之,故曰:吾此形色,岂容轻视也哉?即所以为天性也。"[②]个

---

① 《颜钧集》,第 13 页。

② 《盱坛直诠》,第 174 页。

体之“身”的“形色”，即体貌言行正是“良知”依傍的基础、良能践行的根本，然而人们却捕风捉影地向虚玄中寻求天性的奥义真理，殊不知离开物质层面的血肉形色，人连生命存在都无从谈起，遑论天性良知?

据此泰州学派断言，内蕴于“身”的“良知”，需要借助外显于“身”的“形色”才能得以展现。

3. “形色”赋予美形式

泰州学派承认人们的“身”之“形色”正是不容忽视的天性，所谓：“口味目色耳声是人之生机，使口不知味，目不辨色，耳不闻声，便是死人，安得不谓之性?”[①]人之“身”的面貌肢体各不相同、言行举止千差万别，却或多或少都能暗合天性、展现“良知”，因此人们的日常生活呈现出丰富多彩、决不雷同、却又在不知不觉间自然中节的美好形式，从而源源不绝地展现出“百姓日用”之美，在这个意义上，“形色”恰恰是“身”创造美的传达载体。

然而应当承认现实生活中，人们的外貌言行并非全都是美的，因此有先儒认为“形色”有“善恶混”三品的气质之别，“今吾侪只宜以孟子性善为宗，一切气质，屏而去之，作圣工夫，乃始纯一也”[②]。泰州学派敏锐地意识到这种观点中存在的危机：

> 夫性善之宗，道之孟子，而非始于孟子也。“继之者善也，成之者性也”，孔子固先言之也。气质之说，主于诸儒，而非始于诸儒也。“形色，天性也”，孟子固亦先言之也。且气质之在人身，呼吸往来而周流活泼者，气则为之；耳目肢体而视听起居者，质则为之。今子欲屏而去之，非惟不可屏，而实不能屏也。况天命之性，固专谓仁、义、礼、智也已！然非气质生化，呈露发挥，则五

---

① 《明儒学案》，第 822 页。

② 《罗汝芳集》，第 87 页。

性何从而感通?四端何自而出见也耶?[①]

这段论述明确指出摒弃“形色”气质首先是不现实的。况且“固专仁义礼智”的良知天性必须依赖不同“形色”气质之人,以“身”的具体行动来体现发挥。这个过程不可能一开始就完美无缺,更需要人们在生存实践中渐渐融贯、慢慢培养,美便在融贯培养中一点一滴地产生出来。因此一见形色气质稍有不善就加以摒除的偏见,恰恰扼杀了美。

所以有人“将天性、气质两平分开,又将善恶二端各自分属。殊不知理至性命,极是精微。圣贤犹且难言,而集说诸家,妄生分解,其粗浮浅陋,亦甚矣。又安望其妙契儒先之旨,而上溯孔孟之宗也哉”[②]!妄以“良知”为善而以“形色”为恶,将二者截然分开的武断结论必将导致一刀切的教条化。必须意识到正是物质层面的“形色”气质变化万千,才使得美生生不已,使得抽象的良知天性呈现为“百姓日用”间一系列生动鲜活、日新月异的形象之流。因此一旦桎梏“形色”这个载体,“身”将失去其审美创造的丰富个性,人们都将成为的抽象理念的标准件、伦理道德的复制品,整个世界也将失去沛然无尽的生机和活力。

作为主体之“身”审美创造物质层面的承担者,“形色”不容否弃也不可桎梏,正是它使人们与生俱来的美德天性得以化为具体的美的形象。

三、“欲”——“身”的审美创造动力

泰州学派认为“身”在日常生活中,时刻以各不相同的“形色”来展现人所共有的“良知”,而不断激发和推动个体之“身”进行这一审

① 《罗汝芳集》,第 87 页。
② 《罗汝芳集》,第 88 页。

美创造的主观愿望和内在动力，则是“欲”。

1. 何谓“欲”

“欲”是人与生俱来的本能。“何谓人情？喜、怒、哀、惧、爱、恶、欲，七者弗学而能。”(《礼记·礼运》)它是人们对各种对象产生的情感偏向。《说文》疏《礼记·曲礼》中“欲不可从”一句时，释“欲”为“心所爱为欲”，可理解为人们全部的倾向、需要和欲求，那它就既包含四肢五感、饥寒饱暖、安全享受等带有原始本能烙印的生理需要，也包括归属与爱、尊严感等情感需求，还包括自我实现、自我升华等超越性的精神追求等。在这个意义上，可以说有“身”即有“欲”，“欲”作为不满足和希图获得满足的心态，关系到人生存的各个层面，并指向人可能达到的终极境界。

然而在很长一段时间之内，“欲”却是被视为与“美”无缘的存在。就如朱熹在“理欲之辩”中旗帜鲜明的立场：天理是超越时空、至善至美的永恒存在，“是天地人物万善至好底表德”[①]，它就是美。人生于天地间也理当秉承并追求这种美，但人之所“欲”常会蒙蔽天理。他用了一个直观而形象的例证来说明：“饮食者，天理也；要求美味，人欲也。”[②]在他看来只有维持生存不至死亡的最基本需求才是合理合法的，此外稍稍追求诸如口腹欣悦这样的生理享受和情感满足，都被视为与天理截然对立的人欲，人一旦有此求此，便与真善美无缘。“欲”被缩小限定在生理、官能、情感等需求的层面上，是驱除革尽的对象，只要人们丢不开“身”之欲望，那就永远无法符合“万善至好”的天理，也将永远达不到完善美好的人生境界，所以“学者须是革尽人欲，复尽天理，方始是学”[③]。

2. “欲”与“美”并不对立

而泰州学派的创始人王艮却大胆从矛盾最尖锐处入手：“天理

① 黎靖德编《朱子语类》，中华书局1986年版，第2371页。

②《朱子语类》，第224页。

③《朱子语类》，第225页。

者,父子有亲,君臣有义,夫妇有别,长幼有序,朋友有信是也。人欲者,不孝不弟,不睦不姻,不任不恤,造言乱民是也。存天理,则人欲自遏,天理必见。"[①]首先"人欲"的界限被大大缩减了:原本在朱熹处美味这样的小小追求便已被看作人欲,但在王艮这里,为一己之私等原因悖弃人类最起码的伦理和情感才是人欲,才是丑恶的。其次"天理"的含义也被悄悄放宽:王艮所谓万古不移天理恰恰就是人与人之间的"亲""义""别""序""信"等,它们是人自然而真挚的血脉亲情、礼貌责任、诚信友爱和恋慕情爱等,很大程度上就包含着先儒所否弃的生理情感层面的需要欲求,而在这里它们则是美好的。

王艮进而补充道:"天理者,天然自有之理也,才欲安排如何,便是'人欲'。"[②]而"身"之"欲"亦天然自有,那它便也是天理。在这个意义上,饮食是天理,合理地要求美味同样是天理,刻意压抑生理需求,不允许追求美味恰恰才违背天理。正所谓"人知纵欲之过,不知执理之过"[③],过度放纵和过于执理都是"过",而"欲"本身却无"过",扭曲"欲"才是丑恶的,而不能简单将"欲"本身推到美的对立面。

继而言之,泰州学派坚持"欲惟寡则心存,而心不能以无欲也"[④]的观点,认为彻底否弃抹煞欲求,对人而言是不可能也是不现实的,一旦欲望完全消失,人心也就没有了存在的意义。况且"只心有所向便是欲"[⑤]只要对任何事物产生情感偏向,那么"欲"便产生了,如此说来连孔孟圣人"好仁"同样也是"欲"。因此何心隐大胆地将孔子"欲明明德于天下,欲治国、欲齐家、欲修身、欲正心、欲诚意、欲致知在格物,七十从其所欲,而不逾平天下之矩"和"公刘欲货""太王欲色"并列来看待[⑥]。虽然孔子所欲是超越性追求,而太王、公刘所欲很大程

---

① 《王心斋全集》,第 64 页。
② 《王心斋全集》,第 10 页。
③ 《明儒学案》,第 850 页。
④ 《何心隐集》,第 42 页。
⑤ 《王心斋全集》,第 43 页。
⑥ 《何心隐集》,第 72 页。

度上是物质需要、生理欲求，但他们却都并非只为一己之私，而是“与百姓同欲”[①]。在这个意义上，孔子之欲和太王公刘之欲并没有质的差别，都是合理美好的。否则如果仅仅是为了个人的满足，那就算是追求修齐治平的理想，也始终都是丑恶的私欲。因此问题的关键不在“所欲为何”的内容层面，而在“如何欲”的形式层面——追求生命的延续生存的享受，追求爱与尊严，追求自我完善自我超越等，若处之恰当，这些“欲”不仅不违背美，更能推动美的创造。

3. “欲”推动着审美创造

既然“欲”并不因违背天理而与美无缘，那泰州学派便有理由排斥执着天理而“察私防欲”：

> 察私防欲，圣门从来无此教法，而先儒莫不从此进修，只缘解克己为克去己私，遂漫衍分疏而有去人欲，遏邪念，绝私意，审恶几以及省防察检纷纷之说。而学者用功，始不胜其繁且难矣。然而夫子所谓克己，本即为仁由己之己，即谓身也，而非身之私欲也。克者力胜之辞，谓自胜也。有敬慎修治而不懈怠之意，《易》所谓“自强不息”是也。[②]

时刻提防查检“欲”的萌生，以至走到不顾究竟是合理需要还是邪念私欲一概如临大敌地防守消除的地步，这样谨小慎微地着力修持本身就是一种刻意安排，不仅违背灵明自由的良知天性，还会扼杀人之“身”作为生存主体和创造主体的能动活力，距离人生自由的审美境界越来越远。

在泰州学派看来，对待“欲”的最恰当态度莫过于信任自身的天性良知，自然而然地对待、顺应和满足合理需求，即所谓的“顺欲”。这种从容自如的境界固然排斥刻意防检，但“顺”也绝非对欲望毫无节制的纵容：

① 《何心隐集》，第 72 页。
② 《王心斋全集》，第 150 页。

> 孟子言养心莫善于寡欲……人心一觉,便是真体。不善养之,则有牿亡之害。故于耳目口鼻四肢之欲,人所必不能无者,一切寡少则心无所累,得有所养,而清明湛一矣。此非教人于遏人欲上用功,但要声色臭味处,知所节约耳。[①]

人类的生存需要、身心需求等都无法简单粗暴地遏制,但也决不能纵容它不加控制——驰骋耳目口舌四肢之欲同样也是一种刻意着力、勉强助长的行动,不仅不利于个体之"身"形色气质的周全,也违背清明湛一的良知。对待"欲"既不该察防也不该纵容,而应"凡欲所欲而若有所发,发以中也,自不偏乎欲于欲之多也"[②],既不为外在教条放弃自身当欲之欲,也不为满足享乐而多多益善。这种欲有所发,发而中节的"顺欲"是最根本意义上的尽性至命:顺应良知天性、践行天理大道,合理恰当地追求"欲"的满足,能驱动人们不断寻求完美完善自我。"欲"就此成为源源不绝的内在动力,推动个体之"身"创造着美。

而"育欲"则是"顺欲"的根本保证。现实中并非人人都能"顺欲",遏欲、纵欲两个极端屡见不鲜。对此,泰州学派提出了"育欲"的观念。何心隐是"育欲"的最积极倡导者,他认为"育欲"便是"相率、相辅,相维,相育欲于聚和"[③],众人在相聚以和的情况下,通过"率、辅、维"的手段,以"身"在日用间顺"欲"而动、发而中节的实践行为彼此熏陶涵化。人们在不知不觉中作了言传身教的榜样,又潜移默化地彼此学习模仿,从而形成良性动力循环,永不间断地推动人类群体,将"欲"的满足自然而然纳入合理合法的轨道,使审美创造得以在整个社会层面纵深展开。

"欲"是"身"不断进行生存实践主观愿望,是"身"将生活升华为

---

① 《王心斋全集》,第165页。

② 《何心隐集》,第40页。

③ 《何心隐集》,第72页。

美的本能层面的推动力。当今西方学者们已迫切地意识到“审美和艺术活动不能将身体、官能和欲望截然排除在外，恰恰相反，这些生物性、生理性的东西往往作为一种基本的、基础的因素参与其中并发挥作用”①，而早在泰州学派处，人“身”之“欲”就没有被忽视和贬斥，而是得以在宽容执中的氛围中生长涵化，从而驱动人们变革自身的生存状态，寻求本质的自由和幸福。

泰州学派美学赋予人类的生存实践以审美创造的意义，其主体范畴“身”被视为道与器、灵魂与肉体、社会性与自然性完满融合的生命整体。“良知”天性决定人生而具有创造美的本质能力，而“身”通过物质层面之“形色”这一载体，将这种本质能力化为现实。而本能层面之“欲”则作为内在动力，不断驱动“身”投入永无止境的审美创造实践中，创造着理想的审美典范。

四、“春”——“身”之审美典范

在这个世界上，人人均有“身”，人人也都能以己“身”在“百姓日用”的审美实践中成就自我、超越自我，将自身涵化为理想人格审美典范。泰州学派承认这种可能性，乐观地坚信“人皆可以为尧舜”（《孟子·告子下》），但却绝不敢狂肆地认定“人人皆已是尧舜”，毕竟百姓之“身”距离理想中完美状态还差得太远。据此，他们切实可行地提出了“春”之君子这一审美典范，这活生生有血有肉的形象便是“身”最有可能达到的审美理想状态。

1. 何谓“春”

泰州学派美学中，“百姓日用”是人类合理生存实践的全部，它表现为人们日常生活的一系列变化不居、活泼生动的审美形象之流，而在其中有一个形象始终隐现着，这就是生意融融的“春”。

① 姚文放《肉体话语、身体美学、身体的审美化——晚近对于经典美学的三次挑战及其学术意义》，《江海学刊》2012年第1期，第185—186页。

就如传统儒家美学命题“知者乐水，仁者乐山”（《论语・雍也》）中的水和山那样，“春”也被赋予了“比德”的象征意义。“春”在儒家学派思想中一直占有着与其他三季相当不同的地位：“春之为言蠢也，产万物者也。”[①]它是一年温和怡人的开端，能令万物萌发生长，不仅呈现出绚烂优美的新生景象，也包含着欣欣向荣的神圣生机。这就不难理解孔子将对人生最高审美境界的探讨，放在一次如坐春风的日常闲谈中，又借春天“风乎舞雩”[②]的生活画面将其直观地呈现出来的深意了。而后世儒者也屡屡吟咏美好的阳春，如“万紫千红总是春”“三十六宫都是春”“傍花随柳过前川”[③]等。

泰州学派同样如此，其成员讲学问、戏笔时，常常自觉不自觉地讴歌多彩的“春”。其创始人王艮在他的《次答友人》中生动形象地写道：

> 若要人间积雪融，须从腊底转东风。三阳到处闻啼鸟，一气周流见远鸿。
>
> 今日梅花才吐白，不时杏蕊又舒红。化工生意无穷尽，雨霁云收只太空。[④]

这首小诗描绘出万象更新的初春景致：冰雪消融，春风带着阳气降临人间，使得万物生机一片。这造化众生的仁厚生意对春天而言却并非刻意为之，它只是遵循如悠远的太空般亘古不变的天道，自然而然地流布恩泽。在这里王艮绝非仅仅对春日春景进行文学性的描绘，就如先儒笔下一样，这些诗中的“春”无不是某种大道真理、终极追求、完美人格或人生境界等超拔卓越存在的暗示。

应当看到在我国传统思维方式中，尤其是在儒家的天人观中，早

---

① 陈戍国点校《周礼・仪礼・礼记》，岳麓书社 2006 年版，第 463 页。

② 《四书集注》，第 139 页。

③ 依次选自朱熹《春日》、邵雍《天根月窟吟》、程颢《春日偶成》。

④ 《王心斋全集》，第 59 页。

已形成了四时、五方、五行、五德等相互对应的系统模式，其中生气周流的“春”与生生不已的“仁”有着直接对应的关系。自命为儒家正宗的泰州学派也承袭了这种观点，直言“五常百行，皆由此出，是即春仁之统领也”[①]。

“仁”是人类本能的“亲亲”[②]之情、“恻隐之心”，是“人皆有之”[③]的美德天性，它发挥应用于“百姓日用”间的，深爱厚泽而朴实真切，没有任何故弄玄虚之处，“春”则有着与“仁”一样孳生万物、大圣大美却平易亲切的特质，可以视为其感性化的象征符号。同时，“仁为四德之长……仁而四德皆在其中，亦犹春生之气流行贯彻于一岁之周，举春而五行之气无不在其中矣”[④]。正如儒家思想核心范畴“仁”，能包蕴着并生发出“义、礼、智”等美德一样，和煦之春的蓬勃生命力也贯穿于旺盛的夏、丰收的秋甚至肃杀的冬之间，因此“仁”有着四德之长的统摄地位，而“春”则可以视为其形象的化身，代表人类一切天性美德。

泰州学派成员便由此而或直接或间接地寄托暗示“春”可视为“仁”所包蕴统领的一切天性美德在“百姓日用”间的感性显现，它同时具备和煦新美的外在形态和长育万物的内在生机，因此能在日常生活点滴琐事间，唤起人们对自身本然、对天道真理的深刻体认。“春”始终蕴含并反复出现在“百姓日用”的审美形象之流中，并从根本上反映出宇宙人生本质和规律，从而成为超越时空限制熠熠生辉的典范。

2. *“春”之君子*

泰州学派美学中的“春”与拥有儒家理想人格的圣人君子有着最为密切的内在联系：君子首先必须“腔中浑是春”[⑤]，能在“百姓日用”

---

① 《王心斋全集》，第 180 页。
② 《四书集注》，第 359 页。
③ 《四书集注》，第 347 页。
④ 《王心斋全集》，第 180 页。
⑤ 《王心斋全集》，第 56 页。

的庸言常行间将其“仁”之天性美德扩充至极致。君子其次要能“布此春”[1],以“仁”之美德不可思议的教育感化力量,在“百姓日用”点滴琐事间使人人见贤思齐。再次,君子“仁义礼智根心坐,睟面盎背阳春和”[2],其人格魅力如春景般清新醇美。最后君子化育天下使得“普天率土,欢忻交通,至和氤氲而顺气感召”[3],就如春风化雨般不着痕迹,决不是刻意而为,更不会居功自矜。

在这个意义上,“春”更可以理解为某种理想人格的典范,“春”之君子。但“春”之君子并非高高在上,道貌岸然的冷冰冰的泥塑木雕,也并非行为异常,出人意料的奇人异士。归根结底,他们之“身”与普通常人之“身”并无差异,但他们却能在日用常行间用道执中,又将在“百姓日用”间潜移默化地感化众人,从而在平凡中见其超拔。一言蔽之,“春”之君子这一审美形象,是“身”最直观、最切近的理想状态。

泰州学派是通过与诸如伯夷、柳下惠等以高风亮节彪炳于世的人物进行对比,来反衬“春”之君子的。王艮以下这段话充分说明了这一点:

> 伯夷之清,齐庄中正有之矣,然而望望然去,不能容人而教之,此其隘也。柳下惠之和,宽裕温柔有之矣,然而“致袒裼裸裎于我侧”,此其不恭也。君子正其衣冠,尊其瞻视,俨然,人望而畏之,又从而引导之,其处己也恭,其待物也恕,不失己不失人,故曰:“隘与不恭,君子不由也。”[4]

伯夷与柳下惠这两位贤者拥有极高的人格魅力和名声,然而与泰州学派所推崇的“春”之君子原型相比较,这二人的优点却又成为其不足。

---

① 《王心斋全集》,第 56 页。
② 《颜钧集》,第 61 页。
③ 《王心斋全集》,第 162 页。
④ 《王心斋全集》,第 14—15 页。

伯夷端庄恭敬，刚毅正直，但他却不能忍受一人戴冠不正的细节，为自身的清操高节而失去了包容之心，放弃了教化他人的责任，于是“齐庄中正”的优点反而变成了他品行中的偏隘之处；柳下惠宽宏大量，温柔和顺，但他却毫不在意别人衣冠不整的行径，为自身的宽容忍让而放弃了礼仪的准则，于是“宽裕温柔”反而成了他个性中的不恭之处。在泰州学派看来，此二人品格固然有闪光点，但行为却过了度，而背离了“百姓日用”间最起码的日常情理，因此只能作为有过人之处但却并非尽善尽美的范例，所以王艮直言“君子不由”。这些迥异寻常、极富个性的品格行为往往会让人们一时迷惑，但它们却因其超常而需时刻勉力把持，所以不能作为永不磨灭的典范，而被百姓大众的平凡之“身”，在“百姓日用”间不断学习模仿并且自然实际践行。

在这个意义上，泰州学派认为较之伯夷和柳下惠，并不以特出言行事迹传世的伊尹倒更接近“春”之君子原型：“若伊尹，虽有任的意思，然近于出处之中，而平正切实，循规蹈矩，故伊尹不言其风，不见其高故也。”[①]伊尹行止合乎规范，因此不见所谓的高蹈高风及高名，然而这恰恰是其“身”合规矩、其实践行正道之处，因为“道以中为至，不欲过高”[②]。真正的“春”之君子决不以高不可及迥异常情的品格言行见诸于世，他的行为标准恰恰就是中和平凡，而实践方式恰恰同于下层百姓的日用常行。

泰州学派有着辩证的眼光，敏锐地把握到有所“高”便会有所偏颇，人们若一味求“高”而发展下去，甚至会变成效仿长沮桀溺以高洁而辞爵禄，荆轲聂政以意气而蹈白刃那样的过激行为，因此泰州学派格外欣赏“春”之君子这一审美典范所表现出的中庸和谐、仁厚平易。

若说伊尹让人看到“春”之君子的大体轮廓，那么孔子便是最完美意义上的“春”之君子了。泰州学派坚信夫子贤于尧舜[③]，他们认为

①②《王心斋全集》，第 167 页。

③ 这种说法大体出自《孟子·公孙丑上》，王艮曾在《语录》中有过大段转引论述，极言“自生民以来，未有夫子也”等，王栋及泰州学派其他成员也屡屡引用这句话。

尧舜之道正是依靠孔子的垂教流布而得以保全彰显。而孔子作为千古圣人、万世师表,其实践却也只是“视天下如家常事,随时随处无歇手地”①,其人其性平和亲切、其言其行正直持久,其人格魅力就如春一般朴实美好。更重要的是,孔子不仅仅在日用常行的外在方式上实现中正和谐,更涵泳着丰厚真醇的完备美德,并能将内在的这一腔“仁”之春意撒播向人间。

在泰州学派看来,孔子以前完美的“春”之君子可谓前无古人,但他们却并不承认后无来者。只要人们能像孔子一样,在“百姓日用”的寻常事件中,无时无处不保守和谐美好的“仁”之天性,以“身”实践平凡中节之行,那么“此意而观之一堂,则一堂上下,无贤愚老少,皆觉自率其性,而自乐其常,一堂浑是春也;以此意而观之一家,则一家内外,无老幼亲疏,皆觉自率其性,而自乐其常,一家浑是春也;又远而观之一郡、观之一省,又远而观之天下万世,无不浑然同乐同春于无尽焉”②。只要在日用常行间怀有一腔仁爱、一脉生理、一团和气,保守不失并推而广之,那就算最下层的平民百姓也可以体验到春一般的境界,也可以无限接近甚至像孔子那样成为“春”之君子;进而推广化育,达到一堂而一家、最终一国而天下皆春的状态,重新构建起春一般和谐美好的伦理道德体系,让人类社会化为由“春”之君子组成的上古盛世一般的大同世界,常春之国。

和畅优美、温暖仁慈、生意周流的“春”在泰州学派美学中是中庸之美,仁厚之美,生意之美的化身,它不仅象征着圣人君子的理想品格,也勾勒出和谐社会的理想模型,从而形象地显现出宇宙人生的大道真理。“春”之君子的审美形象则是“身”最切近的理想状态,他满怀仁爱之“春”,充满着“百姓日用”平民性的旺盛生命力,言行无不和谐中节,却中规中矩,与常人百姓无异,这有血有肉的形象是泰州学派对儒家美学中君子形象的又一次创新,以其贴近下层大众的亲切

① 《王心斋全集》,第17页。

② 《罗汝芳集》,第165页。

美好展现出“道不远人”而“务为高远难行之事，则非所以为道矣”[①]的本质规律。

泰州学派美学理论的杰出贡献之一，就是第一次发现了“身”的重要性，其审美创造论充分强调了作为主体的人之“身”的本能、生理和感性层面的本质力量。人既有“形色”气质之“身”，就不得不遵循其欲求需要，服从人生存各个层面需求的主观愿望就是“欲”。泰州学派并不像宋明理学家那样视“欲”为和天理水火不容的洪水猛兽，而是将它视为“身”的自然天性，圣人也好百姓也好，都不得不遵从生存的需要，满足身心的欲求，因此“嗜欲莫非天机”[②]，而刻意抑制扭曲或纵容助长在他们看来反而成了不应存在的邪念私欲。“欲”正是人们在日用常行间创造美的动机，而在视听言动、行为举止间合理顺欲则是审美创造的不竭动力。“身”因此而在“百姓日用”的生存与审美实践中，将自身创造为“春”之君子的理想人格审美典范。

这种审美创造理论很大程度上带有人人平等的理念和现代精神的萌芽。更重要的是，“中西方对于身心问题的认识有明显差异，但都不乏割裂身心，支离灵肉，崇灵魂而黜肉身，褒心灵而贬官能的思想”[③]，为反思和反拨这种偏见，美学领域掀起的次次思想浪潮一直激荡至今。而数百年前的泰州学派便已极具创造性和前瞻性地意识到并张扬着主体之“身”本质的创造力量，在某种程度上对抗并扭转着我国传统哲学重心轻身、重共性轻个性的倾向，并至今依然在以其不竭的学术生命力启迪着当代中西方思想家、美学家们，甚至在晚近“肉体话语”“身体美学”“身体的审美化”等挑战经典美学的崭新理念中，也不乏其潜在的共鸣。

① 《四书集注》，第 24 页。

② 《明儒学案》，第 800 页。

③ 姚文放《肉体话语、身体美学、身体的审美化——晚近对于经典美学的三次挑战及其学术意义》，第 191 页。

第五章　泰州学派美学审美创造论

王艮创立的泰州学派以人类全部的生存生活实践——“百姓日用”为美，认为“审美实践的主体，当是生民大众之‘身’——创造‘百姓日用’之美的，是每一个有血有肉、有情感有欲求、有自己与众不同的个性与价值的独立个体”[①]。在这个意义上，人们在日常生活中塑造自身、完善自我的行动，便可被视为人的审美创造实践。泰州学派将这样的实践行动称为“修”，修身、修己、修道、修心、自修等表述，在成员的言论著述中屡见不鲜。

第一节　作为实践工夫的“修”

何谓“修”？李学勤指出，在秦汉文献中攸修无别，而攸的古体“像人持物洗刷人之尘土污垢之形”[②]，蕴含着荡涤清洗的意义。《说文解字》则谓：“修，饰也。”[③]段玉裁从拂拭发其光彩的“文饰”（巾部）和妆饰“修饰”（女部）之引申义，再合本义而兼举之，指出“不去其尘垢，不可谓之修；不加以缛采，不可谓之修。”又以其从彡的结构成分，

---

① 拙文《论泰州学派美学的“身”范畴》，《扬州大学学报（人文社会科学版）》2011 年第 4 期，第 95 页。

② 李学勤《字源》，天津古籍出版社 2012 年版，第 788 页。

③ 《说文解字》，第 185 页。

得出“修者，治也。引伸为凡治之称”[①]。可以看出“修”包含着净化而使对象光洁、整理而使对象整齐、装饰而使对象美观等意义，这些意义中均不乏丰富的审美实践蕴涵。

一、儒家论“修”

在儒家经典中，“修”除了用作修整治理等实际行为[②]之义外，常与修身、修己、修德、修慝等个体自我完善的实践行动息息相关，有锤炼陶冶、涤除矫正、琢磨增采等意蕴，其目的都是为了使人格品性得到提升。如《尚书》之《皋陶谟》《太甲中》所言，慎修厥身是圣君明后必须具备的条件和素养。《论语》所谓“修己”“修德”以至安百姓、来远人的理想状态，即便唐尧虞舜都需要勤勉笃行才能实现。但“修”绝非只是对统治者的要求，《中庸》开篇便已点明人的自我完善与自我超越，是一个反归的闭环：“天命之谓性，率性之谓道，修道之谓教。”不断磨练自我，更好地顺应天命赋予的本性而行，就是尽性至命了。可以说这条“修”之道路，实际上是向所有人敞开的。而《大学》更直言道出：“天子以至于庶人，一是皆以修身为本。”虽然在很长一段时间内，平民大众依然被排除在这条道路之外，但《孟子》充满自信的一句“人皆可以为尧舜”，已经为下层百姓修身尽性乃至成圣留下了一扇方便之门。

儒家将“修”视为人终其一生的事业、不可稍离的工夫。它以“身”的修治为基点，向内涵育个体的心性意志，向外涵化群体的礼俗秩序，是针对人格德性、外貌行止、待人处事、为政履职乃至于精神追求与灵魂超越等诸多方面展开的一系列具体的实践操作。对“修”的理解、阐释和践行也随着思想与时代的演进变迁而不断发展变化。

① 《说文解字注》，第424页。

② 如《秦风・无衣》“修我戈矛”、《论语・尧曰》“修废官”等。

一直以来，研究者们聚焦于此，论述颇丰。其中学者杜振吉将儒家这“一套包括道德意识修养和道德行为修养在内的修身方法”总结为“为仁由己”“存心养性”“反省内求”“慎思和慎独”“博学和力行”[①]等方面，学者陈曙光则将儒家修身的基本内容及其模式归纳为“博学”“正已”“尚义”“中和”“多思”“慎独”“重节”“重行”[②]八条……这些都有助于理解泰州学派论“修”的具体指涉。而学者陈立胜站在历史的角度，将儒家的修身传统划分为四个阶段：第一阶段是春秋战国之际形成的，以“君子”为目标的德性—德行的培育；第二阶段唐宋变革之际形成的，以“成圣”为目标的心灵—意念的培育；第三阶段是清末民初之际形成的，以“新君子”“新圣人”为目标的“觉悟”型培育；第四阶段则是当今时代，如何修身乃至修身是否必要皆成为问题[③]。这样的划分为理解泰州学派论“修”提供了清晰的参照系。

从其存续时间来看，泰州学派处于第二阶段，即被称为“心灵操练的时代”[④]的阶段。在这段漫长的时光中，以“成圣”为目标的士大夫们，聚焦于对意念的整治管理，在个体内省的同时参与到修行共同体中，进一步将对修身工夫的探讨与尝试向纵深推进。修身的方式与进程也日趋“技术化、仪式化、课程化”。“生死一念”等幽微隐晦甚至神秘化的议题也越来越得到关注，而“复其初”模式（recovering model）则成为普遍的工夫论模式[⑤]。在这一时代背景下，立足共同特征并细究特出之处，便可对泰州学派论“修”有一个全面的把握。

---

① 杜振吉《儒家的修身思想及其方法述论》，《道德与文明》2008 年第 1 期，第 54—58 页。

② 陈曙光《儒家的修身思想体系探微》，《伦理学研究》2006 年第 4 期，第 40—41 页。

③ 陈立胜《儒家修身之道的历程及其现代命运》，《华东师范大学学报（哲学社会科学版）》2020 年第 5 期，第 68 页。

④《儒家修身之道的历程及其现代命运》，第 71 页。

⑤ 以上见于《儒家修身之道的历程及其现代命运》，第 71—73 页。

一、泰州学派论“修”

泰州学派继承先儒对“修”的理解，沿着复初的工夫论理路，进一步向日用寻常处展开，同时亦不乏向生死幽微处的探索。其修身实践也跳出书斋案头的囿限，贯彻于日常事功中，讲求修己安人的群体实效，并出现了技术化、仪式化，甚至神秘化的极端操演。这些都表现出“心灵操练的时代”的共同气质。

1. 泰州学派对先儒论“修”的继承

儒家讲究“以修身为本”，泰州学派亦复如是。从王艮开始，其成员便将“修身”与“立本”并提，这二者之间有以下两层关联。

其一，修身是人类复初返本的唯一途径。在泰州学派的理解中，喜怒哀乐未发之“中”即天下大本，是人人秉有的天命之性，亦是“百姓日用”范畴的内核所在。“惟‘百姓日用而不知’，故曰‘君子存之，庶民去之’。”[①]普通大众与完美人格典范“春”之君子的分判便在这里出现，但复其本体、成就自我的审美实践道路也恰恰在这里开启——“学也者，学以修此‘中’也”。“修此中”便是人在生存生活实践中，让良知天性化为熊熊不灭的火炬，照彻日用间视听言动等每一个行为细节，人们由此始终“敬慎修治而不懈怠”[③]地关注自我、完善自我，直至体认并复现自己理当如此的本来面目，而实现完复天性的自我超越。因此须“先知‘中’的‘本体’，然后好做‘修’的‘工夫’”[④]。摆脱日用不知的窘境固然已是一次脱胎换骨飞跃，但若无“修”的切实践履和长久维护，“中”之本体永远不可能真正存之复之。

在日用常行间不懈修己之外，泰州学派亦不忘向“生死一念”之幽晦处开掘：王艮临终前亦神气凝定，论学不止，将修身贯彻到生命

---

①②④《王心斋全集》，第 38 页。

③《王心斋全集》，第 150 页。

最后一刻;王襞率性修道,证得日用隐微处无非妙动;罗汝芳甚至假释道之言阐述天性圆融自在,指出要从生死关头入手去"修";颜钧更是对修身复本进行了近乎神秘主义的极端发挥……这些不拘一格的实践方式极富创造性,恰恰反映出泰州学派对"修"之返本复初工夫的积极探求与大胆尝试。

其二,修身也是立家国天下之本的途径。因为"吾身是个'矩',天下国家是个'方'……是以只去正矩,却不在方上求"①。天下国家由不计其数的"身"构成,通过不计其数的"身"维持运转,泰州学派因此相信,若每个人都能在百姓日用间"修"己之身,自强不息,直至成为方正允直的"春"之君子,便能由个体不断叠加的量变,潜移默化地积累到整体的质变,终有一天平凡人间会化为唐虞盛世、君子之国。

王艮等草根儒者还乐观地指出存在着更积极的实践方式,那就是像孔子一样有意识地"修身讲学以'见'于世"②,在日用常行间自觉地修身为矩,以自身的榜样示范和感召力量,将生存生活过程化为完善自我的审美创造行动加以展示:"如身在一家,必修身立本以为一家之法,是为一家之师矣。"③进而一步步辐射开去,至为"一国之师""天下之师"。这种修身立身为天下国家之本的观念,驱动着泰州学派成员主动投身于讲学化俗实践,组织起各种形式的修行共同体:淮南三王远居海滨却坚持会讲,罗汝芳、耿定向等人身居高位仍不忘讲学,颜钧、何心隐则兴办萃和会、聚和堂……他们不避矫俗之讥、好名之议,坚信并践行可"为法于天下,可传于后世"的"'修身立本'之学"④。犹如树木成长那样,以修治完善的自身为根基,组织和带动越来越多的人共修共进,直至根须密布,枝繁叶茂,就此完成理想社会

① 《王心斋全集》,第 34 页。

② 《王心斋全集》,第 7 页。

③ 《王心斋全集》,第 39 页。

④ 《王心斋全集》,第 40 页。

的改造。

2. 泰州学派对先儒论"修"的超越

然而也应当注意到，从唐宋到清末时间跨度颇大，提纲挈领撮取"心灵操练的时代"的共同特征，难免需搁置某些独具一格的部分，而这些个性特质恰恰可能就是各时期、各学派区别于彼此的重要标志。具体到泰州学派，其论"修"最特出之处便是"下沉"和"落实"。无须远溯，只通过比较王艮与其师王阳明的观点，便可窥见端倪。

"下沉"指的是其平民倾向。虽然理论上说天子庶人皆有"修"身的必要，可事实上长期以来，这要求只对士大夫及其以上阶层来说才是必须遵循的，对庶民大众而言则相对宽松。王阳明便指出若论修道，最起码也要达到"贤人"的水准："凡说君子，说颜渊，说子路，皆是能修道的；说小人，说贤知愚不肖，说庶民，皆是不能修道的；其它言舜、文、周公、仲尼至诚至圣之类，则又圣人之自能修道者也。"[①]圣贤遵道从心，言动中节，便已是审美实践之"修"；贤人能有意识地体认良知，通过日用常行打磨与完善自我，使自身趋近于美；而底层百姓本来就不具备"修"的能力，某种程度上说对其不能修身，也就不必过度苛责。

但泰州学派这里，却明确将"修"之工夫下沉到了最广泛的百姓大众层面。王艮的《王道论》认为推行仁义，教人为善便是治天下之所在，这固然有些天真，但"精神命脉，上下流通，日新月盛，以至愚夫愚妇皆知所以为学，而不至于人人君子，比屋可封未之有也"[②]一句，却明确可以看出他将齐家治国平天下，与愚夫愚妇个体之"身"的修治紧密联系在一起。他认为实现改造社会的理想，不仅离不开庶民大众在百姓日用间日新其德，勤"修"不殆；还需要人们超越日用不知的盲动状态，知其所学，自觉地"修"。是以罗汝芳"出守宁国府，以讲

---

① 《王文成公全书》，第 121 页。

② 《王心斋全集》，第 65 页。

会乡约为治"[①];颜钧"为一家一乡快乐风化,立为萃和之会"[②];韩贞"毅然以倡道化俗为任"[③]……学派成员虽然身居不同的社会阶层,却都致力于启迪教化大众,将"修"的自我塑造工夫向长期被忽视甚至无视的最底层渗透。

"落实"指的是其身体意蕴。一直以来,循着"欲修其身者,先正其心"(《大学》)的方向,儒家在探讨修身时,更多将注意力放在心性意念等内在层面的锤炼打磨上。这并不是不重视形躯仪态、视听言动、日用应酬等外在层面的中则合礼,然而"诚于中,形于外"(《大学》),外在的中和中节,都是完备的心之德性自然而然充塞发挥的结果。同样从王阳明简明直截的论断中可见:"《大学》之所谓'身',即耳目口鼻四肢是也。……要修这个身,身上如何用得工夫?心者身之主宰……故欲修身在于体当自家心体,常令廓然大公,无有些子不正处。主宰一正,则发窍于目,自无非礼之视;发窍于耳,自无非礼之听;发窍于口与四肢,自无非礼之言动:此便是修身在正其心。"[④]耳目口鼻的血肉之躯,在心的面前完全是被动的附庸,修身的关键被彻底归结在修心。

王艮却并不完全认同其师的观点。他虽然屡屡述及《大学》修身之说,却在诚意正心之外,将修身与安身对举:"'修身','立本'也,'立本','安身'也。"[⑤]安身蕴含着与烹身、割股、饿死等伤身害命结果截然相反的自我保全,意味着止于至善、抵达身心舒泰的君子境界的自我安置,潜藏着在社会中、天地间找到恰当位置的自我成就,而这些都与人身体的健全、安适与圆满息息相关。在这个意义上,修身的关键恰恰回到了"身"本身。"身"不仅是"修"之主体,也成为其实践

① 《明儒学案》,第 760 页。
② 《颜钧集》,第 24 页。
③ 《颜钧集》,第 188 页。
④ 《王文成公全书》,第 147 页。
⑤ 《王心斋全集》,第 34 页。

对象及发生场域,“春”之君子充实完善的之“身”,更是这种自我塑造活动的成果。“修”作为审美创造实践,就此切切实实地着落在了人身的生命进程中。

第二节 “修”之审美创造实践

泰州学派审美创造实践之“修”以“身”为主体,也以“身”为对象。从一开始,王艮便已循序渐进地规划出“修”的四个步骤:首先确立“贵体尊身”的根本宗旨和行动准则,进而以“求仁安身”处理人与世界的关系,以“明哲保身”处理人与社会的关系,最终通过“格物修身”实现自我的完善与超越。此后学派成员虽然各有心得与阐发,具体实践方式也各异其趣,但基本并没有越出这四步。

一、贵体尊身

在泰州学派的理论中,“贵体尊身”是个体之“身”进行审美创造的出发点,是“修”之工夫的根本宗旨和行动准则。

1. 何谓“贵体尊身”

王艮以“身与道原是一件”①来奠定基点,指出“身”是肉体与精神的合一,其完整与灵觉直观显现着天理大道,因此“身”正是具体而微的“道”,不仅其心性灵魂等形而上层面,而且躯体肉身、欲望需求等形而下层面,同样与道同尊,不容侵犯和剥夺。在这个前提下,人类日常生活间任何行动,一旦妨碍危害到个体之“身”,那么它就与创造“百姓日用”之美的实践无涉。这便是所谓的“贵体尊身”,它是人类将日常生活化为审美创造的根本宗旨和行动准则。

① 《王心斋全集》,第 37 页。

对此他进一步论述道:“安其身而安其心者,上也;不安其身而安其心者,次之;不安其身又不安其心,斯其为下矣。”[①]人们在日用常行中保全肢体、澄净灵魂,达到身心皆安的和谐状态,便是成功地将生存生活提升到审美境界,而身心不安则是其对立面。然而耐人寻味的是,王艮将“不安其身而安其心者”放在这两个极端状态之间。这里“身”“心”对举,表明“身”更偏重于肉身躯体的物质一元。因此也充分显现出在他看来,绝不能仅仅重视完善灵魂、澄静意志的“心安”,却忽视躯体完整健全和欲望合理满足的“身安”;甚至比起一直被人推崇追求的“心安”,“身安”反倒更为实际和根本:

> 微子之去,知几保身,上也;箕子之为奴,庶几免死,故次之;比干执死谏以自决,故又次之。孔子以其心皆无私,故同谓之“仁”,而优劣则于记者次序见之矣。[②]

微子、箕子、比干均因无私之“心”而堪称仁人。王艮却点出《论语·微子》中三个人的先后次序:微子“知几保身”,所以与杀身的比干、辱身的箕子相比,高下优劣立现。微子之所以身心皆安,首先在于其“知几”——洞悉“贵体尊身”宗旨的精微要义,明白自己作为独立的生命个体,保全“身”的完整自由与坚守大道天理一样重要,失去任何一方都将瓦解自己存在的根基。接着,他能主动遵循这一宗旨而行动:遵道尽责地数谏纣王,不违背无私的仁义之心;深谋远虑地做出顺应历史发展方向的选择,更保全了自身的健全和自由。这是微子在艰险境地中走出的富于理性的生存之路,它树立了一个恰切的审美榜样,使执迷文死谏武死战等异化思维的人们,得以看清“贵体尊身”的大智大勇——一旦生命和躯体都不复存在,那行道也好安心也好,都将成为一句空谈。而如何合理地尊重与保全自己的形骸生命,则正是人类本质创造力最直接的体现。

---

① 《王心斋全集》,第 17 页。
② 《王心斋全集》,第 12 页。

2. 如何“贵体尊身”

无论贵贱贤愚，承载生命的“身”对个体而言，都无比宝贵也不容侵犯。然而在我国古代社会，普通百姓却长期生活在“存天理，灭人欲”等思想的笼罩下，统治阶级将“死节”等人格修养的特殊情况和最高要求扭曲为做人的普遍准则。很大程度上，人在由自身创造出来，本应保护和引导自身的纲常道德面前，变成无足轻重的存在，肉身躯体更是成了被折磨修炼甚至抛弃也毫不可惜的对象。更可怕的是百姓大众早已渐渐习惯于屈从宰制，进而对不合理的状况习焉不察。这便使得贯彻“贵体尊身”准则变得异常迫切。于是王艮大声疾呼：“若先不晓得个‘安身’，则‘止于孝’，烹身、割股有之矣；‘止于敬’者，饿死、结缨有之矣。”①

一切违背“贵体尊身”宗旨，妨碍人生存、限制人自由的行为，无论它们打着怎样高尚美好的旗号，都掩盖不了本质上的虚假和丑恶。在这个意义上，曾经被奉为至孝的“烹身”“割股”，被奉为至忠的“饿死”“结缨”，固然有值得敬重的一面，但归根结底却不是真正意义上的审美创造行动。因为首先，这种行为违背了人类好生求生的本能，因此从根本上就是虚假的。用王栋的话说，就算这些行为是出自真心，“此个真心亦自闻见上发来”②，只不过是盲从外在知识，而非发自内心本真。其次，它违背了儒家所谓的人们与生俱来的良知天性。仁义忠孝等一切美好品质都是人本质力量的显现，不可能与人的合理需求相悖，更不可能通过剥夺生命躯体的完整和自由来实现。为忠为孝而伤身害命，不仅是对人的戕害，也是对忠孝本身的歪曲。然而这些本应被否定的行为竟被竭力鼓吹，当作典范令百姓效仿，这根本就是对大道真理的亵渎。

当然也应当注意到，“贵体尊身”并非不加限制毫无节制，泰州学派同样鄙弃为延续生命而不择手段的贪生怕死行径。比如王栋曾劝

---

① 《王心斋全集》，第 37 页。

② 《王心斋全集》，第 175 页。

诫“喜究长生之术”的“同志”,认为他们的行为是“逆理偷生”[①]。正因为死亡对人们来说在所难免,生命才格外美好,承载生命之“身”才格外珍贵。以此“身”在有限的此生中践道而行,完善自我成就他人,直至生命最后一刻,是为死得其所,人身的尊严、人生的价值也由此而得以体现。可钻研长生之术者妄以为能逃避死亡,却将心血精力投注在违背自然天理的狂想中,它在浪费有限生命的同时,又表现出对生命的极度贪婪。这类行为实际上违背了“贵体尊身”宗旨,恰恰是对“身”最大的不尊重不珍惜。

二、求仁安身

人类置身于自身与天地间万类生灵的复杂关系网中,如何贯彻“修”之工夫,和谐地处理好彼此关系,是遵循“贵体尊身”的宗旨准则后,要面对的最普遍的问题。对此,王艮给出了“求仁安身”的答案。

1. 何谓“求仁安身”

“‘物有本末’,是吾身为天地万物之本也。”[②]在处理人与外部世界之间的关系时,首先要确立出发点和立足点——个人有血有肉、有情感有思想之“身”便是世间万物的根本,亦是世间万物的集中、投射与缩影。对此泰州后学罗汝芳有一段饱含深情的论述:

> 我之为我也,固尽品汇之生以为生,亦尽造化之灵以为灵。此无他,盖其生其灵,浑涵一心,则我之与天,原无二体,而物之与我,又奚有殊致也哉?是为天地之大德,而实物我之同仁也。反而求之,则我身之目,诚善万物之色,我身之耳,诚善万物之音,我身之口,诚善万物之味,至于我身之心,诚善万物之性情也哉!故我身以万物而为体,万物以我身而为用。其初也,身不自

① 《王心斋全集》,第184页。
② 《王心斋全集》,第44页。

> 身，而备物乃所以身其身；其既也，物不徒物，而反身乃所以物其物。是惟不立，而身立则物无不立；是惟不达，而身达则物无不达。盖其为体也诚一，则其为用也自周。①

"身"如何能成为天地万物之本？人的精神与肉体是鸿蒙造化的最高杰作，因此人的天性与天理大道冥然暗合，"身"之小宇宙与天地大宇宙浑然一体，那么外物对人而言就不该是疏隔的存在，而应当如骨肉肢体般亲切。这也可以通过反观人类自身得到进一步印证：外界的声色气味能被耳目鼻舌感应到，并唤起人由衷的欣喜满足之情。由此出发寻找这种真情的根源，人便能惘物反身，确认自身即是万物的本原，而万物则是自身之实现。于是物我的界限就此消除，一体同胞的真相昭然于天地之间——人与外物内在相通，彼此依赖又彼此成就，整个世界就此成为和谐运作、生气周流的广义之大"身"。这便是"夫仁者，以天地万物为一体"②，人们在以一体之仁全护万物的同时，也找到了自己在这个世界上的安身立命之所。这便是王艮所谓的"求仁安身"。

2. 如何"求仁安身"

首先应该明白，"求仁安身"绝非自我中心。

"求仁安身"理念指导人们以己体物，怀着一体同胞之念，以强烈的责任心和真诚的爱心热爱和敬畏所有生命存在，最终全面建立起人与外物间的和谐关系，从而获得自身躯体的保全和人生的完满。可以看出，人们渴望健全、自由而幸福地生存下去的愿望贯彻"求仁安身"之始终，因此个体之"身"在物我之间当是积极主导的一方，即所谓的"以天地万物依于己，不以己依于天地万物"③。这样的理论固然突出了人在天地万物间的中心地位，却又存在着另一种可能——

① 《罗汝芳集》，第 199—200 页。
② 《王心斋全集》，第 30 页。
③ 《王心斋全集》，第 6 页。

这世界上有不可胜数的个体之“身”,若各自为本,是否会沦为个人本位、自我中心,从而导致私欲横流,人与人之间不可避免地矛盾冲突不断呢?

王艮深知自我中心与“求仁安身”是相悖的,万物一体之仁是对一切生灵的敬畏和热爱,其中爱人敬人则为其入手处。

> 知保身者,则必爱身如宝。能爱身,则不敢不爱人。能爱人,则人必爱我。人爱我,则吾身保矣。能爱人,则不敢恶人。不恶人,则人不恶我。人不恶我,则吾身保矣。能爱身,则必敬身如宝。能敬身,则不敢不敬人。能敬人,则人必敬我。人敬我,则吾身保矣。能敬身,则不敢慢人。不慢人,则人不慢我。人不慢我,则吾身保矣。此“仁”也,“万物一体之道”也。①

这段表述处处不离爱身如宝,但也处处不离爱人敬人——爱己与爱人二者辩证统一。人各有其“身”,因此保全躯体生命的要求也彼此相同。人意识到自己对“身”不可割舍的珍爱,就应该体谅到他人也同样怀有这种珍爱,而不会以一己之私去肆意伤害他人。人人如此,整个社会便不再有利害相攻。由此出发达及禽兽草木,天地间才会呈现出不分彼此,至善至美的乐园景象,而个体之“身”才能获得真正的安宁归属。这便是“求仁安身”的良性循环,而摒弃自我中心恰恰是其关键性的第一步。

其次应该意识到,“求仁安身”绝非盲目舍身。

王艮看到“知保身而不知爱人,必至于适己自便,利己害人,人将报我,则吾身不能保矣”②。自私自利、损人利己最终不会带来幸福与满足,反而会招来外界报复而导致自身危殆。但是走向另一极端,“若夫知爱人而不知爱身,必至于烹身割股,舍生杀身,则吾身不能保矣”③。盲目无节制地舍身奉献,以至戕害自身满足外物,这实际上抹杀了万物一体之仁的根本——“身”的地位,反而会使“求仁安身”无

①②③《王心斋全集》,第29页。

从归结。

如何在尊重外物之“身”和保全自我之“身”之间把握微妙的平衡？王艮特别指出，首先要摆正顺序“先己后人”：“是故身也者，天地万物之本也，天地万物，末也。……身未安，本不立也。”[1]个体之“身”永远是“求仁安身”的根基，一切行动如果背离于此，便会失去其合理性而沦为空谈。但人们决不能止步于此，接着便是要做到“以己度人”，懂得“己之所欲，则知人之所欲，己之所恶，则知人之所恶”[2]。以自身的取舍好恶真诚地去推度体谅他人，并贯彻于日常点滴之行中而持之以恒，“修”之不辍，久而久之，便能把握住恰当中节的限度，不会走上一味纵容自己苛责他人或一味满足他人牺牲自己的极端，而能够通过仁己仁物的恰当行动，创造身安物安的审美境界。

三、明哲保身

人是天地大世界的一员，也是人类小世界的主体，处理好错综复杂的社会关系，是人们要解决的最实际问题。而王艮将立身处世之“修”，着落在“明哲保身”上。

1. 何谓“明哲保身”

我国传统思想以家、国、天下的同构模式涵盖整个人类社会，根据各自在不同层级中扮演的角色，人与人之间结成父子君臣、上下尊卑等种种复杂的社会关系网，而在泰州学派理论中，这张关系网的纽结点同样在于“身”：“治天下有本，身之谓也。”[3]处理好社会问题的关键依然落在个体之“身”上。

庞大的人类社会千头万绪，却能像有生命的四肢五体一样运转

---

① 《王心斋全集》，第33页。

② 《王心斋全集》，第29页。

③ 《王心斋全集》，第28页。

自如。这正是因为大人君子能“立吾身以为天下国家之本”①,在日用常行间以“身”承担起必要的社会责任,就像无数具体而微的细胞那样,支撑构建起国家天下,维系人类社会运行无碍。更能如泰州学派中坚颜钧所谓的“君子之于天下,犹身之有四体也”②那样,从这种和谐完满的运作中,体认到自身与家国天下的合一。

在这个意义上,“自其发端处,叫做天下之本,自其完成处,叫做天下之末。天下国家,从我身发端,我身却以家、国、天下为完成”③。个体之“身”是人类社会的根源和起点,人类社会是个体之“身”的扩充和完备,二者不可割裂。不仅大人君子,即便最普通的百姓,也都应认清自身举足轻重的中心地位,而怀着一体之仁来应对人与人、人与社会的复杂关系,这样才能保全个体之“身”的健全、自由与幸福,同时推动社会的安宁、繁荣与进步。个体与社会的需求互为条件互为因果,体认这种双赢便是“明哲”,践行这种双赢便能“保身”。这便是所谓的“明哲保身”。

“明哲保身”语出《诗经·大雅·烝民》,意指洞悉事理善于自保,但后世却常常将它与只顾个人利害得失的自了汉行径混为一谈。而王艮则直截了当地指出“彻上彻下,是为明哲保身矣”④,人不可能撇开群体社会,孤立地独自保全完善自我。并且“‘明哲’者,‘良知’也。‘明哲保身’者,‘良知’‘良能’也,所谓‘不虑而知’‘不学而能’者也,人皆有之,圣人与我同也。”⑤“明哲保身”正是由人与生俱来不假外求的良知天性生发出的,不需刻意发而中节的良能,在这一点上圣人与百姓并不存在分别,所有人都能自然而然地去体认和实践:立足于“贵体尊身”的底线,人们以珍爱自身生命生存的胸襟去珍爱家、国、

---

① 《王心斋全集》,第 4 页。
② 《颜钧集》,第 5 页。
③ 《罗汝芳集》,第 117 页。
④ 《王心斋全集》,第 62 页。
⑤ 《王心斋全集》,第 29 页。

天下，由"吾身保"而达到"保一家""保一国""保天下"，乃至实现"天下凡有血气者莫不'尊亲'"[①]的境界。正是在这个意义上，人们才能通过"明哲保身"构建起理想中完美的社会模式，让大同世界降临人间。

2. 如何"明哲保身"

如何在纷纭繁杂的社会关系"明哲保身"？王艮一言蔽之："危其身于天地万物者，谓之'失本'，洁其身于天地万物者，谓之'遗末'。"[②]这句话否定了两种极端的处世方式：为实现所谓的理想抱负而导致自身危殆，这动摇了处世的根本；而为保全自身不受伤害而隐居避世，则又丢弃了人的社会责任。有别于这两者，真正意义上的"明哲保身"当内不失本，外不遗末，这就需要抓住进退出处各得其时的关键。

泰州学派非常热衷于以《论语·先进》中的"侍坐"典故来说明出处进退得时。虽然孔子感叹"吾与点也"，但在他们看来，曾皙的观点和子路三人之志一样仍存在不足之处，王艮形象地将二者比作"有家当"和"会出行"[③]：子路三人会"出行"而没有"家当"，在力求实现外在志向抱负之"出"时，就有可能忽略人生的真正基础和最终目的——个体之"身"的健全幸福。因此王艮慎重地劝诫友人与弟子，无论是"为禄""行道"[④]而出仕，一旦不顺应其时而勉强实行，就可能导致害身，终使为禄行道都成为一句空言。

然而王艮也注意到了曾皙思想的局限：追求自身的安宁与幸福，这原本无可厚非，但他却"只以三子所言为非，便是他狂处"[⑤]。子路三人为天下国家而"出"的志向本身决不可否弃，一旦否弃它便不再是蓄力待发的"处"，而沦为消极避世之"隐"。人是社会的人，齐家治国平

① 《王心斋全集》，第 29 页。
② 《王心斋全集》，第 4 页。
③⑤ 《王心斋全集》，第 7 页。
④ 《王心斋全集》，第 8 页。

天下与个体之“身”的健全安宁互为表里,百姓心安身保与个体心安身保相辅相成,因此割裂自身与社会的联系,空守着“家当”而不愿“出行”,一再坐失时机,终将失去人生在世的存在意义,遑论“保身”。

因此子路三人和曾皙进退出处都失时不当,而算不上真正的“明哲保身”。“又有家当又会出行”[①]的唯有孔子。“孔子知本,故‘仕、止、久、速’,各当其时。”[②]之所以能进退出处合宜,关键在于他能体认到个体之“身”与天下国家之间是和谐一体的本末关系,二者理应不会互相妨害,一旦出现龃龉便表明是自身行动失时,需要修正改善。从这样的明哲良知出发,孔子便能针对不同的现实状况因时而动,处理好理想抱负、社会担当和自身健全自由之间的微妙平衡。这种“明哲保身”之“修”不假外力而自然中节,既不刻意强为也不迟疑退缩。恰恰在这个意义上,孔子才在艰难繁杂的社会生活中,演绎出从容自如的审美的生存方式。

四、格物修身

遵循“贵体尊身”的原则宗旨,贯彻“求仁安身”和“明哲保身”的实践,王艮终于归结到“格物修身”,来指明自我完善、自我超越的途径。

1. 何谓“格物修身”

“格物”与“修身”出自《大学》。“格物”为“八条目”之首,是为学入手,大学始教:“格物”即所谓“格,至也。物,犹事也。穷至事物之理,欲其极处无不到也”[③],是指通过穷究事物和现象来获取真理。“修身”则指全面养成个体良好的综合素质,它是人成就自我的起点,是齐家、治国、平天下之根基。作为循序渐进的具体步骤,“八条目”

---

① 《王心斋全集》,第 7 页。
② 《王心斋全集》,第 11 页。
③ 《四书集注》,第 5 页。

归根结底是为实现“明明德”“亲民”“止于至善”的“三纲领”服务的。

要理解所谓的“格物修身”，必须从王艮对《大学》独特的解读诠释入手：“《大学》是经世完书，吃紧处，只在‘止于至善’。”①“止于至善”被他视为《大学》的根本宗旨：

> “明明德”以立体，“亲民”以达用，体用一致，阳明先师辨之悉矣。此尧舜之道也。更有甚不明？但谓“至善”为心之本体，却与“明德”无别，恐非本旨。“明德”即言心之本体矣，三揭“在”字，自唤省得分明。孔子精蕴立极，独发“安身”之义，正在此。尧舜“执中”之传，以至孔子，无非“明明德”“亲民”之学，独未知“安身”一义，乃未有能“止至善”者。故孔子悟透此道理，却于“明明德”“亲民”中立起一个“极”来，故又说个“在止于至善”。“止至善”者，“安身”也。“安身”者，“立天下之大本”也。本治而末治，正己而物正也。②

在这段表述中，“止于至善”可谓人类“百姓日用”审美实践的终极目标，保身安身之行的最高标准。人们体认与生俱来的明德良知，推而广之达及他人和外物，从修炼完善自我之小“身”出发，实现天下国家、天地万物之大“身”的完满和谐，最终使得内外物我均达到并安住于至善至美之境。王艮的独特贡献就在这里：他标举出灵肉合一之“身”，以此为起点和归结，于是“明明德”与“亲民”便落到了实处，“止于至善”也不再虚悬不可捉摸。

据此，王艮断言：“‘格物’，却正是‘止至善’。”③对此王栋解释道：“先师之学，主于‘格物’，故其言曰：‘格物是止至善工夫。’”④“格物”是个体自我提升而“止于至善”的切实途径，而它与“修身”实为一体：

这首先在于“格物”的对象。王艮有言：“‘格物’之‘物’，即‘物有

---

①③《王心斋全集》，第 3 页。

②《王心斋全集》，第 33 页。

④《王心斋全集》，第 147 页。

本末'之'物'。"[①]而"《大学》曰'物有本末',是吾身为天地万物之本也"[②],"身与天下国家一物也,惟一物,而有'本末'之谓"[③]。由此可以看出,"格物"之"物"是天地间一切事情物理的总和。他不止一次指出,在这个千头万绪的矛盾统一体中,天地万物、天下国家只是"末",而占据根本地位、起到主导作用的因素,即所谓的"本",则是个体之"身"。于是"格物"归根到底便成了"格身"。

其次在于"格物"的方法:"'格',絜度也,度于本末之间。"[④]所谓的"格"就是在个体之"身"和外物之间,进行由此及彼的推度与考量,对此王栋补充阐发道:

> 格字不单训正"格如格式",有比则推度之意,物之所取正者也。物即"物有本末"之物,谓吾身与天下国家之人。格物云者,以身为格而格度天下国家之人,则所以处之道,反诸吾身而自足矣。[⑤]

个体之"身"是大道真理具体而微的物质化身,因此可作为格度天下的标准,穷究事情物理的根本途径只需反诸吾身,从自身肢体心智的灵动自如中,推度出恰当处理世间一切矛盾的关键。于是王艮总结:"吾身犹矩,天下国家犹方,天下国家不方,还是吾身不方。"[⑥]个体之"身"就如矩尺,只有各人端正了自"身",天下国家、天地万物才能走上正道而和谐运转,而个体才能在这至善至美的天地间寻找到安身之境。这个良性循环将"修身"与"格物"紧密联系在一起:"'物格','知本'也。……'修身','立本'也,'立本','安身'也。"[⑦]"格物"归根到底是通过"修身"来实现的。

---

① 《王心斋全集》,第3页。
② 《王心斋全集》,第44页。
③④ 《王心斋全集》,第34页。
⑤ 《王心斋全集》,第147页。
⑥ 《王心斋全集》,第19页。
⑦ 《王心斋全集》,第34页。

在这个意义上，唯有切切实实的从个体之“身”出发，通过“格物修身”来认识自我、完善自我，人们才能实现“止于至善”的自我超越。

2. 如何“格物修身”

王艮将“格物”与“修身”合一，于是实现“止于至善”的途径便变得简易直接。它不是以外在的教条来限制和修正个体之“身”，而是遵从人类与生俱来良知天性，依靠个体的本质能力廓清见闻情识的蒙蔽，从而在生存生活实践中正己正物、成己成人。这个过程就如恶恶臭，好好色那样自然，每个人只需守住“略无纤毫假借、自是自满之心”，“只是‘毋自欺’，真真实实在自己身上用功夫”[1]，充分尊重自身和他人的生存欲望需求和个体健全自由，不刻意压抑也不张皇外求，便能使得个体之“身”处于中和中节的和谐状态，进而以此挈度推及他人外物，便能令物我天地均处于宁静平和而又积极向上的善美境界中。

但也应当注意到，这种理想状态在物欲纷扰的现实中毕竟是罕见的，即便是圣人孔子，也不得不面对现实逆境的阻碍——“孔子之不遇于春秋之君，亦命也。而周流天下，明道以淑斯人，不谓命也。若‘天民’则听命矣。故曰‘大人造命’。”[2]某种程度上说，生活在礼崩乐坏的时代，得不到统治阶级的尊重与理解，抱负无法伸展的孔子，与无数身处困境的普通人有着相似的遭遇。但孔子却不绝望于世道的乖戾，也不憎恨于统治阶级的昏聩，而能以一种积极的人生态度，在逆境中保全自己的生命尊严与人身自由，并在永不停息的进取中“明道以淑斯人”，从而实现位天地育万物的经世之功。之所以能超越逆境，是因为孔子能“格物”：深刻敏明地考量人生的本末之别，洞悉出处间的微妙时机，因此就算处于礼崩乐坏的末世，也能以“修身”正己的方式止于至善进而育人化物。因此孔子最终战胜了在别人看来不可抗拒的天数命运，实现了自我超越。这便是所谓的“大人造

---

① 《王心斋全集》，第 37 页。

② 《王心斋全集》，第 9 页。

命”,是“格物修身”运用于现实的成功范例。

从王艮开始,在泰州学派的阐述中,孔子既是大人圣人,也是拥有血肉之“身”的凡人,因此其“修”对普通人亦有借鉴意义:“‘智譬则巧,圣譬则力’……孔子‘致知、格物’而‘止至善’,‘安身而动’,便智巧。”[①]正因为具有暗合大道的天性之“圣”,才能贯彻出处合宜、动静得时的行动之“巧”。在这个意义上,孔子“大人造命”丝毫没有虚悬之处:秉持着人人与生俱来的明哲良知,孔子就和所有人一样尊身爱生,于是自然而然便在善待天地万物中安身、在成就家国天下中保身,而他更能在此基础上进一步反躬自省“格物修身”,探寻终极的生存境界,并破除逆境迷障引领更多人共同超越自我。这过程“如火之始燃、泉之始达,其体现为身体生命突破了自身时空的限囿,从有限之身向无限之身的生成”[②]。于是孔子之人生可被视为普通人自我造就的过程,其“修”展示着积极创造“百姓日用”之美的生存实践方式,其“身”也突破个体的限制,成为跨越时空的审美典范。

泰州学派尊身—安身—保身—修身这审美创造实践之四步,其尤为可贵之处在于,它在探寻人类返本归真、完善自我的“修”之道路时,为底层百姓指明了切实可行的方向。

中晚明时代,士大夫的修身之道已发展得愈见精微,体现出极其深厚的学术素养:阳明之后,王龙溪讲究良知之当下呈现,聂双江强调格物无功夫,罗念庵静坐中养出端倪,邹东廓时时不忘戒慎恐惧,欧阳南野循其良知,陈明水慎独知几,钱绪山以事为学……缺乏教育的广大庶民,甚至文化水平有限的草根儒者们就连理解都很困难,更不要说领悟践行了。在此,这数量庞大的群体完全没有得到应有的关注。但泰州学派的“修”之四步能简易直截地落实应用在百姓日用间,可谓来源于也适行于这长久被遗忘的大多数。

---

① 《王心斋全集》,第 8 页。

② 张再林《再造“太极图”——重构中国传统哲学理论体系的一点设想》,《江海学刊》2013 年第 3 期,第 11 页。

也正因如此，泰州学派中平民儒者们的审美创造实践才格外光彩夺目。虽然徐樾、赵贞吉等慷慨许国，李春芳、耿定向等敦慎从仕，罗汝芳更得到徐阶“罗子好人”[①]的评价，但显现出脱胎换骨之功的，是王艮从灶户之子蜕变为东海圣人之“修”，呈现出一以贯之之功的，是王栋、王襞偏居海滨却所至皆以讲学为事之“修”，体现出穷居不损之功的，是朱恕身居贫贱安心乐道之“修”……而其中尤为突出甚至堪称极端的个例，来自韩贞、颜钧和何心隐。

第三节　“修”之审美创造实践个案

韩贞、颜钧和何心隐这三位学派成员审美创造实践的极端之处倒并不完全在于思出其位的言行，而在于他们恰恰可作为某一类平民儒者之“修”走到极致的代表。韩贞是一无所有的“贫者”，颜钧是性格有明显缺陷的“狂者”，何心隐则是被剥夺一切的“困者”，他们通过终生之“修”的审美创造，超越了种种不利条件的限制，完成了重塑自我的超越。

一、“心陶型”——韩贞的贫者之“修”

韩贞（1509—1585），字以中，号乐吾，明代扬州兴化东乡（今江苏省泰州兴化）人。泰州学派重要代表人物之一。有《乐吾韩先生遗稿》《韩乐吾先生集》等著作存世，后由黄宣民先生编订为《韩贞集》。

1. “心陶型”

韩贞从学时期正值泰州学派的上升期。经过创始人王艮筚路蓝缕的开拓，学派思想体系和规模影响均已大体形成，时有林春、王栋

---

① 《罗汝芳集》，第839页。

等踏实稳健地羽翼其师,徐樾、朱恕等来自社会各阶层的超拔之士令学派特色更加鲜明,王襞正广收博采,为学派注入强劲活力,至于极具争议性的颜钧、何心隐等狂者则因际遇和年龄等问题,尚徘徊于学派外围。韩贞的思想便是在这种背景下发展成熟的。

根据《明儒王心斋先生弟子师承表》及耿定向《陶人传》等记载,学界普遍认为韩贞从学于王襞,为王艮二传弟子。然而嘉靖十二年,25 岁的韩贞在学派另一位平民学者朱恕引导下到安丰场向王艮求学,嘉靖十四年归乡[①]。其时王艮 51 岁,已完成《明哲保身论》《乐学歌》等重要著作,思想已然成熟。而其次子王襞年仅 23 岁,据《年谱纪略》记载,他从 9 岁起游学江浙,跟从王阳明、王畿,仅嘉靖八年 20 岁时曾归安丰完婚,未半载又前往江浙,八年学成始归,其间只在嘉靖十四年归守祖守安公丧[②]。因此韩贞在思想形成的重要时期接受王襞直接教导的可能性并不大,但两人一生来往密切:韩贞称王襞为"师",态度恭敬,但王襞给他的信件和诗作措辞则更像友人。所以韩贞应更多受教于王艮,但绝非简单地"照着说",而是有所继承和发挥的"接着说",与王襞则更多为互相启发"一齐说"。在韩贞著述极度有限的情况下,考察王艮、王襞的言论,亦可彼此映证补充。

应当看到,就算在极富平民色彩的泰州学派,韩贞低微的出身也曾遭到过嘲笑[③]。他生于贫困的陶匠家庭,文化水平并不高,却在成年后毅然拜于王艮门墙下。是什么驱动他走上艰苦卓绝的求学问道征程?这从余尚友《乐吾韩先生遗稿序》中可看出些许端倪,韩贞"当为陶时,辄会悟曰:'陶必有型,而后成完器,况心陶也者,宁独无型乎!海上东崖先生,余心陶型也。'于是负笈从学"[④]。这段记载将韩

---

① 《颜钧集》,第 190 页。《韩贞集》附于《颜钧集》之后,自 157 页始。

② 《王心斋全集》,第 205—209 页。

③ 《颜钧集》,第 190 页。

④ 《颜钧集》,第 167 页。

贞的求学动机形象地表述出来。与王艮“奋臂托天”[1]、颜钧“急救心火”[2]、何心隐“必学必讲”[3]等明确而激进的出位之思相比，韩贞的求学目的非常单纯，他是想借此寻找制陶模型般的理想人格典范，并以此为榜样打磨自我，“修”之终生。然而这具备一切儒家美德的“心陶型”与其说是王襞东崖，还不如说是孔子的得意门生——颜回。

韩贞现存的文字著述不多，体裁基本为诗歌，但其中直接对颜回表达敬慕之情，甚至以颜回自居的就有近十首，赞许孔颜乐处的诗作更是比比皆是，其中三首尤其值得关注：

第一，《喻灾民》[4]。隆庆三年韩贞乡邑大水，大规模灾民骚乱即将爆发，韩贞在县令的请求下，以教化成功将暴乱消弥于无形，在这首最重要的劝谕诗中，颜回和伯夷正是人格楷模。

第二，《樵歌》[5]。这是一系列抒怀组诗，是韩贞生存状态、人生态度、哲学理念等的集中呈现，诗中全面表达出韩贞轻富贵、重心性，轻王侯、重圣贤等价值取向，并明确表示颜回是他学习的榜样。

第三，《答王东崖师》[6]。在这首诗里，韩贞甚至恭敬而大胆地将王襞比为“孔子”，而自己则直接以“颜回”自居。

在重要事件的应对中，在重要感想的抒发中，在与重要对象的交流中，韩贞都不忘颜回，以他为处世修身的标准、寄托人生的目标与理想。因此说颜回是韩贞的“心陶型”当不为过，这不仅仅因为颜回自身的学养与高风，更因为他与韩贞间，存在着“贫者”超越时空的共鸣。

饱尝贫困之苦的韩贞自从师事王艮父子之后，便终生以弟子自居，因此无论颜回身处陋巷，箪食瓢饮亦不改其乐，还是他一直忠诚

---

① 《王心斋全集》，第 68 页。
② 《颜钧集》，第 1 页。
③ 《何心隐集》，第 1 页。
④ 《颜钧集》，第 185 页。
⑤ 《颜钧集》，第 181 页。
⑥ 《颜钧集》，第 173 页。

地追随其师,终成孔子最引以为傲的高足,都能引起韩贞的强烈认同感。而颜回对孔子思想的深刻理解和坚定实践,以及他好学敏行、尊师重道的谦谨态度,还有安贫乐道、心怀天下的高尚情操,也都令韩贞景慕不已。最重要的是颜回将平凡甚至困苦的人生遭遇转化为审美的生存境界,最终成为令孔子也感叹"贤哉回也"(《论语·雍也》)的儒家复圣,这样自我成就的创造实践,让韩贞将他视为"心陶型"的完美化身,并围绕着这个理想典范,通过毕生的"修"之工夫,来完成自身的审美塑造。

2. "一性一天机"

在展开具体的审美实践之前,韩贞要给其"修"找到合理性依据。因为在当时那个"唯上智下愚不移"(《论语·阳货》)的社会背景下,即便都是一贫如洗,箪食瓢饮和布衣黔首之间,依然存在着本质的差异。一个陶工要跨越阶层鸿沟,以士大夫的修身标准来淬炼自己,就不得不先从宇宙人生的最根本范畴入手来找到支撑。

"万理具在人心,人心本有天则。天则即是良知,良知不用思索。"[①]在这首诗中韩贞并无太多发挥地对心学宗旨进行印证和转述——宇宙人生一切和谐有序、自然美好,都来自大道天则,体现于人性良知,而完具于人心。在这一点上,"愚夫尧舜本来同"[②]。圣贤具有、凡人也具有,韩贞心目中的典范颜回具有、他自己同样具有,人们与生俱有成为"心陶型"那样的完美人格典范、化平凡生活为审美的生存境界的潜在可能。

接着,韩贞要明确到底向"心陶型"学习什么,才能将可能化为现实。

一人一个性,一性一天机。天机即太极,太极岂人为。[③]

① 《颜钧集》,第 170 页。
② 《颜钧集》,第 180 页。
③ 《颜钧集》,第 169 页。

在《自在吟》这首诗里，他创新地引入了一个概念“天机”。“天机”一词源自《庄子·大宗师》：“其耆欲深者，其天机浅。”谓天赋灵机，意犹灵性。活用这一概念，正是立足儒家并勇于向道释两家借取理论资源的泰州学派的特色。

值得注意的是，韩贞将“天机”与“性”“太极”并举。而宋明理学家认为：“太极非是别为一物，即阴阳而在阴阳，即五行而在五行，即万物而在万物，只是一个理而已。”[①]既然“太极”即是万有本源之“理”，而“人物皆秉天地之理以为性”[②]，“太极”即为“性”是不证自明的。然而韩贞却特意在二者间架起“天机”这座桥梁，只为点明其灵动、自如与完满的面貌。“天机到处自生生”[③]，它呈现出的正是“生”这一百姓日用的审美特征。而“心陶型”颜回恰恰能在其生存生活实践中，充分传达出“天机”如下几层审美意蕴：

首先是“天机”的自然真实而不涉人为。这是其首要的根本规定性，亦可谓泰州学派的共识。王艮认为“人性上不可添一物”[④]，深受王畿影响的王襞更是将其现成之妙发挥到极致：“良知本性，天之灵而粹精之体也……得证则日用头头，无非妙动，而纤力不与，快乐难名。”[⑤]认为惟有随“天机”自然妙动，纤微人力都不与，才可能体验到至乐至美的境界。韩贞亦有“人为天动两纷然，除却人为就是天”[⑥]之句，直接将天、人分列，“凡涉人为，皆是作伪”[⑦]，唯有“天机触处皆真”[⑧]。天理人欲正是困迷人终生的关口，甚至刻意强除欲望也是歧途，能做到“天理常明欲自消”的，惟有“乐中寻乐在箪瓢”的“心陶型”

---

① 《朱子语类》，第 2371 页。
② 《朱子语类》，第 57 页。
③ 《颜钧集》，第 171 页。
④ 《王心斋全集》，第 9 页。
⑤ 《王心斋全集》，第 215 页。
⑥ 《颜钧集》，第 174 页。
⑦ 《王心斋全集》，第 5 页。
⑧ 《颜钧集》，第 170 页。

颜回[①]，他的安贫乐道源自对天性的深切领悟，发自对良知的自然顺应，因此言行举动无非真善美的“天机”显现。

其次是“天机”的虚灵而深广。它不落实而不凝滞却能包蕴至善至美的一切，呈现出看似对立的两重特性：它能“万有浑融方寸内”[②]，“包罗天地大，贯彻古今深”[③]，但却又空落无形，“虚灵半点不容添，性体空空万善全”[④]。王襞对此有非常诗意化的描述：“心也者……莹彻虚明其体也，通变神应其用也。……呈输何限，献纳无穷，何一而非天机之动荡？……放之则弥六合，卷之则退藏于密也，扩之而无涯，溥之而莫测。”[⑤]大小精粗等衡量具体物质的标准对“天机”来说都是无效的，它不可得见却无处不在，全部真善美都一一呈现在其中。因此“了道胸中无一物”，才能“颜子家贫志不贫”[⑥]，拥有将宇宙含纳于内心的丰足。

再次是“天机”的寂静而活泼。这又是一组看似矛盾的特性，因为“天机”包孕万有，所以动与静、阴与阳，一切都对立统一于其中，这就决定它不可能一成不变，真理和美亦须在永恒运动中呈现出来，即“性体流行是道”[⑦]，因此“天机”必有“鱼跃鸢飞处处春”[⑧]的活泼，也就是王艮所谓“天性之体本自活泼，鸢飞鱼跃便是此体”[⑨]。这种永恒运动有条不紊却无迹可寻，像大海虽洋流奔涌，但远眺水面却波平浪静，即“悟得天机原寂静”[⑩]，所以对人们而言，“一心似水惟平好”，如水那样平静但不止滞，才能达到“颜巷乐陶陶”的审美境界[⑪]。就像王

---

① 《颜钧集》，第 175 页。
② 《颜钧集》，第 182 页。
③⑦ 《颜钧集》，第 170 页。
④ 《颜钧集》，第 171 页。
⑤ 《王心斋全集》，第 232 页。
⑥ 《颜钧集》，第 179 页。
⑧ 《颜钧集》，第 173 页。
⑨ 《王心斋全集》，第 19 页。
⑩ 《颜钧集》，第 180 页。
⑪ 《颜钧集》，第 174 页。

襞所言:“圣人之心常虚常静常无事,随感而应,而应自神也。是以常休休也,坦乎其荡荡也,纵横而舒展自由,洒脱而优游自在也。”[①]达到生命最高境界的孔颜圣贤,其心境圆融寂静,于事变处应对得灵明从容,一过即恢复原初的宁静而绝无沾染,美便在这动静自如中呈现出来。

“心陶型”的化身颜回,正是激荡这种自然真实、宽广深邃且动静合一的“天机”,来从容应对贫乏困苦,将坎坷的生命历程化为成就自我、超越自我的审美创造实践。于是韩贞便由此入手,开始了他抟陶造型的“修”之工夫。

3. “修身念念存三省”

韩贞用两首诗比喻自我完善至妙应“天机”的审美创造之“修”:

> 钓竿冻破换新钩,望月观云数十秋。不惜潇潇双鬓雪,此心惟在得鱼休。[②]

> 年来辛苦学淘沙,四海波中荡月华。淘得这些非自秘,满前谁是识金家。[③]

实践工夫就像钓鱼,别人只看到独钓寒江雪的闲适,惟有渔翁自己才知道这是一个艰苦卓绝的过程,必须不断摸索调整方法(“换新钩”),甚至熬到两鬓斑白也没有收获,然而志向决不能动摇,因为可能暂时“觅得深溪不见鱼”,但自有“锦鳞藏水底”[④]。而得“鱼”之后又该如何呢?就好像淘金者辛苦淘来月华般皎洁的沙金一样,不该私藏自珍,必要与天下人共享,但可悲的是,很多人都不具识金慧眼。

因此,韩贞“修”之工夫的第一步,就是“识”。

韩贞并不苦于无金,他认为人人秉有的天性良知之“真金”,可是:

---

① 《王心斋全集》,第 219 页。
②④ 《颜钧集》,第 171 页。
③ 《颜钧集》,第 171—172 页。

一段生生理,天然妙莫穷。许多人不识,错用一生功。[①]

这世上志道求美的人并非没有,但是他们千辛万苦上下求索,到头来可能一无所获,不是因为意志不坚或努力不够,而是因为方向和目标从一开始就错了,所以越用功离目标越远,从而迷困终生,这是非常可悲的。因此“识”便成为下功夫的首要步骤。

如何“识”得真而避免“错用一生功”,在韩贞看来,首先不可“外寻”。就像他告诫陆松泉那样:“圣凡总由心,松泉莫外寻。”[②]良知天性人人与生俱来,圣贤与凡夫同,“原不少些子,何须向外寻”[③]。那么向闻见世情、书册道理去寻求真理,从一开始就没能“觅得深溪”而只是缘木求鱼。王襞也有类似的论述:“诸公今日之学,不在世界一切上,不在书册道理上,不在言语思量上,直从这里转机向自己,没缘没故如何能施为作用。”[④]让人们放弃成见,转而内求诸己,从日用常行的灵明万应处体会良知发用,进而领悟良知的无处不在无所不能的自由之美。韩贞甚至更加绝对地补充道:“此般至理人人有,莫向三家纸上寻。”[⑤]不仅否定了被正统儒家看作异端的释道两家,就连儒家经典也无须寻章摘句,可谓彻底抛弃“外寻”。

接着,韩贞指出正确的“识”当从“悟”来。因为“良知不用思索”[⑥]、不由外寻,知识的堆积和逻辑的推演都无法企及,只有灵光爆破的超越性、突发性思维“悟”才能把握。

“悟”有非常明显的释家禅门色彩,心学家们向来善于会通三教,创造性地整合利用各种理论资源。王艮言及佛老虽颇视为外道,但是从他反对刻意着力的言论中,依然可以看出佛道思想的潜在影响,曾从学王畿的王襞更将释家禅门与儒家思想融合无间,颜钧、罗汝芳多有近禅之讥,至于邓豁渠等学派边缘人士甚至被直接目为“狂禅”。

---

①③《颜钧集》,第169页。

②⑥《颜钧集》,第170页。

④《王心斋全集》,第227页。

⑤《颜钧集》,第173—174页。

不过韩贞对“悟”的理解阐释并不那么深刻，他只是借用它来指点说明可遇而不可求的认识飞跃这一“识”的关键环节。

韩贞强调要向“源头悟”[①]，对此他有两句看似矛盾的论述：“悟得胸中无一物”[②]，“性悟真空空不空”[③]。人们悟到的源头，应当是良知灵明寂静，空澈如无物的境界，但这与佛家的“空”、道家的“无”又有微妙的不同：人们与生俱来的良知，其“无物”落在天性随感随应、毫无沾滞上，落在“百姓日用”间当思则思、当动则动、当止则止的灵明万应上。这正是“空不空”，良知自然流畅到令人感觉不到其存在。这“无物不空”的源头境界呈现出的空灵之美，与道家“始乎适而未尝不适者，忘适之适也”（《庄子·达生》）竟有几分异曲同工之妙，唯有“悟”可领会并返归这个源头。

在这个意义上，所有言语道理对“识”的确都是无用的了，“总然说得恰好，不若无言更妙”[④]，日常语言又怎能言说“悟”的深味？可循着这个思路，韩贞的思想就可能会走向释道歧途，在紧要关头他提出了极富儒家特色的实践步骤：师友切磋。

重视讲学传道师友切磋是泰州学派的传统，王艮、王襞、颜钧、罗汝芳等人都是讲学辩难的急先锋，何心隐甚至激进地将志同道合者聚集而成的孔子家之“会”看作最完美的社会组织形式[⑤]，可韩贞身为贫者，低微的出身和薄弱的文化功底，还有宽厚而稳重的性格等，共同决定了他虽然在乡间“倡道化俗”，“化而善良者以千数”[⑥]，却没有王艮等人“出则必为帝者师，处则必为天下万世师”[⑦]的气魄。谦虚恬退的韩贞几乎从不自居师者，一生都以学生的身份行走在求道之路上。

---

① 《颜钧集》，第 171 页。
② 《颜钧集》，第 181 页。
③ 《颜钧集》，第 182 页。
④ 《颜钧集》，第 170 页。
⑤ 《泰州学派美学思想史》，第 288 页。
⑥ 《颜钧集》，第 188 页。
⑦ 《王心斋全集》，第 13 页。

所以韩贞分外看重师友切磋,将它视为"识"之工夫的重要环节、"悟"的补充修正,所谓"孔子教人惟默识,曾参唯处要知音"[①]。当普通学者还没有达到孔子那样完美的人生境界时,与师友切磋一来可以修正个体默思的不完善之处,二来就像他自己所喻,将淘得的"真金"与人分享,在成就自我的同时成就别人。因此在韩贞诗作中,"论""谈""语""问""话"等师友交流问难的词汇屡屡出现,虽然悟得的"妙处不容言语说,真机惟在自家知"[②],但他更强调"圣学喜钻研"[③],强调"失友终无明道日,得师方有出头年"[④]。突出落实工夫而有效阻止遁入虚玄,让求学者远离画地为牢成为"自了汉"的危险。

因此,韩贞"修"之工夫的第二步,就落在了"行"上。

"识"得"人人天地性,个个圣贤心"[⑤]后,便是践行了,在韩贞看来,只要"识"得真,"行"便呈水到渠成的"率性"之势。

强调率性而不刻意着力的实践工夫并非韩贞独创,在王阳明处已有端倪,王艮也直言圣人之学"不费些子气力"[⑥],"才'着意',便是'私心'"[⑦]而流于人欲。王襞更有《率性修道说》长论,说明"率由是性而自然流行之妙,万感万应,适当夫中节之神。"[⑧]其学风"以不犯手为妙"[⑨]。

韩贞同样认为人们要体验美、实践美,只须遵从自己与生俱来的天性良知即可,"何用力安排"[⑩],这也与"天机"自然真实不涉人为的属性相应。人的心性本有至善的根芽,本有灵明的运用,而所有邪念

① 《颜钧集》,第173页。
② 《颜钧集》,第178页。
③ 《颜钧集》,第170页。
④ 《颜钧集》,第174页。
⑤ 《颜钧集》,第169页。
⑥ 《王心斋全集》,第5页。
⑦ 《王心斋全集》,第3页。
⑧ 《王心斋全集》,第216页。
⑨ 《明儒学案》,第719页。
⑩ 《颜钧集》,第169页。

欲望不是强力助长便是外界熏染，都是只一时蒙蔽，只要守定良知天性，那就如颜回"天理长明欲自消"那样，恢复原初"无物不空"的天机之美。因此"率性"是实践的唯一原则，"率性工夫本自然，自然之外别无传"[①]。甚至起念要去驱除欲望也好像水中捉月，非但捉不到月影，反而会使本来就不够清澈的水面变得动荡不安，连仅存的平静都失去。正因"此心难着丝毫力，绕着丝毫便隔关"[②]，才格外要切记"着意求玄便不玄"[③]，千万"莫将妙用翻成拙"[④]。

但韩贞的独到见解也是明显的，宽厚的他对田夫船工，甚至对倡伎盗贼都有一种一体同胞的真切同情心[⑤]，这种同情心来自其平等观念——他始终将自己视作劳苦大众中的一员。因此在论及"修"之工夫时，韩贞很少像极富传奇色彩的王艮那样，以神秘主义的口吻感叹"天下之乐何如此学，天下之学何如此乐！"[⑥]宣泄审美的高峰体验；也很难像家资已丰，虽然未涉足仕途但供给无缺的王襞那样，以士大夫的笔调谈及"鸟啼花落，山峙川流"[⑦]，细味闲逸的审美情趣，毋宁说韩贞在强调自然从容地"一任良知自主张"[⑧]，终能感受"且学颜渊乐一瓢"[⑨]的审美体验时，却是反对惬意安乐之"闲"的。

韩贞在送别林白宇时嘱咐道："老夫切切叮咛汝，莫向闲居习宴安。"[⑩]他诗作虽然也表现出乡村生活的宁静无事，但其中殷殷的清寒之意、拳拳的忧道之心溢于言表，与遗世独立的安闲退隐无涉，就像他在兄长视其游学为狂行而用激烈的手段阻止时辩解的那样："自朱

① 《颜钧集》，第 178 页。
② 《颜钧集》，第 172 页。
③ 《颜钧集》，第 174 页。
④⑧ 《颜钧集》，第 175 页。
⑤ 《颜钧集》，第 201 页。
⑥ 《王心斋全集》，第 54 页。
⑦ 《王心斋全集》，第 214 页。
⑨ 《颜钧集》，第 181 页。
⑩ 《颜钧集》，第 177 页。

师学得'勤'字,今从王师尤学得真切","岂敢惰其四肢,以失孝弟"①。他更以王襞与自己比附孔子和颜回,写道:"乾坤担子仲尼担,陋巷颜回未必闲。"②在艰辛中也不改其乐的颜回,既非无牵无挂的自了汉,也非麻木不仁的盲目者,他切实分担着孔子教化天下的重任,用他安贫乐道的具体行动树立起完美人格的标杆,垂范后人。在韩贞看来,颜回的不改之乐决非任情适意的"闲",而是恬淡中和的"静"。

"静坐""静观""习静"是韩贞推崇的实践工夫,是他认可的真正能够体验美的方式,这不是枯坐于庵中,让自己万念不起终成朽木死灰,而是要达到"应物无心常净境"③,让自己的心境还原到"天机"洁静真实的原初状态,然后任其自然流动,于是"理从欲尽源头觅,身向心萌念处修"④在这宁静自如的状态下,理欲的大关昭然显现,最终动静都暗合良知天性,所以"克念克来为至克,闲心闲却是真闲"⑤。这种"静"才是不为欲念所累的真正闲静。

"静"下来之后,便是涵育审美感受的"养"了。"着意忘机便是狂,涉心养气亦关防"⑥为了不让"静"流于刻意而违背率性之则,那就需要如关隘守军一样"养"气"养"心。如何"养"在韩贞看来一点也不玄奥,"有人唤我随开口,无事观书又养心"⑦。在日常应用间让良知自然感应发挥,不遏止不助长,在这个基础上以非功利的心态读书学习使内心更加充实,这便是"养灵根"⑧"养天君"⑨,滋养根本才能使美油然充拓,才能"静"而不枯,"静里惺惺暗点头"⑩而对美心契神会。

通过以上"修"之工夫的充分涵化,便可将审美创造实践贯彻落实到生活细节中。这首先需要带着心去践行,这就是韩贞所谓的

① 《颜钧集》,第 190 页。
② 《颜钧集》,第 173 页。
③⑦⑨ 《颜钧集》,第 180 页。
④⑩ 《颜钧集》,第 179 页。
⑤ 《颜钧集》,第 172 页。
⑥ 《颜钧集》,第 175 页。
⑧ 《颜钧集》,第 182 页。

"观",不仅仅"观"自己的内心天性,"静坐观空空亦物,无心应物物还空"[①],从心的无物不空中寻觅出良知天性的实有;还要"观草色""看鱼渊"[②]"看(水)流"[③]"对沙鸥"[④],通过观察自然界的欣欣向荣领悟大道至美的无处不在,更要纵观人类历史"看破古今"[⑤],最终达到"万象森罗悬一镜,分明都在两眸前"[⑥]。

然后便放开手脚勇猛精进。韩贞虽然强调率性,重视"静"中存"养",但却并不否定勤恳辛劳的探索。于人,他寄信勉励学友,"道德未全休歇手,工夫不进再加鞭,无端岁月催人老,一刻千金勇向前"[⑦]。于己,他更不懈怠,别人难以忍受的穷困岁月,却是他自我磨练,工夫见真章的关头:"百岁饥荒有几年,工夫到此好加鞭。"[⑧]而这"工夫"既不神秘也不超脱,就是遵循儒家子弟为人处世的行为标准:"修身念念存三省,造道时时尽五伦。"[⑨]在这里泰州学派对"百姓日用"的重视,强调在日常言行中实践美,化生活为美,化生存的过程为创造美体验美的过程之特质已有所表现。更重要的是,韩贞虽安于贫者身份、谦居弟子地位,但决不失天下国家为一体的儒者担当,他讲学赈灾、仗义疏财,不仅自己"遵尧言行即为尧"[⑩],更"立己立人行孝悌"[⑪],"只凭此意推行去,国家何忧不治平"[⑫],在成就自我的基础上推而广之,达到齐家治国平天下的最终目标。他自信地强调:"济世恐非韩柳学,安民还用孔颜才。"[⑬]他努力塑造自我,像"心陶型"颜回那样不做无用书生,而成为足以辅翼孔子,用人格魅力感化天下的济

---

① 《颜钧集》,第 180 页。
② 《颜钧集》,第 176—177 页。
③④⑤⑦ 《颜钧集》,第 178 页。
⑥ 《颜钧集》,第 174 页。
⑧⑨ 《颜钧集》,第 181 页。
⑩ 《颜钧集》,第 175 页。
⑪ 《颜钧集》,第 172 页。
⑫ 《颜钧集》,第 171 页。
⑬ 《颜钧集》,第 176 页。

世安民之才。

然而也应该注意到,韩贞这位陶工出身的思想家,其理论虽简明直接,其学风虽诚朴天真,却难免失之浅显粗疏,甚至有些观念还颇显迂腐,如对宗、孙两位节妇的竭力歌颂等。寄托了他修身理想的"心陶型"颜回,某种程度上也只是美德高行的标签,而与真正的颜子有着不小的差距。但韩贞身处社会最底层,却不甘于与草木俱朽的命运,凭借超人魄力、毅力与行动力,追寻内心的理想典范,以终生之"修"的审美创造实践不断进取,演奏出贫者在百姓日用间超越微贱之躯、塑造完满之"身"的强音。

二、"七日闭关法"——颜钧的狂者之"修"

泰州学风自王艮之后已隐然开始分化:王栋笃实守成,发师门格物诚意之旨,在当时却未引起应有的反响;王襞虽"诚心斋之肖子"[①],其学却因王畿亲炙,体现出不犯手之妙,而时有光景之讥;韩贞、朱恕虽有高名,但其思想深度和社会影响均受到学养出身等的限制。沿着王艮在道身、理欲间开辟的道路一往无前地走下去,并"一代高似一代"[②]的,当属徐樾—颜钧—何心隐/罗汝芳一脉。然而王世贞直斥心学至颜山农处已如鱼馁肉烂,黄宗羲也感叹名教已无法羁络这班赤手以搏龙蛇之辈——为学派招致异端之讥的也恰恰是这一脉,而颜钧与何心隐更是其中特立独行的异数。

如果说何心隐一生悲剧的起点,在于其社会改良实践导致了族权对皇权的冒犯,那颜钧浮湛连蹇,很大程度上是其人格缺陷招致的。他立身行事任性恣肆、极度自我,以至"世人见其张皇,无贤不肖皆恶之"[③],在时时思出其位的学派成员中也算得上狂者的代表。而

① 《王心斋全集》,第130页。

② 《焚书·续焚书》,第80页。

③ 《明儒学案》,第704页。

他的“七日闭关法”更是大胆地直接针对身体,展开了技术化、神秘化的“修”之审美创造实践。

1. “七日闭关法”

一直以来,儒家对待身体的态度都颇值玩味。一方面,君子、大同世界等理想的人格、社会典范,从客观上来说都离不开人之身的和谐完善。但另一方面,人之身也常被视为与天理相悖的人欲之渊薮,而成为需要磨练节制,甚至压抑否弃的存在。直至中晚明时期,风行一时的泰州学派才将“身”提到了前所未有的关键地位——作为崛起于民间的王门后学,学派创始人王艮从下层百姓的生存状况与真实诉求出发,通过对儒家经典平易亲切的解读,大胆主张身与道同尊,也就此完成了宋明理学“从‘理本论’走向了‘心本论’,又走向了‘身本论’”①的发展转化。

事实上,泰州学派成员已针对身体展开了创造性的审美实践:王艮曾习倒仓法并蒲轮辙环招摇过市,罗汝芳和方与时曾习澄湛、习摄心术,韩贞抱膝长歌教化乡人等,身体训练和身体表达在成员中不乏其例。然而学派视“百姓日用”②为美的本体,于是人们恰当的生存生活实践都具有了审美的意义,身体完善行动便落实到日用常行间,王艮的“明哲保身论”也正是在这一维度上展开;因此系统的身体训练不仅不被重视,甚至还被视为习长生之术,而受到“先师论明哲保身,不出爱人敬人而止,安有此等异端作用”③的告诫。唯有颜钧我行我素,独创了颇有民间特色、神秘意味的“七日闭关法”,并始终信行不疑。

(1) “七日闭关法”的个体实践。

颜钧在《明羑八卦引》《耕樵问答》等学术论著,《自传》《履历》等

---

① 姚文放《王艮“尊身论”对舒斯特曼“身体美学”的支持和超越》,《中国社会科学院研究生院学报》2017 年 2 期,第 71 页。

② 拙文《泰州学派美学的本体范畴——“百姓日用”》,《中国文化研究》2010 年第 1 期,第 136 页。

③ 《王心斋全集》,第 184 页。

生平自述,及《歌自由》《歌修齐》等文艺作品中反复提及“七日闭关法”。可见这不仅仅是其哲学思想的重要组成部分,也是其举足轻重的人生经历,甚至与审美创造实践息息相关。

“七日闭关法”是一套系统的身体训练:首先需要肉体上极度的自我克制,即“敦敦打坐,默默无语,缚目不开,塞耳不听,两手擒拿,两足盘旋”[①],有意识地摒绝五感,阻断语言,遏制行动,降低身体活力,制造一种人为的静止休眠状态。同时需要心灵上高度的澄意息念,即“回思内省,肫肫凝结,自己精神,融成一片”[②]。这并不是万念不起,心如槁木死灰,而是放逐纷纭杂念,进入静观内照的状态,达到心无旁骛的地步,就此熔铸精神,进入极富生命力和生长性的内循环,实现静与动的辩证统一。由此不上三日,“即自顿冲然,潜伏孔昭之灵洞开,焕发启明,如东日之出见,如龙泉之滚趵”[③],达到一种灵光照彻、洞澈清朗的顿悟式心理状态。如此七日后“又逼激三日,后化为臭汗,滋流皮肤毛孔中,出体如洗”[④],心理上的升华飞跃仍是有验而无迹的,必待身体上的自我清洗后才算工夫落到实处。至此人的身心内外和谐纯一,呈现出光辉洞达,清朗振奋的审美景况,实现“智巧有决沛江河之势,形气如左右逢源之机”[⑤]的脱胎换骨。从此不再过分依赖衣食而能健康生存,不再过分依赖闻见而能准确把握大道;儒家经典一读而如有心契,撰文应举等都易如反掌,更能从此经天纬地、立己达人……

虽然“七日闭关法”有健身益智甚至哲学启蒙等作用,颜钧却并没能通过它改变终身未掇一芹的事实,但他一生屡遭刑狱却寿逾九十,八十岁仍康强明敏能吟诗作文,庶几得益于此法,这也增加了他在群体层面进行运用推广的信心。

(2)“七日闭关法”的推广应用。

---

①②③《颜钧集》,第 54 页。

④《颜钧集》,第 33 页。

⑤《颜钧集》,第 24 页。

"七日闭关法"的运用推广有两种不同路径:一种是带有民间宗教秘传的性质身体训练课程。在《七日闭关开心孔昭》中,颜钧缕述了传授此法的场所选择、时间控制、具体操作等,并对学习者的呼吸法、吞咽法、睡眠法等提出相当苛刻甚至不近人情的要求。也因实践上的巨大难度,就连其最忠实的弟子程学颜都畏怯而推诿不能。另一种则采取泰州学派一贯的"百姓日用"审美实践方式,并带有身体表达的意味。颜钧闭关习成后,在其母协助下于家乡江西三都中陂村成立萃和之会,通过切身体会来为乡邻宣讲仁义孝悌为人之道,并以身作则引导他们贯彻于日常生活之中。此会兴办两个月之后全村已"唐虞瑟僴,喧赫震村谷,闾里为仁风也"①,然而不久后便因种种原因解散了。

可以说,"七日闭关法"暴露出了颜钧性格中自负狂率等缺陷,其践行与推广也绝非一帆风顺,但它从身体训练入手来实现心性的提升与灵魂的飞跃,直至进入超越性生命境界的思路却具有一定的合理性及前瞻性,甚至能与当代身体美学理论形成共鸣。

2. "七日闭关法"与身体美学实践的互证

颜钧"七日闭关法"的玄妙效用难以验证,近乎置之死地而后生的高峰体验也很难共享和复制。但其鲜明的身体美学实践特性却是无法忽视的。

(1) 身体美学实践及其中国渊源。

理查德·舒斯特曼于1996年首次提出身体美学(Somaesthetics)的概念,在他看来,哲学根本上是为生命的存续和人生的完善服务的,美学的最高作用则是提升与增进人们对美与艺术的经验,而最高级的艺术便是过一种更好的生活。因此"身体"作为生命的载体、生活的根本,是人们感知和融入世界的立足点,也是审美欣赏与创造的核心场所。身体美学便针对此而提出,来"批判性地研究我们体验

① 《颜钧集》,第24页。

身体的方式,探讨如何改良和培养我们的身体"[①],以期在自我的关系性共生之间,将完善的身体融入周围环境,最终实现对宇宙的整体性体验和把握。因此身体美学不应局限于抽象思辨的分析层面,也不能仅涉及表象性和经验性等层面,"身体训练的具体活动必须被确定为身体美学中至关重要的实践维度"[②]。基于这一维度的实践的身体美学"所关心的不是'说',而是'做'"[③],因此身体美学的第三维度——实践的身体美学也格外受到重视。

概括来说,舒斯特曼的身体美学实践主要分两类:第一类是具有哲学反思意味的身体训练。他是费尔登克拉斯技法持证从业者、亚历山大技法的娴熟掌握者,还深入进行过瑜伽、冥想、太极拳等东方身体—心灵训练,并在少林窟道场接受过龟井上木户导师系统的禅宗修炼,也开设过训练工坊传授身体练习课程,以期与人们一道完善身心统合、提升身体意识,寻找"一种自我发现和自我提高的哲学生活,进而使我们超越自我"。

第二类则将哲学思考蕴藏于身体表达中,带有当代行为艺术特色。这集中表现在金衣人(The Man in Golden)一系列身心探索中。2010年舒斯特曼在洛雅蒙修道院穿上特制服装化身为"金衣人",横跨大半个地球,终于驻足在丹麦艺术家的少女雕像"完美"面前,完成脱胎换骨的灵肉重生,寻找到人生最真实丰沛的宁静。这富有象征意义的追寻之旅被定格在《金衣人历险记》(*The Adventures of The Man in Golden*)一书中,舒斯特曼以"牝常以静胜牡"一语卒章显志,也令道家思想成为"身体美学理论来源之一脉"。

这两类身体美学实践体现出深厚的中国渊源。二者相互支撑互为表里:身体训练将思辨融汇于行动之中,去认识和掌握自我,探究和触及真理,最终体验并抵达身心和谐的人生境界。而身体表达则

---

① [美]理查德·舒斯特曼《身体意识与身体美学》,商务印书馆2011年版,第11页。
② 《身体意识与身体美学》,第48页。
③ 《身体意识与身体美学》,第47页。

基于此，体现了身体自我跨越主体边界，以期与他人、外物交往融合、共同完善的诉求与探索。前者是后者的基础，后者是前者的应用，二者共同指向“身体自我修养的宇宙模式，表达了中国儒学的身体修养理想：‘与天地万物为一体’”①。其中蕴含的身体观与泰州学派对审美主体“身”的理解是声求气应、殊途同归的，而实践形式本身与颜钧的“七日闭关法”更是存在着不少相似之处。在 2017 年 5 月“实用主义美学与儒家美学思想的对话”研讨会上，舒斯特曼也对泰州学派的身体美学实践问题表示出特别的关注。

（2）“七日闭关法”的身体美学实践特性。

在这样的语境之下，颜钧的“七日闭关法”与舒斯特曼的身体美学实践是可以形成互证的。首先，“七日闭关法”对“身体”的理解，与身体美学不谋而合。舒斯特曼指出在身体美学中，“‘身体’这个术语所表达的是一种充满生命和情感、感觉灵敏的身体，而不是一个缺乏生命和感觉的、单纯的物质性肉体。”②身体立足物质的基本维度，将精神浑融无间地纳入其中，构建出生命得以存在流动的场所。颜钧亦有言：“人之生理，自心与身。”③其中“心为人身之主”④，但他从未将二者割裂看待，也未曾将心视为凌驾于身之上的专横主宰。“七日闭关法”只能针对身心高度融合、充满生命活力的身体而展开，通过肉身的磨练实现心性的净化，又通过心性的净化推动肉身的提升，二者相辅相成缺一不可。“七日闭关法”恰恰通过具体行动诠释了身体美学实践所需的“充满灵性的身体”⑤。

其次，在“七日闭关法”中，身体既是实践主体也是实践对象，既是自我塑造、自我升华的积极创造者，也是澄明静谧的内心和敏锐灵巧的肢体的欣赏体验者，而创造升华与欣赏体验的对象与成果，恰恰

---

①《身体意识与身体美学》，第 299 页。

②⑤《身体意识与身体美学》，第 11 页。

③《颜钧集》，第 41 页。

④《颜钧集》，第 1 页。

也正是身体。身体美学同样点明审美的双重功能:"强调身体的知觉功能";"强调其审美的各种运用,既用来使个体自我风格化,又用来欣赏其他自我和事物的审美特性"①。因此在审美创造与欣赏实践中,身体便客观地具有了主客体双重属性。"七日闭关法"与身体美学实践都通过这种双重属性发现并发挥身体的巨大潜能。

再次,"身体体验与身体应用"②是身体美学实践的关注重点,同样也是"七日闭关法"的关切所在。痛苦与不适、轻松与愉悦、超越与自由等不同阶段的身体体验,在"七日闭关法"训练过程中被留心观察,深入感受,进而被赋予审美实践的意味,而脱胎换骨的全新身体则可被视为其直观成果,颜钧更尝试将其运用到日常生活中去,在自身、在他人、在群体间实现立己达人成物的理想抱负。正如舒斯特曼也认为"个人通过身体美学(特别是当我们带着更广阔的社会背景意识来构建个人身体生活方式的时候)而提高意识和权利的努力,可以富有成效地为更大的政治斗争做出贡献"③,身体美学实践和"七日闭关法"都立足于同时又逾越了自我的内在性来关注身体的感受与行动。

最后,万物一体的终极境界是"七日闭关法"和身体美学实践的共同追寻。颜钧对苦修七日证道后,身心朗畅、与天地参的审美景况做了全面细致的阐述。这种与道合一的自由境界绝非遥不可及,转化与升华的契机就存在于每个平凡个体百姓日用的实践中。舒斯特曼在面对培养更强的身体审美能量和身体审美意识能否解放那些被征服的主体问题时,同样给出了肯定的答案。他断言"在日常生活中就可以增强令人愉悦的经验实现"④,因而可"通过更强的敏锐力、自觉意识和鉴赏性……这样一种身体审美修养的观念"⑤,让人们更充

---

①《身体意识与身体美学》,第 12 页。

②《身体意识与身体美学》,第 33 页。

③《身体意识与身体美学》,第 145 页。

④⑤《身体意识与身体美学》,第 299 页。

分地去体会把握令人振奋的宇宙整体感。审美的超越境界体现为自我与外物的完满融合，这不是彼岸的救赎，它存在于人们对身体的使用和塑造中。

勇猛向前不断进取的"狂者"，常常能超越其时代局限，在瞬间触碰到未来，颜钧也是如此。他的"七日闭关法"与当代身体美学实践在终极目标和实现途径方面，跨越了数百年时空遥相呼应。

3. "七日闭关法"与身体美学实践的互鉴

舒斯特曼曾指出："将身体训练视为达到哲学启蒙和获得美德的根本途径这一观念，在亚洲的瑜伽气功、禅定和太极拳等身体训练中处于核心位置。"[①]从总体方向上来说，"七日闭关法"明显符合这种在行动中触及真理的判断，但微妙的偏差恰恰就出现在具体操作法方面。

(1) "七日闭关法"与身体美学实践的差异。

舒斯特曼在进行身体美学实践时，曾高度赞许明智而恰当的东方身体—心灵训练：以"宁静的姿势、不需努力和目的的行为，让人更清更静排除万物、专注于自己的呼吸，并因此停止联想思维的这一心灵习惯"[②]，这种"把高度集中的意识导向呼吸或其他身体感受（例如在步行冥想中脚与地板的接触）"[③]，来对抗分心走神的自然倾向的努力，最初需要专注凝神而有些艰苦，但通过持续练习就会让人感觉"非常放松、愉快"[④]，更能辐射到日常生活中，"以至于能从更强的力度、精度和深度感知日常事物和熟人"[⑤]，动作和行为也同感知一样能"变得更敏锐、确定和令人满意"[⑥]，从而能从根本上强化人的身体体验，改善人的身体使用，提升人的身体自我修养。

专注呼吸等身体感受实现静心凝神的方式同样是"七日闭关法"

---

① 《身体意识与身体美学》，第 31 页。

② 《身体意识与身体美学》，第 277—278 页。

③④ 《身体意识与身体美学》，第 245 页。

⑤⑥ 《身体意识与身体美学》，第 246 页。

采取的。但以此“若自囚”[1],通过近乎自我折磨的极端手段,有意识地挑战承受极限,最终抵达自由无碍的审美境界,获得极致的身体解放和彻底的精神升华,就绝非不需努力和目的就能实现的行为,也很难让人感到放松愉快。某种程度上说,“七日闭关法”早已超出了舒斯特曼接触到的常见的东方身体训练方式,而体现出“经典伦理学自我关怀观念中的严格训练这一核心思想(或者说苦行、禁欲)”[2]的特征。

舒斯特曼对禁欲苦行的见解是很有见地的。结合他对天主教精神敏感性的分析,可以更容易辨析“七日闭关法”的操作机制:通过长时间抑制与折磨肉体,以累积痛苦形成的巨大反差,来强化脱困之后若“平日偃埋在百丈深坑中,今朝俄顷升入天堂上”[3]的轻快感受。正是在这个意义上,躯体的宛若新生才被颜钧用来类比心智的启蒙及自我的升华。这恰恰说明了“深刻的审美体验与神秘的宗教体验都具有这种力量……这种体验具有无法抗拒的精神性,它经常表现为、上升为一种深度的身体快感”[4]。因此舒斯特曼对福柯专注愉悦的精神转化维度而将自我关怀身体化的辨析与批判,很大程度上对“七日闭关法”也是适用的。

(2) 身体美学对“七日闭关法”的辨析与批判。

福柯在身体美学层面可谓是一个惊世骇俗的践行者,他对身体的愉悦和解放极度关注,甚至希图通过自虐与毒品等偏激方式来实现自我升华的审美追求,身体美学对他的批判也更多针对其危险的实践手段展开。但舒斯特曼也辩证地发现这种张扬“与伦理、精神的禁欲苦行(当然它也具备自身特有的严峻之美)并没有本质的冲突”[5],在这个意义上,“七日闭关法”与福柯的身体实践可视为硬币的两面。

---

① 《颜钧集》,第 24 页。

② 《身体意识与身体美学》,第 64 页。

③ 《颜钧集》,第 33 页。

④ 《身体意识与身体美学》,第 67 页。

⑤ 《身体意识与身体美学》,第 73 页。

执着追寻愉悦等身体感受之强度的偏颇之处在于“不仅仅缩小了我们可感愉悦的范围，甚至钝化了我们情感的敏锐度，即那种真正清晰、精确而有力地感知自己身体的特殊能力”①，因此各类体验应当是完善自我身体修养的副产品，而非身体实践的总目标。因而对于福柯式的极端尝试，舒斯特曼担心的是刺激强度不断增加非但不能强化身体意识、增强感觉能力，反而会钝化敏感性，甚至迷失目标滑向失控。同理，很难断言“七日闭关法”的出格苦修对身心完善必然有效，而其重生般光明朗澈、身心如如的审美体验也很有可能只是对一过性的感官愉悦的误判。盲目地以加大痛苦的手段来强化身体愉悦，又将身体愉悦等同于自我完善的思路从根本上来说就是错误的。

针对于此，舒斯特曼指出：“实用主义身体美学的各种最高形式，将自我改变、自我屈从的快乐与各种针对自我控制的严格身体训练（包括姿势、呼吸、仪式化的行为动作等）结合了起来。”②身体美学实践的自我训练方式必然是严格的，但这种严格不是非理性的苛求，而是冷静有节的自控，因此即便在狂喜的高峰体验中仍能保留清醒的一隅，而不至流于放纵失控。于是身体训练实践虽为极度愉悦提供了准备，并参与其构成，却并不止步于狂欢享乐，它对感觉、意志和品格等的训练和培养都有其指导性意义。因此舒斯特曼非常强调“抑制”③在身体审美实践中的力量和作用，通过有意义的积极控制去进行身体反思，对抗有问题的自发性，习成良好完善的身体使用习惯，才能获得真正的自由。

事实上抑制与自控同样是“七日闭关法”的关键，但它明显逾越了必要的限度，反而降低了反思存在的可能性，极易沦落为追求感官的有问题的自发性。根据自身实践经验，舒斯特曼指出瑜伽等身体审美实践“达到最高的快感的方式不是通过麻醉器官的感觉冲击，而

---

①《身体意识与身体美学》，第 61 页。

②《身体意识与身体美学》，第 68 页。

③《身体意识与身体美学》，第 275 页。

是通过一种显示了自身能量强度与充实性的虚静”[①]。自我完善与升华的契机就存在于这种有节制自控带来的虚静之中。

(3)“七日闭关法”对身体美学的启发和超越。

舒斯特曼特别重视“静”这种身体体验和境界:他让金衣人栖止在一片宁静中,也曾通过批判威廉·詹姆斯超强度的身体训练,指出恰当的身体美学实践方式固然要付出艰辛努力,但“还需要(心灵的)宁静和安适”[②],就此体会并保持一种“积极而又警觉的平静”[③]。这种动静得宜、极富生长性的状态,是身体自我完善的明确标志。

然而值得注意的是,通过“七日闭关法”,颜钧早已体验到这种“积极而又警觉的平静”。他准确描述了“清明在躬,形爽气顺”[④]的身体感受:艰苦卓绝的七日苦修之后,澄静明朗的景况随之降临。由此打开关窍,从前的昏昧荡涤一空,身体敏锐自如而“透活精神常丽躬”[⑤]。于是生命力“若决沛江河,几不可遏。如左右逢原,惟变所适”[⑥],得到最大程度的解放。在这里,他用“清”与“活”这两个关键词将“积极而又警觉的平静”进一步向纵深拓展。

在心学美学中,“清”可谓重要范畴。王阳明讲究“此心清明景象”[⑦],王艮提醒要“扫荡清宁”[⑧]。颜钧也屡屡在《歌清明》等诗咏中以杲日明月、霁雪静夜、澄海清塘等意象来侔状“清”明静而纤尘不染、和谐而井然有序这两大审美特征。落实于身体便是“人心天清,人身白玉”[⑨],心性的含光澄澈,发显为身体的纯美无瑕,就此照映出宇宙人生本质规律条理畅达,运行自如。运用于外便是日用应对之

① 《身体意识与身体美学》,第 60 页。
② 《身体意识与身体美学》,第 247 页。
③ 《身体意识与身体美学》,第 249 页。
④⑤ 《颜钧集》,第 38 页。
⑥ 《颜钧集》,第 36 页。
⑦ 《王文成公全书》,第 27 页。
⑧ 《王心斋全集》,第 36 页。
⑨ 《颜钧集》,第 60 页。

"活"。宋明理学家常用"活"来摹状体现于人身的天道周流。王艮强调"良知之体,与鸢飞鱼跃同一活泼泼地"[1],而颜钧直言"日用流行,几活泼泼"[2]——人们秉承灵明无碍的天性,在不同时机与场合下,不刻意甚至不觉察便能和谐应对,在生存生活琐事中万感万应,不断呈现出无过无不及之美。生命不止息,生活不停滞,这种美就常在常新。

内能"清"而外能"活",便达到"志气硬如铁,精神活如水,身子软如绵"[3]:坚定的意志、敏锐的精神和灵活的肢体,融贯为一个活生生的全新身体,张弛有度,动静兼备,左右逢源。这理想化的身体展现出的正是"积极而又警觉的平静",更能"视自明,听自聪,言自信,动自礼。喜怒哀乐自宜节,孝弟慈让自顺德,家国天下自齐治均平"[4],生理层面、心理层面和伦理层面等实践都自然而然地运作和谐,而成为拥有无穷感染力的审美典范,在恬静安详中实现垂拱之化。

因此在身体审美表达方面,颜钧采取了比舒斯特曼的行为艺术更贴近现实生活的方式——在地处闭塞山区的家乡展开化俗实践,直至山村化为孝悌慈让的人间乐土,老人孩子"各透心性灵窍,信口各自吟哦,为诗为歌,为颂为赞。学所得,虽皆刍荛俚句,实发精神活机"[5],文盲半文盲的村民都能体认到自身"清"之心性而"活"用于日用之间,甚至能用诗词歌咏等艺术形式来展示身心的自由和畅,就此超越渺小平庸的自我和贫穷苦难的现实,并将大同世界的幻影短暂投射在中晚明现实中。

虽然颜钧素来言行夸大,但只要不是凭空捏造,"七日闭关法"就以被舒斯特曼否定的极端方式触及了他对身体美学的期许:"通过学

---

① 《王心斋全集》,第 11 页。

② 《颜钧集》,第 51 页。

③ 《颜钧集》,第 20 页。

④ 《颜钧集》,第 48 页。

⑤ 《颜钧集》,第 24 页。

习掌握一个人的身体,将之提升为体验美的容器,进而使我们获得我们内部潜藏的更强烈的力量与愉悦——一个处于更高层次的自我,或许甚至是一个神圣的灵魂或超灵(上帝)。"[①]

从"七日闭关法"和身体美学实践的互证互鉴中,可以看出颜钧之"修"的狂者特质。他对改变"人人心火"[②]的中晚明社会现实充满自信,坚信"七日闭关法"等神秘化、极端化的实践,是"单洗思虑嗜欲之盘结,鼓之以快乐,而除却心头炎火。……专辟形骸凡套之缰锁"[③]的良方,能荡涤心的过度思虑和身的过剩欲求,让人们恢复喜怒哀乐之未发的本真状态,体会真实清净的自由与完满,这甚至比如今还依然担心着对身心合一、知行合一、万物合一的笃信,会"引起我们对世界一种过于轻易和自满的和谐感"[④]的舒斯特曼走得更远。正如日本哲学家汤浅泰雄所言:"真知仅仅通过单纯的理论思考是无法获得的,还要通过'身体认识'或'身体觉悟'才能达到。"[⑤]颜钧通过"修"的审美实践,深化了泰州学派的"身本论",将对天理大道的探寻进一步切实着落在了身体上。而他的目标远不止于此,而是将社会甚至宇宙看作身体的有机延伸,完善自我又越过自我的边界,最终指向"一个身体改良主义更广阔的观念——按照这种观念,我们负责照顾和协调我们身体化的自我的环境特征,而不仅是照顾我们自己身体各部分"[⑥]。只是这样的修身之法过于依赖个人体验,在验证与运用等方面的难度可想而知;这样的进取态度的确大胆而激进,却难免过于理想化,而无法在现实社会中真正得到推行。而颜钧对"七日闭关法"的过度信执,及其过于自我的性格缺陷,也使其言行难免流于狂肆、狂荡,而与泰州学派所谓的"春"之君子相去甚远,但这种大胆激

① 《身体意识与身体美学》,第 69 页。
② 《颜钧集》,第 2 页。
③ 《颜钧集》,第 3 页。
④ [美]理查德·舒斯特曼《实用主义美学》,商务印书馆 2002 年版,第 93 页。
⑤ 《身体意识与身体美学》,第 31—32 页。
⑥ 《身体意识与身体美学》,第 299 页。

进的审美创造实践，这种独具一格的狂者之“修”，终令他成就了“以布衣名动天下”的“豪杰之士”[①]的自我塑造。

三、“直言”——何心隐的困者之“修”

何心隐的人生历程可以其改名为界限，分为两个阶段。前一阶段，即原名梁汝元的阶段，他是乡试夺魁的举人，对理想社会的改造实践抱有极大的热情。通过兴办聚和堂，他以严密的组织管理和具体的操作手段集中教化家族子弟，虽名为率教率养，共同在百姓日用间体认践行良知，但实际上，为了保证这样的教育体系得以正常运作，他对族中包括赋税劳役等在内的经济模式也进行了大刀阔斧的改革。尽管他反复强调兴办聚和堂的目的，是为一家一乡一邑井然有序、和谐繁荣；但一直以来，家、国、天下在儒家思想中是同构的，齐、治、平也是一个由近及远、自然扩充的过程。因此这项社会改造实践不可能就此止步，而必然会向国，甚至向天下延伸，而族权与皇权发生龃龉冲突也就在所难免。最终何心隐因此背负上“侵欺皇木银两”[②]的罪名，下狱流配，并在贵州充军地逃脱，从此展开流亡生涯。

而后一阶段，何心隐被迫改名，被剥夺了从前的社会身份；身陷囹圄，被剥夺了人身自由；备受拷掠，被剥夺了生命保障……就这样一步步走入穷途末路的困境。但即使在这种极端不利的条件下，他也从未停止修身的审美创造实践，通过发自内心的呼告呐喊，无畏地张扬天性，超越桎梏身体与行动的牢笼，将对自我的锤炼与塑造延续至生死一线的最后关头。在这个意义上，何心隐可被视为泰州学派困者之“修”的代表人物。

1. 何心隐生存美学实践与“直言”

何心隐不仅以“身”为审美创造的主体和对象，更将“身”之存灭

---

① 《颜钧集》，第84页。

② 《何心隐集》，第145页。

的全部过程当作事业来经营、当作典范来打磨,其“修”也因此而呈现出生存美学实践的意蕴。

(1) 何心隐的生存美学实践。

何心隐围绕“人”这一儒家基本问题,展开笃实刚毅而不乏审美意蕴的仁道之学。他在人与仁之间画上等号,据此树立起理想人格之“师”、人际关系之“友”、社会模式之“会”和实践方式之“潜”等一系列审美典范[①]。黄宗羲注意到其学最显著的特征就是“不堕影响,有是理则实有是事”[②],现实针对性极强。顾宪成认为这是“心隐辈坐在利欲胶漆盆中,所以能鼓动得人”[③]。事实上,何心隐在利欲之间恰恰取欲而舍利,因为在他看来,取欲并非喻于利,而是喻于义。因此他既对颜钧制欲非体仁之论颇有疑义,也不拘执于王艮的明哲保身之说,而独有“欲仁非欲乎”[④]“保之于身尊之后”[⑤]等心得,主张仁义亦是人的本质欲望,实现自我才是保全自我的意义之所在,而将工夫落实于事功中、将道德融合于天性中、将个体放置于群体中。这也决定了他不可能囿于书斋案头,耽于静思玄想,而必定要通过积极的实践来追求最大程度的社会影响力。因此他虽为一介布衣,却继承发扬了心斋为帝王师、为天下万世师的信念,凭着易天易地的信心、胆量和气魄,一生游走在“大侠”与“妖人”极端评价之间,完成了兴讲学、办族会、抗官府、惩奸相、御寇匪等一系列惊天动地之举。

在这个意义上,何心隐的生存生活过程是其探索、印证和展示大道真理的过程,是其终生之“修”。在日常点滴中,他寓知于行塑造自我,并希图以此影响甚至引领他人,达到“天下自归仁”[⑥]的大同之境——这正是泰州学派以个体之“身”创造“百姓日用”之美的方式与

---

① 《泰州学派美学思想史》,第 263 页。

② 《明儒学案》,第 705 页。

③ 《明儒学案》,第 703 页。

④ 《何心隐集》,第 42 页。

⑤ 《何心隐集》,第 73 页。

⑥ 《何心隐集》,第 66 页。

途径。据此可以说，何心隐将其人生历程转化为生存美学实践行动，并在很大程度上触及了福柯(Michel Foucault)“把个人生活升华为一种人格化的艺术作品——即使也服从了某些集体规范——是古代道德经验和道德意志的中心所在”[①]的精神内核。这种从自身出发并指向他人与社会的自我塑造，也使得何心隐与福柯所谓的“直言者”(parrhēsiast)形象隔空辉映。

(2) 何谓“直言”。

“直言”(parrhēsia)就是说出一切真相且不惧其危险后果的无遮无畏之言。1983 年，福柯在加州大学伯克利分校的讲座中对这一概念进行了系统阐述，其 1982—1984 年法兰西学院的课程讲座也围绕此展开。福柯指出“直言”最根本的意义就是“说出一切”，语源学上则意味着从 pan(万物)和 rhema(神谕)什么都说。参照其英译“自由言说”(free-spokenness)、法译“直言不讳”(francparler)、德译“坦率”(freimüthigkeit)等便可看清“直言”的意义疆界[②]。当拥有自由言说权的希腊城邦公民不惧触犯权威，直陈真理与真相，起到揭露和批判作用的时候，“直言”就成立了。值得注意的是“直言”不仅仅是口头话语，更包含着以行动来言说：如犬儒学派那样奉行真理，践行一种哲学化的极端生存方式，从而展示不加遮蔽和扭曲的“真的生活”(alêthês bios)[③]，就是一种“直言”行动。因此“直言者”正是用不加矫饰的语言或用毫无欺瞒的行动来坦言真理、坦露真相的人。

不能仅凭何心隐“千言万语，滚滚立就，略无一毫乞怜之态”[④]就断言他有直言者的特质，且并非所有的坦陈都是“直言”：“‘直言’首先是要对自己加以关注，要关心自己的灵魂，而‘直言’的最终目的是

---

① 秦喜清译《生存的美学》，《国外社会科学》1994 年第 6 期，第 45 页。

② [法]米歇尔·福柯《自我技术：福柯文选Ⅲ》，北京大学出版社 2016 年版，第 288 页。

③ [法]米歇尔·福柯《说真话的勇气：治理自我与治理他者Ⅱ》，上海人民出版社 2018 年版，第 270 页。

④《焚书·续焚书》，第 28 页。

为了更好地治理城邦。"[①]它以"直言者"自身的完善为前提,以提醒和启发他人"关心、照管自己"(epimeleia heautou)[②],来实现其政治的、社会的功能为旨归。在这个意义上,直言者的鹄的及其实施途径,与儒家君子修齐治平的共同目标及其渐进工夫、与何心隐"出身以继孔子,以主大道之宗"[③]个人追求及其具体实践都有着重合的轨迹。

当然,泰州学派与福柯之间不存在思想上的承续或影响关系,何心隐与直言者生存的时代背景、面对的实际情况、追寻的终极问题等也天差地别,简单类比未免枘凿方圆,扞格不入。在此不妨采用福柯读解古代哲学文献时,"将现时当下加以问题化,通过此问题化透镜审视过去,并对过去加以合理利用"[④]的思路,来考察何心隐生存美学实践的意义和价值。

(3) 何心隐的生存美学实践何以成为"直言"。

理解这种考察的合理性需要深入到"直言"内部。在福柯看来,不同于预言、哲人之言和授业之言这三种说真话的形式,"直言"必须符合以下五种特性:坦率、真理、危险、批判和责任[⑤]。

这五者中批判和危险产生于直言者与接受者之间,是"直言"发生作用的外在向度,言说真理真相能指认和映照出接受者的错误,达到批判的目的,但也会为坦诚不讳的直言者带来危险。真理则是言说的内容,是赋予"直言"以力量的内在向度,这里所谓的真不仅仅是客观事实之真,也包括言说者真诚相信其所言为真,即"述说自己之真"[⑥],因而说真话的人、真话和真话蕴含的真理是合一的。这种一体

---

① 杜玉生《"直言"与"关心自己"——福柯的古代哲学研究》,《求是学刊》2014 年第 2 期,第 25 页。

② 《说真话的勇气:治理自我与治理他者 Ⅱ》,第 7 页。

③ 《何心隐集》,第 74 页。

④ [美]爱德华·麦古欣《福柯的修行:哲学生活入门》,《哲学分析》2014 年第 2 期,第 65 页。

⑤ 《自我技术:福柯文选Ⅲ》,第 288—297 页。

⑥ 《自我技术:福柯文选Ⅲ》,第 380 页。

性促使直言者将言说真理视为对接受者同时也是对自己的责任，内外两个向度由此勾连在一起。而坦率的勇气则作为前提包覆这一切："直言"行动必须在内容上没有任何扭曲和隐藏，在形式上没有任何矫饰和变形。这五者构成一个完整的力场，从真理与伦理、自我与他人、哲学与政治等方面全方位塑造人的品性(ethos)。

尝试将何心隐生存美学实践放进这个力场内，便可看到合辙同调之处：他以奋不顾身的大胆言行，去唤醒人们发现自身的仁义天性，超越张皇逐外的扭曲现实，通过"塑造一种精神品性(ethos)，旨在改变人们置身其中、习以为常的生存状况"来实现"直言者的介入功能"[1]，最终在知行合一之"修"中把握印证大道天理，完成针对自我的审美创造。因此将何心隐视为直言者，将其生存美学实践视为"直言"是不为过的。

2. 何心隐的"直言"

何心隐的"直言"从以下几个环环相扣的层面，由内而外、由知而行、由个体而群体地展开。

(1) 心与身。

"直言"须针对某种亟待改变的实际情况发出，何心隐的生存美学实践同样有其具体语境：儒家思想中一直潜伏着忽视个体、贬斥肉身、否定欲望的倾向，这种倾向一度被宋明理学推至极致，而到阳明心学再到泰州学派，则完成了"理本论"—"心本论"—"身本论"的三步走[2]。至此"身"已是大道具体而微的展现，是创造"百姓日用"之大美的审美主体。因此王襞强调美在于人伦日用间纤力不与的自然和谐，颜钧将审美体验表述为"七日闭关"的肉身狂喜……自我中心、本能至上甚至神秘主义等倾向悄然显现，个体恣意逾越伦理藩篱而与社会群体发生龃龉等隐忧渐渐萌生。实际上王栋就已注意到学派内

① 《"直言"与"关心自己"——福柯的古代哲学研究》，第 24 页。

② 《王艮"尊身论"对舒斯特曼"身体美学"的支持和超越》，第 71 页。

出现了“终日游歌笑舞以为乐”[①]和“喜究长生之术”[②]的“同志”，而屡屡对这种耽于享乐与逆理偷生的情况提出恳切批评。

何心隐则剖视问题的本质——王艮在《明哲保身论》中虽已通过厘清“保身”与“明哲”、与“爱人”间的关系，阐明身心一体、物我不离，“保身”最终的目的还是为了“保天下”；可后人却胶执其保吾身之一端，而陷入“身有在而后不容以不保，身在尊而后不敢以不保”[③]的被动状况，人反而成了生命形躯或身份地位的奴隶。这又与学派中以“莹彻虚明其体也，通变神应其用也”[④]和“豁然内通，灿然灵光，如抱红日”[⑤]等来对“心”进行虚幻化、神秘化阐释相伴相生，如此表述虽不乏审美意味，却会导致心流于悬空光景而脱离实在之身，这不仅较之王艮“安其身而安其心者，上也”[⑥]的创见已退了一步，更出现身心支离的端倪。事实上，身本论观念内部不可避免地隐含着滋生这类偏驳之论的缝隙，何心隐也正是因此才疾呼：“中亦心也，心之心也。象身也，身立乎天地之中，中也。中也者，主也。主乎身者，中也，心也。以身主乎人之心者，中也，心也。身以主于人之心者，中也，心也。”[⑦]

在对抗身心离析的语境下，何心隐直言“心主乎身”。他首先指出身心是不可割裂的。何心隐将身、身之内的心与身之外的天地视为同构体，以“主”的功能言之，心是身的主导恰似身是天地的主导；以“中”的地位言之，心作为身之核心恰如身作为天地之核心，在这个意义上身心可谓同出而异名，即“心、意、知莫非身也，本也，厚也”[⑧]；在一定程度上二者甚至可以互换互代，即“心、意、知身乎身……身家

---

① 《王心斋全集》，第 163 页。
② 《王心斋全集》，第 184 页。
③ 《何心隐集》，第 72 页。
④ 《王心斋全集》，第 232 页。
⑤ 《颜钧集》，第 44 页。
⑥ 《王心斋全集》，第 17 页。
⑦ 《何心隐集》，第 31 页。
⑧ 《何心隐集》，第 33 页。

乎心、意、知者也”[1]，身心浑融的人类形态完满、机能灵敏、应对和谐，因此可以说心就是身。

其次，“心主乎身”是人之为人的关键。何心隐曾在《原学原讲》中围绕形与声、颜色与词气、貌与言等一系列概念展开论述：“肤膈倮倮，莫非形而人也”[2]，“肉音呀呀，莫非声而人也”[3]，但徒具其表的自然之形声必须凭借“仁，则人心也”[4]的作用，才能通过学习涵育走向智识之颜色、词气，实现伦理之貌、言，并最终与道合一而达到“仁其人”[5]的审美境地。心将仅拥有生理属性的血肉形躯塑造为富有审美意蕴的完善人身，因此可以说心决定了人之身。

最后，“心主乎身”表面看似乎踵武阳明，但与王阳明将道心视为本心，人需要以致良知的工夫去除人心才能复其本心不同，何心隐认为：“人心非有减也，道心非有加也。人聚而道，道散而人，莫非心也。”[6]下至常人百姓，上至大道周流，都由一“心”以贯之，人心道心都蕴涵和体现着仁，因而只有聚散之分而无本质区别。秉此一心，人与道亦可被视为个体与群体的关系。既然情感天性与本能欲求等是人心不可能割离的，那也就是大道不可能排斥的。正是在这个意义上，心为身之美争取到了合法性地位，因此可以说心成就了人之身。

何心隐直言“心主乎身”，并非心本论的回归，而是强调身心浑融不二。唯有明确了“心在身之中”[7]，泰州学派的身本论相对于理本论和心本论而言，才有深化与推进的意义。

(2) 乘与御。

何心隐通过其生存美学实践来传达“心主乎身”。福柯曾概括

---

① 《何心隐集》，第 33 页。

②⑤ 《何心隐集》，第 9 页。

③ 《何心隐集》，第 10 页。

④ 《何心隐集》，第 17 页。

⑥⑦ 《何心隐集》，第 31 页。

"直言"的三种形式:政治的勇气、苏格拉底的嘲讽和犬儒的丑闻[①]。即面向权威者勇敢进言、质询众人是否关注过自我的灵魂,以及践行一种哲学化的生活艺术,将自身化为一面扭曲的镜子,用变形的真实映照出虚假的现实。而何心隐的生存美学实践与任何一种类型都存在相似之处却又不能简单归并:他狱中上书辩冤固然恳切坦直,却已丧失了自由言说这一"直言"存在的形式条件;他关注人们道德心性的养成,却并未采用"直言"游戏的对话论辩形式;他虽言行叛逆,却不存在主动变形为真实之镜的自觉。应当说何心隐通过把握"乘""御"的平衡来展示生活真实应然的面貌,从而使其生存美学实践具有了"直言"行动的意义。

"乘",《广韵》谓"驾也,登也",可以理解为顺应、依凭等意。"御",《说文》谓"使马也",引申为驾驭、治理等意;可见何心隐将人类的生存生活实践过程,视为驾着身心的车马,奔向终极的审美之境的旅程,因此把握微妙平衡,在顺应中驾驭、在治理中依凭,便具有了"直言"行动的意义。

首先,何心隐围绕"欲"的乘御展开关心自己的"直言"行动。何心隐注意到要弥合身心的支离之苦,欲是跳不过的问题,但他并未像颜钧一样对欲不加辨析地一概加以肯定,也没有承袭王艮的思路,通过判究天理人欲的边际来丰富欲的内涵,为其争取合理合法的地位,而是强调欲与心亦有着斩不断的关联:"性而味,性而色,性而声,性而安佚,性也。乘乎其欲者也。而命则为之御焉。……命以父子,命以君臣,命以贤者,命以天道,命也。御乎其欲者也。而性则为之乘焉。"[②]

何心隐将《孟子·尽心下》中的性与命理解为人的自然天性和道德规范,欲便是二者依凭和驾驭的对象:目视耳听等生理机能、温饱安适等基本指标都是人的生存底线,这些与生俱来的禀赋与权利必

① 《说真话的勇气:治理自我与治理他者Ⅱ》,第288页。

② 《何心隐集》,第40页。

须凭借具体需求的生发与满足，才能化为现实并最终实现。这就是性乘乎欲，其和谐恰当的运行正是天理大道体现。“欲惟寡则心存，而心不能以无欲也”[①]的“寡欲”之说正是基于此提出的。但作为人，也必定对社会身份有所认知，对大道真理有所追求，这是人异于无知禽兽之处。因此道德规范内在引领着需求的生发与满足，而使其发而中节，契合于仁，这就是命御乎欲。便得出“仲尼欲明明德于天下，欲治国，欲齐家，欲修身，欲正心，欲诚意，欲致知在格物，七十从其所欲，而不逾平天下之矩，以育欲也”[②]的“育欲”之论——在欲这一扭结点上处理好性与命的乘御关系，便实践了个体的生存美学。

何心隐的阐发使得欲跳出本能欲望、物质享受等狭隘框架，而向伦理美德敞开。他强调身与心的满足都是人类生而秉有、缺一不可之欲，所以不能简单节制、去除与扼杀，而应在无须扭曲压抑天性的前提下，体认并涵育内在于人自身的对道德与真理的真实需要，就此发挥天性(乘)而达成天命(御)，实现身心和谐交融的自我完善与超越。由此人便不会走向存理灭欲的极端，也不至落入纵欲悖理的泥潭，而能安止于从心所欲不逾矩的审美之境。

接着，何心隐围绕“事”的乘御展开启发他人的“直言”行动。他立足身心一体的修养工夫，继承王艮“即事是学”的思路，在每一个具体对象之“事”上当下指点，以此提醒启发他人：“凡颜色之有事于视、听、思，而乘之以形乎其形于其貌者，不一其事，而亦莫非事事于貌也。……凡词气之有事于视、听、思，而御之以声乎其声于其言者，不一其事，而亦莫非事事于言也。”[③]

他从《尚书·洪范》中借用貌、言、视、听、思“敬用五事”的话语资源：貌与言是和谐恰当的外表言行。貌在事之现象中展现(乘)，言总结着事的规律(御)，这二者均为拥有视、听、思等身心基本机能的接

① 《何心隐集》，第42页。

② 《何心隐集》，第72页。

③ 《何心隐集》，第1页。

受者学习、模仿和领悟的对象。言与貌又相互支撑相互乘御:貌以具体形象印证着言(乘),即"貌必有恭,必有肃,自不类于有形之类,自足以乘乎言,乘乎视、听、思"[①];言以抽象理论诠释着貌(御),即"言必有从,必有乂,自不类于有声之类,自足以御乎貌,御乎视、听、思"[②],所以展示自身如何将生理本能之形声涵化为伦理美德之貌言的过程,便是一种言传身教的讲学,即"自有貌必有事,必有学也……自有言必有事,必有讲也"[③],在生存生活点滴琐事中以美好言行启发化育他人的实践行动,便有了直言提醒人们关心自己的意义。由此也不难理解为什么何心隐自诩为讲学不惜身命,却极少像学派其他成员那样登坛授业,并在《原学原讲》中将孔子塑造成一位即事讲学的"直言"之"师"了。

"师"在这里不只是一种职业,更是作为"理想人格的审美典范"[④]的自由主体。他首先辩证地指出,孔子出于对仁的内在追求而能"乘乎视听言动于己,而御乎视听言动于礼"[⑤],这种自如得宜的审美境地正是人真实的面貌与生活应然的样子。因此孔子一言一行便是即事讲学:"学其孔子家也,乘乎其讲者也。而讲则孔子以论以语乎成家之成法也,御乎其学者也。"[⑥]其实践行动在其著述言论中得到总结归纳,而著述言论被实践行动印证展示,作为"师"的孔子以其言行映照出虚假扭曲的现状,唤起他人奋然觉醒,去关注自我、成就自身,从而发挥"直言"改变现实的作用,让比屋可封的社会理想成为可能。

(3) 师与会。

何心隐"心主乎身"的"直言"从扭转学派的理论偏颇出发,至此终于关涉到了他最为关切的社会现实。他创造性发挥了《周易·

---

①② 《何心隐集》,第 2 页。

③ 《何心隐集》,第 1 页。

④ 《泰州学派美学思想史》,第 284 页。

⑤ 《何心隐集》,第 13 页。

⑥ 《何心隐集》,第 15 页。

泰·彖传》中"天地交而万物通也,上下交而其志同也"的说法,认为:"师非道也,道非师不幬。师非学也,学非师不约。不幬不约则不交。不交亦天地也,不往不来之天地也。"[①]天地之气交接而万物生长,上位者与下位者交流而志向相投,这种源源不息的沟通正是天地宇宙、天下家国的勃勃生机之来源,而孔子这样的师则通过传道讲学推动了"交"的周流无碍,俨然成为现实世界的维系者和成就者。更重要的是师"易天而不革天,易地而不革地"[②],不是通过破坏,而是通过春风化雨的讲学教化,潜移默化地改变社会结构与面貌,实现"直言"的治理功能,这种实践行动在何心隐看来不仅至善,而且具有吉祥亨通的"泰"的审美价值。

当"师"与"师"走到一起,便结成了"友"的社会关系:"天地交曰泰,交尽于友也。友秉交也,道而学尽于友之交也。"[③]何心隐敏锐地发现儒家的君臣、父子、兄弟、夫妇、朋友五伦中,前四者存在着天然缺陷。因为在当时的社会条件下,血缘、婚姻和阶层等在很大程度上是无法选择且难以改变的,据此结成的关系往往也僵化而虚伪。处于这种关系中的人们,正是福柯所谓的被权力技术塑造的"以客体化的方式被迫主体化的主体"[④],因此父子会落于"昵",兄弟会落于"比",夫妇会落于"匹",君臣会落于"陵""援",而陷人"八口之天地也,百姓之天地也"[⑤]。惟有朋友需要人格完满独立的师这一主体,凭着共同的志向和主动的选择才能结成。这种关系是积极、平等且富有审美意蕴的,即所谓"可以相交而友,不落于友也。可以相友而师,不落于师也。此天地之所以为大也"[⑥]。何心隐乐观地认为当个体实现师的人格理想,社会关系以友为基点,那么天地交泰、世界大同的美景便会降临人间。

然而现实中的师友之交是松散不稳定的,针对于此,何心隐尝试

---

①② 《何心隐集》,第 27 页。

③⑤⑥ 《何心隐集》,第 28 页。

④ 张旭《论福柯晚期思想的伦理转向》,《世界哲学》2015 年第 3 期,第 93 页。

着建立“会”,以朋友一伦来改造基于家族血缘形成的人伦关系:“夫会,则取象于家,以藏乎其身;而相与以主会者,则取象于身,以显乎其家者也。”[①]在会中,人们可以超越士农工商之身,脱胎换骨为身心完善的“仲尼身”[②];就此摆脱八口之家,相交汇聚成人与人和谐相处的“仲尼家”[③]。

从王艮聚集家族均分草荡开始,泰州学派就对“会”进行了初步的探索,颜钧的萃和会虽然存在时间不长,但已“唐虞瑟僩,喧赫震村谷,闾里为仁风也”[④]。何心隐则走得更远,他在梁氏家族中兴办聚和会长达数年。这个建立在血缘基础上的族会,设有物质生活、纪律礼俗等方面的一整套规章制度,保证其教育子弟讲学求仁,完成塑造师之理想人格的根本任务。于是家族成员既是父子兄弟,又是师徒朋友,共同的志向与追求又反过来强化了血缘共同体的凝聚力,梁家内部“凡冠婚丧祭,以迨孤独鳏寡失所者,悉裁以义,彬彬然礼教信义之风,数年之间,几一方之三代矣”[⑤],而对外甚至已隐然形成足以对抗代表着皇权的当地官府的力量。可以说聚和会的实践是取得了成功的,但当师友之交在家族层面辐射开来,吸纳了原本遵从君臣尊卑规范的父子兄弟等关系时,就必然会与封建皇权发起挑战,而暴露出师道与君道不可调和的天然矛盾。何心隐虽因此最终“以布衣出头倡道而遭横死”[⑥]。然而从另一个角度看,这也正是他凭借过人的胆气能力,在一定程度上实现了“直言”的社会功能,而将乌托邦的幻影短暂投映在人间。

3. 从“直言”视角考察何心隐生存美学实践的意义

从“直言”视角考察,何心隐的生存美学实践的意义体现在以下方面。

---

① 《何心隐集》,第 28 页。

②③ 《何心隐集》,第 48 页。

④ 《颜钧集》,第 24 页。

⑤ 《何心隐集》,第 120 页。

⑥ 《焚书·续焚书》,第 80 页。

首先，从这种独特的修身工夫入手，可以更好地理解何心隐何以成为泰州学派中坚。后世目何心隐为狂儒，但仅凭寡欲论、师友说等并不能将他定位成异端，而自成一格的解经，咄咄逼人的文风，“臣民亦君也。君者，均也。君者，群也”①“无父无君非弑父弑君”②等惊世骇俗之语，的确体现了言论上的离经叛道，却未必就是理念上的抗争革新。虽然大部分著述已亡佚，从存世的《爨桐集》等文献中仍可看出，这些极端化的表达其实是何心隐在力排外道的背景下采取的论战姿态，而其思想内涵并未偏离儒家学脉宗旨。甚至泰州学派的平民主义特质在他这里体现得也并不充分，他极少言及“百姓日用”，对身与心、人与道等核心问题的理解亦采取冷静克制的态度，更不似心斋、近溪等人那样对农工商贾愚夫愚妇也充满同情与信心。甚至可以说，恰恰是雷厉风行的言行风貌掩盖了何心隐学术思想的稳健与理智，但就此断言他对泰州学派叛逆精神和进步思想的继承推进只表现在大胆出格的意气壮举上，显然也有失公正。

应当注意到，激进的思想和先进的思想并不是同一个概念，当激进超越限度而产生失控的危险时，理性而节制甚至趋于保守的立场同样是先进的。何心隐对泰州学派的重要性就在于此。事实上至二传一代，学派已走到了分歧的路口：是如耿定向、周汝登等人那样安常守故，渐渐失去泰州学风的进取特质，还是如颜钧般张皇无忌，酿出更多邓豁渠之流的狂禅种子？作为三传弟子的何心隐恰在此时重申王艮身心不二的原旨，并进一步以“直言”揭橥心主乎身的要义，匡正了身本论发展过程中出现的偏离。他也因此与以亲切平易的方式破除光景、说理化俗的罗汝芳星月交辉，砥柱中流而将学派思想再次推至高峰。

其次，从辨析何心隐“直言”的修身工夫入手，可以更好地理解泰州学派的矛盾特质。实践行动与学术思想、自我定位与他人评价等

---

①《何心隐集》，第 32 页。

②《何心隐集》，第 51 页。

方面的多重矛盾错位一直缠绕着泰州学派,这在何心隐身上亦有集中体现。泰州学风确有掀翻天地的革新力量,但却表现在将仁义良知下沉化,落实在百姓日用天性间的转变上,而绝非反抗与撼动儒家思想的体系与根基,但名教异端之名却始终是学派挥之不去的阴影。出现这种矛盾错位的原因很多,由"直言"视角观之,则可清晰理解导致这一结果的权力关系。

"直言"归根结底是一种"表达无畏的、冒险的言说的自由之权利"[①]。福柯认为这种权利曾被希腊城邦公民天然秉有,而从其内部也必然会产生"谁才有资格使用直言"的问题化置疑[②]。在中国古代社会,类似的权利往往与言官诤谏联系在一起,代表着在朝士大夫的操守与风骨,也暗含着某种前提——并非人人都有资格抗声直言上达天听,这不仅需要相应的官方身份,更被视为一种荣耀、一种自我实现的途径。在野士人通过传道受业积极争取这种权利,这也是历代讲学屡遭裁抑却依然薪火不绝的原因之一。而随着庶民阶层经济地位的提升,泰州学派第一次代表这曾经沉默的群体发出声音,他们中不少人都未走科举正途,却周流天下奔走讲学。这种直言式的发声姿态本身就是挑战性的,因而无论诉求如何都难免利欲之讥,无论主张如何都难免异端之评,无论言行如何都难免狂诞之毁。沦落至困者境地的何心隐就是最直观证明,但在艰难困苦中淬炼灵魂心性,即便失去一切,也勇敢不屈地直言呐喊直至生命最后一刻,这种激荡着悲剧英雄气概的生死之"修",最终让其超越了平凡的形躯皮囊,创造出充实而有光辉的顶天立地之"身"。

王艮论"修",讲究"出处进退时宜"[③],并常用《周易》乾卦六爻来

---

① [美]乔纳森·蒙塔尔多《托马斯·默顿的无畏之言》,《世界宗教文化》2015年第3期,第106页。

②《自我技术:福柯文选Ⅲ》,第363页。

③《王心斋全集》,第61页。

况喻，更以“见龙”[①]自励自居。而韩贞的贫者之“修”，则是潜龙般退而处的极致；颜钧的狂者与何心隐的困者之“修”，是亢龙般进而出的极致。平民儒者们循着尊身—安身—保身—修身的四步，筚路蓝缕地不断前行，其自我成就的审美创造实践直至今日都有着建设性与启发性意义。

正如舒斯特曼提议身体美学，是为了“通过整合身体与精神的训练而提出一个实用主义地统一身体与精神的美学学科”[②]来对抗西方思想长久以来存在的二元论割裂，恢复身体的主体地位，让人们意识到“古代哲学曾经确切无疑地被作为生命的身体化方式而实践着”[③]，并认识到将美学归于认识论这一缺陷的客观存在，但对此的纠正与重构却必然面临传统的巨大阻力。而他在《实用主义美学》中以“羞怯的试验”[④]的态度论及身体美学，而《身体意识与身体美学》也只能通过对福柯等六位哲学家身体理论的扬弃，在防御性论辩中逐步建构起自身的美学体系。而福柯晚期思想中对“直言”等概念的关注，是对全球化背景下打破文化壁垒，应对人类面临的共同问题的状况做出回应。“但他的跨文化系谱学也是在西方内部所进行的（以法国文化、德国文化、美国文化为主），而几乎未触及到非西方文化的领域”[⑤]，虽然意识到在古希腊时期“哲学是一种体验、一种操练”[⑥]，它应与人自身修养的完善息息相关，应对人摆脱生存困境产生实际帮助，而不应仅仅作为被研究和传授的理论知识。但是要回归或重建这自“笛卡尔时期”（Cartesian moment）后便被认知和分析取代的哲

---

① 王艮《语录》中有“问‘时乘六龙’。先生曰：‘此是说圣人出处……’”“圣人虽‘时乘六龙以御天’，然必当以‘见龙’为家舍”等语。

②《实用主义美学》，第 7 页。

③《身体意识与身体美学》，第 1 页。

④《实用主义美学》，第 348 页。

⑤ [德]何乏笔《跨文化批判与当代汉语哲学——晚期福柯研究的方法论反思》，《学术研究》2008 年第 3 期，第 10 页。

⑥《福柯的修行：哲学生活入门》，第 52 页。

学传统却绝非易事。

但中国古典哲学,尤其是儒家思想从未曾放弃过浑全的整体性观念,人类个体与天地宇宙存在着牵一发而动全身的内在联系,泰州学派更是将这种联系落实在百姓日用间,所以个体之"身"的生存生活具体实践都有着印证天道、体会本心的认知意义,也成了完善自我的修行功夫,更有着齐家治国平天下、位天地育万物的深远影响和审美价值。通过践履与体验来塑造理想人格的修养工夫亦薪火相传,儒家思想尤其是宋明理学对知行合一的强调使哲学得以成为一种包含着审美意味的生活方式,泰州学派更将其进一步渗透到平民大众的生存实践中。在这个意义上,"七日闭关法"正是颜钧对这种整体性思想资源的熟练运用,其以反常合道的实践手段追求天地万物为一体终极境界的果敢尝试,可谓在数百年前埋下火种,点燃当代身体美学的视野,为其提供更广阔的眼界和更丰富的资源。由此看来,在儒家思想整体背景下,考量颜钧"七日闭关法"与舒斯特曼身体实践互证互鉴的意义,"不仅是关涉到中西美学思想资源在身体美学创构中的意义处置,尤其关系到如何发展和完善身体美学"①。而何心隐立足于天道真理,通过涵育身心而成己成人的生存美学实践,可被视为一个完成型的异质文化个案,从他者的立场上呈现出福柯关切的主体自我塑造模式,它不仅可以弥补"福柯晚期哲学在美学修养上的局限"②,更预示着在应对现代性问题时,中国乃至东方哲学思想并非只能提供一种外在的支撑,而可以有效地与西方哲学交融互渗,构建起开放多元的理论场域。

在这个意义上可以说,"修"至今仍是人类生存生活实践的重要议题,而泰州学派以"身"为主体和对象的审美创造,则能超越时代,提供积极而有创见性的启发。

---

① 方英敏《理查德·舒斯特曼与儒家身体美学思想对话的可能性、限度及启示》,《河北师范大学学报(哲学社会科学版)》2018 年第 3 期,第 100 页。

②《跨文化批判与当代汉语哲学——晚期福柯研究的方法论反思》,第 12 页。

第六章　泰州学派美学审美体验论

在泰州学派的美学理论中，每个生存在天地间的个体之“身”通过日常生活的实践行动，创造出无处不在的“百姓日用”之美。而千千万万的生民百姓在作为创造者的同时，也正是这种无处不在的美的接受者、欣赏者、体验者。通过人们体验“百姓日用”的具体感受，美的现实价值才能得到最终的实现。然而正如美是人们凭借有血有肉、有情感有思想之“身”的实践行动创造出来、并体现于现实生活中发而中节的事物与现象之间那样，泰州学派所理解的审美体验也决非纯粹艺术领域的精神净化和灵魂升华，而是与人们生存生活的方方面面息息相关。

第一节　“乐”——审美感受的本质

古往今来，人们一直在追寻着理想中的乌托邦，在这个自由的王国里，人将超越一切外在条件的束缚、摆脱一切被迫承受的苦难，以本真的形式生存。但是不得不承认，这样的自由王国是无法在现实世界中实现的。“自由王国只是在由必须的和外在目的规定要做的劳动终止的地方才开始；因为按照事物的本性来说，它存在于真正的物质生产领域的彼岸。”[①]然而处于现实中的人们却并非只能远远眺

① 马克思、恩格斯《马克思恩格斯全集第二十五卷》，人民出版社 1974 年版，第 926 页。

望着那遥不可及的乐园——在对美的观照和体验中,只存在于彼岸的自由王国会瞬间降临。这种瞬间可以在舞雩台上沐浴春风、歌咏而归中找到,可以在礼乐和谐、手舞足蹈中找到,可以在寻常人家、嬉融和睦中找到……正是这一瞬间,人们深切而真实地感受到真正意义上的自由与幸福,而就此获得了真正意义上的解放。这便是审美感受的真谛,来自美的感受正是尘世之中最具解放意义的力量。

一、"乐"范畴的内涵

泰州学派非常重视美感的这种解放力量,但却并不认为它是虚玄不可把捉的,因为美就是"百姓日用",所以美感也应当在人们的日常生存生活实践中找寻。

1. 美感即为"乐"

在泰州学派的美学理论中,可以看到他们理解的美感最基本的含义,是一种自信的欣慰,当人们以"身"创造"百姓日用"之美,进而通过这种美观照到蕴藏于自身的、顺应宇宙天地的大道真理而不加刻意做作的天性自由,这种欣慰就产生了。王艮论述说:

> 日用间毫厘不察,便入于功利而不自知,盖功利陷溺人心久矣。须见得自家一个真乐,直与天地万物为一体,然后能宰万物而主经纶。所谓"乐则天,天则神"。①

在这里,他首先尽可能清晰地交待了美、创造美和欣赏美这三者间的辩证联系——人们日常生存生活的过程和创造美的实践是辩证统一的。若人们带着目的性极强的功利眼光去看待"百姓日用"的事物与现象,久而久之习焉不察,便会被表面的荣辱得失所蒙蔽,而走入心灵陷溺的困境,渐渐产生迷失了人生终极追求的苦恼愁闷。然而拂去功利的障碍,以全新的方式,从更为根本的角度审视习以为常

---

①《王心斋全集》,第19页。

的生存生活实践内容，观照日用常行中和中节的具体形象，便会发现充斥其间的良知天性的周流，借此重新体认被闻见情识、虚假道理一时掩盖的“中”这一原初心理状态和根本生存境界，那便会体验到油然而生的“乐”。这种“乐”就是泰州学派对审美感受下的定义。

接着应当注意到，在王艮这段表述中，“乐”只与“百姓日用”密不可分，在此之外，通过奢侈享受、静坐遗世等极端方式寻求到的欢喜或恬适等感受，都不是真正的“乐”。同时，所谓的“乐”必定是“真乐”，它是真实无妄、不沾染任何虚伪做作的。这种“乐”必得自“自家”，是各人内心固有、不可剥夺同时也强求不得，即所谓“乐则天”。而这种真挚由衷的“乐”，又反过来使人们了解自己固有的宰万物而主经纶的能力，意识到自身肩负的责任并驰骋与生俱来的才能，通过琐事常行的具体实践行动源源不绝地创造“百姓日用”之美。于是创造美和体验美的过程由此化为辩证统一水乳交融的整体，人生就此而进入和谐圆融又积极能动的审美境界，这便是所谓的“天则神”。

由此可见，在泰州学派的美学中，人人固有的自家真心之“乐”正是美感的本体范畴，作为审美主体的个体之“身”创造着生活之美、同时感受着这种美，从而在从不停息的生存实践中，不断寻回一时被私欲功利所掩盖的人心的本然境界。因此“乐”这种和谐美好、怡然欣悦、积极向上的内心体验正是“百姓日用”之美的最终实现。

2.“乐”之内涵

“乐”是一个古老的范畴，早在我国传统哲学思想的源头处就已闪烁着它的光辉。它可以是一种平凡的幸福愉悦：“有朋自远方来，不亦乐乎？”（《论语·学而》）它也可以是一种超脱的逍遥自由：“与人和者，谓之人乐；与天和者，谓之天乐。”（《庄子·外篇·天道》）它时而是狂喜的宣泄：“一国之人皆若狂，赐未知其乐也。”（《礼记·杂记下》）它时而是宁静的满足：“知者乐水，仁者乐山。”（《论语·雍也》）然而无论如何，乐都与体验某种对象而引起的积极心理感受息息相关，并因为对象的不同而呈现出微妙不同的境界：有的可能只是生理的欢愉,有的停留在情感的满足,有的则上升到精神的和谐,而有的甚至抵达了人生的本原……

要深入考察泰州学派所谓的“乐”的内涵,就必须将它放在整个儒家思想的大背景下考察。儒家学派历来重视“乐”。它首先作为一种积极正面的心理状态而与“忧”相对,所谓“人不堪其忧,回也不改其乐”(《论语·雍也》)、“发愤忘食,乐以忘忧,不知老之将至云尔”(《论语·述而》)。这种心理状态并非偶然发生并短暂易逝的,它可以超越外界影响而恒久保持,正如颜回居贫固穷却依旧“不改其乐”那样,“乐”不会因外在的艰难困苦而磨灭变质。对此朱熹这样阐释:“颜子之贫如此,而处之泰然,不以害其乐……程子曰:‘颜子之乐,非乐箪瓢、陋巷也,不以贫窭累其心而改其所乐也,故夫子称其贤。’又曰:‘箪瓢陋巷非可乐,盖自有其乐尔。‘其’字当玩味,自有深意。’”[①]这就是说并非简陋的物质条件引发了颜回内心的悦乐,而是就算是艰难困苦也改变不了他内心的悦乐。在这个意义上,这自有之“乐”就不再仅仅停留在心理感受层面上,而是进一步上升为一种人所固有的和谐超然的精神境界。这种本然的“乐”之境界是纯粹无瑕的,它从容自由、欣悦美好,同时又不偏不倚、中和中节,是真理大道的本相不着纤力的显现。因此在它面前物质条件的贫穷富足,凡尘俗世的荣辱得失都变得那样渺小而微不足道。

正是在这个意义上,“乐”才成为儒家所推崇的人生最高的审美境界,从而决定着人生具体层面的取舍倾向:“乐”左右着价值取向和审美观念,因此才有了“益者三乐,损者三乐。乐节礼乐,乐道人之善,乐多贤友,益矣。乐骄乐,乐佚游,乐宴乐,损矣”(《论语·季氏》)的损益之分;才有了“君子有三乐,而王天下不与存焉。父母俱存,兄弟无故,一乐也。仰不愧于天,俯不怍于人,二乐也。得天下英才而教育之,三乐也”(《孟子·尽心上》)的孰重孰轻。同时“乐”还指导着

① 《四书集注》,第91—92页。

人们自身价值最终实现的恰当方式：体现在“知之者不如好之者，好之者不如乐之者”（《论语·雍也》）的“知、好、乐”的层层递进中，“乐”就是人们追寻“道”这一本质真理时所应采取的正确方法和态度；体现在“万物皆备于我矣。反身而诚，乐莫大焉”（《孟子·尽心上》）中，“乐”便是人们万物一体之仁的责任心和使命感。一言蔽之，作为理想境界的“乐”是人们终其一生的永恒追寻。

3. “乐是心之本体”

正因为“乐”是不依赖外界条件的、人所固有的最高精神境界，同时也是人们审美的终极生存状态，王阳明才就此断言“乐是心之本体”[①]。在他看来“乐”的根源是人虚灵不昧的良知，它是无所不包无所不晦的心体的固有属性，正所谓“良知即是乐之本体”[②]。因此这种“乐”之境界具有抽象的哲学思辨意味，更多偏重于高雅超然的精神愉悦与灵魂完善，体现了形而上的人生追求以及与此相应的审美趣味。

作为王门后学的泰州学派同样也宣称：“‘不亦说乎’，‘说’是心之本体。”[③]“乐者，心之本体也。”[④]但这种“乐”却来源于更为平易切实之处，那就是人类的本能情感层面。王艮借转述孟子的言论来奠定泰州学派理解和阐释“乐”的基调：“故孟子曰：仁之实，事亲是也；义之实，从兄是也；乐之实，乐斯二者是也。”[⑤]究其根源，人与生俱来的依恋、尊敬和顺从亲长的本能自由发挥、真挚的敬亲爱长之情得到满足时，所产生的安定、快慰与愉悦就是“乐”。因此可以看出，“乐”并不是超脱虚玄、不可捉摸的神秘体验，而恰恰是下层百姓大众人人都能深刻体会到的亲情挚爱的交流与共鸣。正如罗汝芳在一段话中

①② 《王文成公全书》，第 235 页。

③ 《王心斋全集》，第 8 页。

④ 《明儒学案》，第 723 页。

⑤ 王艮在《明儒王心斋先生遗集·与南都诸友》中，引用了《孟子·离娄上》：“仁之实，事亲是也；义之实，从兄是也；智之实，知斯二者，弗去是也；礼之实，节文斯二者是也；乐之实，乐斯二者。乐则生矣，生则恶可已也。恶可已，则不知足之蹈之，手之舞之。”

描绘出的鲜明形象那样:“汝试想像,人家母亲抱着孩儿,孩儿靠着母亲,一段嬉嬉融融的意思,天下古今,更有何乐可以加此也哉?”[①]

在罗汝芳看来,亲子之间“嬉嬉融融的意思”正是无与伦比的“乐”,对此他在“演武场会讲”时进一步论述道:

> 盖天地以生物为心。今日风暄气暖,鸟鸣花发,宇宙之间,浑然是一团和乐。今日太祖高皇帝教汝等孝顺和睦,安生守分,閭阎之间,亦浑然是一团和乐。和则自能致祥,如春天一和,则禽畜自然生育,树木自然滋荣,苗稼自然秀颖,而万宝美利,无一不生生矣。况人家一和,而其兴旺繁昌,所有利益,又何可尽言耶?故适来童子歌《诗》,谓:“乐只君子,邦家之基;乐只君子,万寿无期。”“乐只”二字,亦正是一团和气之意也。[②]

所谓的“乐”是欢欣和畅的内心感受,它是充溢于人们心中的一团和气,能带来万宝美利、兴旺繁昌的美好结果。这种一团和气之“乐”来自人们感受天地乾坤生生不已的覆载始生之仁,欣赏万物苍生的品类繁茂欣欣向荣;也来自人们体验亲友兄弟孝顺和睦的人际关系,享受天下国家的安定团结和平稳固。然而就其根源,自然界的和谐繁荣和人类社会的安定祥和,归根结底都离不开人类,尤其是最广泛的下层百姓自身的良知天性的体认发挥。这全面而彻底地体现在亲人之间最根本真挚的感情充塞流行、进而一步步推己及人、达到万物一体的日用常行之中。

在这个意义上,人们胸臆之间一团和气的“乐”,正是认识到自身固有的天性良知而产生的自信与满足。这种美好内心感受得到长久保持而渐渐稳固,便是对心之本体宁静从容的本真状态的回归。因此,“天下古今更有何乐可以加此也哉”?再没有什么内心感受比这种嬉嬉融融的一团和气更能体现出“乐”的本质。

---

① 《罗汝芳集》,第 164 页。

② 《罗汝芳集》,第 181 页。

人间至高无上的“乐”从根源到表现都是如此平易朴实。当人们观照到自身中和仁善的良知天性在“百姓日用”间潜移默化的生化周流，因此言行举止无发而中节，最终化生出天地万物生长畅茂，天下国家繁荣安定的和谐图景时，便会由衷地产生“手之舞之，足之蹈之”的欣悦快慰。

这种欣悦快慰并不具有其刻意强求的目的性，而是人遵从天性，自然而然地获得的：“即乐斯二者，亦须一切世情嗜欲，休歇解脱，方能打并精神，优游涵泳以圆活长养，乃得生恶可已，而至于手舞足蹈不自知之境界也。”[①]它拆穿了表象的蒙蔽，摆脱了嗜欲的牵缠，生生不息、优游自在地存在于人们对自身良知天性无穷能力的当下体认之中。正是这个意义上泰州学派才会直言“乐是心之本体”，因为这种“乐”是无须费心寻求或着力把持，便能油然而生的审美愉悦，它不依赖任何外部条件而自完自足，即所谓：“乐者，心之本体也。有不乐焉，非心之初也。”[②]

4. “有所倚之乐”和“无所倚之乐”

王襞进一步将这种心之本体之“乐”称为“无所倚之乐”。它和“有所倚之乐”之乐相对——“有有所倚而后乐者，乐以人者也。一失其所倚，则慊然若不足也。无所倚而自乐者，乐以天者也。舒惨欣戚，荣悴得丧，无适而不可也。”[③]“有所倚”者，须依赖外界条件然后才能得到的快乐，随着外界条件的变化，这种快乐也会渐渐改变，甚至荡然无存。一旦人再也无法感受和保持这曾经的快乐，不可遏止的失落感和沮丧感就会随之油然而生，连原本宁静的心态也将不复存在。这种乐的主动权并不把握在人们自己手中，而是落在自身无法左右的外界，因此它如同幻影般骤来骤去，只是一种无法长久保持的表象。归根结底它只相当于七情六欲之满足，而并非真正的心之本

---

① 《罗汝芳集》，第 101 页。

②③ 《明儒学案》，第 723 页。

体之“乐”。

而“无所倚”者则“乐以天”,是不为任何外界因素转移的。无论人处于顺境还是逆境,成功还是失败,甚至不论人当时的具体情绪表现是欢乐还是悲哀,这种本质的乐感都端坐于心中,是“无适而不可”的、人心固有的无所依赖的本然感受。

王襞进一步阐述“无所倚之乐”的内涵:“无物故乐,有物则否矣。且乐即道,乐即心也。而曰所乐者道,所乐者心,是床上之床也。”[①]王襞认为在“乐”“道”与“心”之间是无须中介而直接能画上等号的,这些概念完全可以互替互换。在这个意义上,“乐”不仅是心之本体,也是道之本然,不假外物、完满自足的“无所倚之乐”也就此成为人生的最高追求,生命的至上境界,乃至天地间至高无上的法则。

这种无所倚之“乐”不仅不需要外界条件来支持,甚至外物的介入对它而言还会形成一种干扰和侵害。因为心之本体已然是完满自足的“乐”,一旦为外界事物所影响便会牵缠挂碍,那种圆满与均衡将残缺倾斜,从而渐渐滑向不乐的境地。“无所倚之乐”那种无牵无挂、逍遥完满的精神境界正是天地间真理大道的体现。虽然王襞的论述多少有点虚玄的味道,但并未悖离泰州学派的原旨:王艮就明言“有事心不乐”,王栋也认为从浓香厚味或长生之术中是寻不到乐的,而颜钧经历七日闭关的苦修,追求的也正是无所牵挂、悠游于道的从容解脱。

综上所述,在泰州学派的美学理论中,人们通过安身保身的生存实践创造了“百姓日用”,又在日常生活中时刻体验着这种本质之美,从而体认到自身固有的良知天性,由此感受到油然而生的愉悦满足之情,这种心理感受便是美感之“乐”。它本是人所固有的心境,其根源正在于敬亲爱长的诚挚亲情的满足。这种本能情感是仁义礼智一切美德的根源,也是所有人生而共有、不虑而知、不学而能的良知良

---

① 《明儒学案》,第 723 页。

能。“乐”是人心本然境界，无须依赖外界条件得来。虽然它也会被外物侵扰而一时蒙蔽不见，但人们一旦直观到自身真诚的情感天性在“百姓日用”间的周流发挥，便能抛开现实中私心物欲的缠绕，从而唤醒“乐”的心理感受，体验到这种优游自在的固有的愉悦心境，从而洋洋然与大道同在、与天地同游。

在这个意义上，泰州学派美学的“乐”虽然略乏士大夫们所推崇的那种超尘拔俗的超然之趣，但却紧贴百姓生民，表现出一种朴实亲切的现实之感。泰州学派对“乐”的定义充分肯定了人们的生存本能和真挚情感的无穷力量，赋予了个体的生命存在以前所未有的地位与尊严。

二、“乐”范畴的特征

人们通过自身在“百姓日用”间视听言动无不发而中节，从而体认到与生俱来的良知天性，无须倚待外物，便能体验和保持心性本体固有之“乐”。这种“乐”有着与众不同的独有特征。

1. 平淡的无事之乐

首先是“人心本无事，有事心不乐”①。

人原初的心理状态之“中”，首先是喜怒哀乐未发时，波澜不兴但感应自如的境界。在这种状态下良知天性充塞流行、周流无碍，没有一点牵挂缠绕，人便能体会到一种本质上的欣悦与自由的具体感受。因此可以说，“中”的原初心理状态和根本生存境界本身就是“乐”的，这种平常无事之“乐”即是心之本体。因此王艮才说道：“人心本无事，有事心不乐。”由此可见在他的理解中，“乐”是人不曾遭遇外界刺激时那种平静中和，坦荡从容，毫无挂碍的心理状态。

人心无事则“乐”，有事则不“乐”，这说明人面对“百姓日用”间千

---

①《王心斋全集》，第57页。

头万绪的事物与现象,只须信任和遵循天性而根本不必刻意思量安排,便是时时无事时时常乐。然而私心物欲一旦萌生,所谓的“事”就出现了,人们平静清澈的心湖便会泛起波澜、兴起波浪,甚至卷起泥沙而变得浑浊。归根结底就是因为这些纷至沓来的念头并非得自内心而是得自于外,人心境固有的平衡宁静被打破了,随之而来的是思虑万端、恚怨滞涩,“乐”的感受便湮灭丧失。由此可见,在泰州学派创始之初,王艮便已经奠定了“乐”范畴内涵的基础:它并非精神亢奋的狂喜,也并非超然物外的解脱,而是一种与人原初心理状态和根本生存境界之“中”息息相关的最平实的心理感受——“无事之乐”。古往今来,不分贵贱贤愚,人人都曾体会并都能保持这种质朴自然的真乐,这种平淡的心理感受同时也无愧于审美感受的至高境界,它可以使得人们在宁静平和的审美体验中眺望到生命的本然境界。因此在这个意义上,感受“乐”的审美体验同时也是体认心之本体、生命本原的复初之学。

其次是不涉感官、名利的悦与不愠之“乐”。

泰州学派后学大体沿着王艮指明的方向阐释“乐”之内涵,王栋则进一步丰富并扩充着王艮“无事之乐”的内涵。他说道,“盖人之心体,本自悦乐,本自无愠”,而“悦即乐之来而几微,忻忻以向荣者也;不愠即乐之守而坚固,安安以自得者也”[①]。他同样将中和平淡的“乐”定义为人心固有的具体感受,这种感受可以保持固守但却并非恒定不变,它按照自身的内在规律不停地运动变化着:喜乐融融的“悦”便是“乐”随机而发,感应自如并且无不中节的表现;而平和稳固的“不愠”则是“乐”坚定不移,不被外界纷纭复杂的一切所干扰影响的固守状态。因此“乐”动静不失、进退得宜——“悦”是欣欣向荣的,充满了蓬勃向上的生机和活力;“不愠”则安安自得,坚守着怡然稳健的宁静与满足。于是无论在何种状态下,“乐”都保持着平静淡泊又

① 《王心斋全集》,第145页。

不失积极向上的面貌。立足于“悦”与“不愠”这两种具体表现，王栋进一步批驳了与“无事之乐”相悖的虚假的快乐。

“同志中有终日游歌笑舞以为乐者，戒之曰：游歌笑舞固非行乐事件，然若恣肆猖狂，太涉暴气，反失天性中自在和平之真体。孔颜程周之乐，都只无声无臭，今日用间但觉忻忻融融，无忧郁烦恼处，即是乐也。”①沉溺于声色犬马的物质享乐和生理满足从本质上看不仅不能寻“乐”，相反会伤害产生“乐”的“中”之心体。因为感官的满足也许一时能带给人亢奋快慰，但它不但不可能恒久保持，而且狂暴恣意极易超越界限，反而会就此损伤真正的“乐”所倚赖的那种忻忻融融、洋然和畅的自在平和之心体，使人迷失在肤浅的狂欢中。因此王栋推崇与狂暴恣意之乐相反的，无声无臭的“孔颜程周之乐”，这是一种从容洒脱不为享受所累，安详和悦不为烦恼所困的难能可贵的融洽欢欣，是挣脱了物质和生理贪欲羁绊的、超越性的审美体验。

狂暴恣意的感官享受与美感之“乐”南辕北辙，浓厚执着的功利追逐同样与美感之“乐”相去甚远。王栋认为今世之人只爱赶热闹：“如骋闻见，较事功，眩声名，露才智，皆是厚味浓香，可歆可艳，何往不是热闹心肠？又如吾辈讲学，朋侪勤勤恳恳，与人为善，岂不是好？然或就中幻出一点热闹心肠，酕醄爱乐，不知朋来之乐。孔子是甚心肠？他是直从忧世之志恻隐闵念底根上发来，故谓之尽心尽性。吾辈若不是这心肠，则便是赶热闹，便是精神逐外，便是人欲之私。”②

处于尘世之间，人往往被红尘俗事沾染，被功名利禄包围，被闻见情识左右，从而千思万虑，浮躁扰攘，从追求外在的表面的成功中获得满足。在这一片热闹之中，也许扬才闻名能让人一时春风得意，博学成事能使人一时骄傲欣慰，但这种浓香厚味之乐仅仅是一时的功利满足，它并不是“无事”的人之心体的本然感受，而恰恰是满足“有事”的物欲私心带来的快乐假象，从而无法长久贯彻和固守。在

① 《王心斋全集》，第163页。

② 《王心斋全集》，第178页。

王栋看来,撇开这种假象而明晰所见的真"乐",应当是像孔子那样从万物一体之仁出发尽心尽性,从而体验到实践人生理想的欣慰,否则便是"赶热闹"的人欲之私,这种功利满足同样从根本上背离了"乐"的审美感受和人生境界。

"乐"的美感发而为悦,守而为不愠,欣欣向荣而安安自得,才能长久停留在人们心间。因此狂暴恣意的感官之乐也好,浓香厚味名利之乐也好,归根结底都只是生理的快感和功利的满足感,而并非真正意义上的美感。狂暴的感官享受与浓厚的功利追求首先不可能发而为"悦",因为那种不恰当的激烈感情中滋生不了欣欣向荣的生机;同时也不能守而为不愠,因为过度的内心波澜平息后留下的空洞,将带给人空虚的忧虑和失落的愤懑。因此美感之乐在心中的平衡和谐就被打破了,人便处于"憧憧而虑,营营而求,忽忽而恐,戚戚而忧"[①]的状态,"而其悦乐不愠之体遂埋没矣"[②]。

再次是来自心灵深处的无愁恬淡之"乐"。

心之本体的"乐"应当是平和冲淡的,它天然自足,和谐中正,朴实淡薄,看似无声无臭,但却在"百姓日用"的平凡琐事间,表现出一种强求不得的无忧无虑,如春风般忻忻融融的心理感受。因此王栋强调:"君子之道,淡而不厌,惟淡然后不厌。"[③]

"乐"淡泊平和,摒弃驰骋声色和驰求功利。这种思想在罗汝芳处得到了共鸣:"所谓乐者,只无愁是也。若以忻喜为乐,则必不可久,而不乐随之矣。所谓得者,只无失是也。若以景界为得,则必不可久,而不得随之矣。故《中庸》曰:'君子之道,淡而不厌。'"[④]罗汝芳的论述极富辩证意味:没有忧愁就已是快乐,没有丧失就已是获得。他认为应该向宁静澄明的心之本体寻求"乐",而不应该执着于具体的欢欣喜悦的感受。追寻一时的欢喜就如同追寻影像一般,虽然看

①② 《王心斋全集》,第 145 页。

③ 《王心斋全集》,第 178 页。

④ 《罗汝芳集》,第 89—90 页。

似斑斓绚丽，但光源一旦消失便会归于黑暗空虚，唯有影像背后的光才是一切的本质。影像是华丽多变的，但光本身却永远纯粹朴素，因此真正的"乐"平淡中和而永不会被穷尽，它只是无愁无事而已，没有激烈的情感起伏，不必支离外求惶惶不可终日，但却作为本质长久存在着，并不断带来丰富多彩、积极美好的情绪感受。

在罗汝芳的论述里，无愁无事之"乐"已经跳出景界，趋近了淡而不厌的"君子之道"。而王襞则更进一步，他同样承认"乐"应当呈现出无牵无挂、不愠无愁的恬淡自由心态，与狂暴恣意、酥醧厚腻有着极大的区别，但是在王襞论述中，这种心态则更具有一种洒脱逍遥的趣味。正如他在一首诗中描绘得那样："胸中不挂一丝缠，便有工夫闲打眠。堪笑世人甘受缚，不知潇洒在何年。"①王襞明显继承了王艮"无事之乐"的根本思想，在他眼中人心本身就蕴藏着无穷无尽的"乐"的源泉，任何向外界寻求的感官和功利的满足都是自寻束缚，根本与真正的"乐"无缘；只要守持心之本体无牵无挂、自由从容的境界，自然便能在日用常行间实现饥来吃饭困来眠的悠游自在、逍遥洒脱。因此人们只要深入自己的内心，便可以寻找到那恒久存在并又遵循着自身规律不断运动变化的"无事之乐"。而在他的短篇《题鹤洲卷》中，这样的思想更是得到了淋漓尽致的展现：

> 子求子之真乐而舍证之心得乎？心也者，吾人之极，三才之根，造化万有者也。莹彻虚明其体也，通变神应其用也。空中楼阁，八窗洞开，梧桐月照，杨柳风来，万紫千红，鱼跃鸢飞，庭草也，驴鸣也，鸡雏也，谷种也，呈输何限，献纳无穷，何一而非天机之动荡？何一而非义理之克融？何彼何此，何远何近，何大何小，何精何粗，放之则弥六合，卷之则退藏于密也，扩之而无涯，溥之而莫测。是不可以智识窥而意象得也。证乎此，斯君子之

① 《王心斋全集》，第262页。

上达,而至人之大观也,焉往而非子鹤洲之乐哉![1]

王襞本就推崇“无所倚之乐”,而在这段辞彩斐然的文字中,可以看出他进一步强调心与天地间至高无上的法则“道”是一体的,是天地万物产生的根源。“心”之一切运转觉悟无非天机动荡、义理克融的寄寓和呈现,森罗万象的美好事物由此而纷至沓来、献纳无穷,这些便是产生美感之“乐”的无穷源泉。包括最普通平凡的下层百姓在内,所有的人们只需观照自身的内心世界,便可以体验道的自然周流以及因此而产生的无限之美,从而产生永不消歇的审美愉悦,根本不必倚赖他物,不需向外驰求。于是“乐”便与心同在、与人同在、与道同在,而成为天地大宇宙、人生小宇宙真理法则的征验。也正是在这个意义上,王襞强调:“孔、颜之乐,愚夫愚妇之所同然也。”[2]

“孔颜之乐”曾被泰州学派成员们反复提及。“孔颜之乐”是宋明理学家们最为向往的精神境界,它是在消融了物我彼此、摆脱了功利得失,进退出处各得其时,达到与天理大道交融合一的高度自由时,那种从心所欲不逾矩的审美的人生境界。这本是儒者们的最高追求,王艮即便大胆直言圣人与百姓同德,也未曾敢直说圣人与百姓同乐。但是到了王襞这里,这种“孔颜之乐”却拥有了愚夫愚妇都能体会的普遍性。那正是因为道无处不在、心人人俱足,因此上至圣人君子,下至百姓生民,只要他们保有“无事”时宁静祥和的心境,不为外界闻见情识、利害得失所动,便无一不能体会这种得自造化万有之心的同然之“乐”,体会欣赏生活之美的怡然自得的审美感受。

然而仔细看来,王襞论述的美感之“乐”虽然具有愚夫愚妇同然的极富平民色彩的平等性,但却又有偏重于描述个体精神活动的优游自在、无所挂碍的倾向,甚至多少带上了一点超然物外的味道,这种倾向很大程度上得自他的另一位老师王畿“现成良知”说的影响,

---

① 《王心斋全集》,第 232 页。

② 《明儒学案》,第 723 页。

从而体现出率性修道、见自家真乐的自由风范。然而自从王艮奠定了“无事之乐”的基调以来，泰州学派大部分成员强调中和冲淡的真乐时，始终没有离开人类主体道德情操的自然养成，并以求得天地万物、天下国家一体之仁为最终目标。他们所歌颂赞美的“乐”是人们遵从仁义孝悌的良知天性，在“百姓日用”的庸言常行中观照到自身如春天般欣欣向荣，生生不息的天性美德而产生的审美愉悦。这种愉悦固然摒弃个人的私心物欲，不受外界事物的牵绊影响，但却绝不仅仅限于向内心世界寻求逍遥自在，仅仅满足于心境上的无牵无挂，潇洒不羁，毋宁说泰州学派甚至是反对这种自了汉式的悦乐的。

正如王栋以古人为例说明的那样：“晋代诸贤，曲水流觞，竹林宴坐，非不乐也，而遗落世事，不明经纶主宰位育把柄，岂不流于偷闲学少年矣乎？”[①]在以儒家正统传人自居的泰州学派看来，遗世独立的内心逍遥割裂了自身与外界的联系，逃避着以一身担当天下的责任，这实际上是与人良知天性中与生俱来的能力与责任相违背的，违背了天性就是不仁，也就根本无法企及与原初心体之“中”息息相关的“乐”。因此就算所谓的内心逍遥快活能发而为悦、守而为不愠，也只是一种假象。唯有明了顺从良知天性，在“百姓日用”间摆脱物欲的影响纠缠，不计个人的荣辱得失，以发自内心的仁慈宽厚待人接物，真正做到以天地万物为一体而左右逢源，才能观照到自身仁义美德的本质力量，就此产生不依赖于外部条件的，中和冲淡、持久不息的审美愉悦。这才是无事之“乐”的真谛。

2. 简易的身心之乐

泰州学派将美感定义为“乐”，它是一种摒弃外界事物的纷繁干扰，人人心中自完自足的中和冲淡的心理感受和精神境界，它不涉及狂暴恣意的感官享受，也不涉及酡酽热闹的功利满足。然而同样也不能认为这种“乐”排斥物质层面的满足和人生价值的实现，片面追

---

① 《王心斋全集》，第164页。

求心灵的恬静欢愉。毋宁说泰州学派的“乐”恰恰是一种身心会合,内与外、物与我在仁义孝悌的良知天性周流之下,达到和谐平衡时的愉悦与欣慰。与之水火不容的,仅仅是得自于外而非真诚地发自内心深处的私心物欲的满足。正如奋斗进取不息,后天下之乐而乐的何心隐在《题仁为己任》中论述的那样:

> 仁,人也。人人相形,人己乃形。形于上者存乎人,为仁则由己也,颜子事之。形于下者人而仁,仁以为己任也,曾子重之。事仁者必竭才,必短命而死。重仁者必战兢,必死而后已。乃若孔子之为人也,发愤忘食,何竭才耶?乐以忘忧,何战兢耶?安仁者也,不知老之将至,何死而后已耶?[1]

何心隐流传于世的论著中,对“乐”的阐述并不多,但却可以看出在他的理解中,所谓的“乐”必须在人生价值最终实现的心安和人身健全完整幸福的身保两方面均不偏废。如颜子那样“事仁”固然值得尊敬,但不在乎物质条件如何,只追求形而上的仁义之道,借此求得内心的满足,若走到极端就有可能置箪食瓢饮的得与不得于不顾,忽视自身安身立命的合理的物质需求,反而至于害身而走到了良知天性的反面,此“仁”也就不能算真正意义上的“仁”,此“乐”也就不再是真正意义上的“乐”。而如曾子那样“重仁”固然值得钦佩,若一味将仁义之道有意识地贯穿于一举一动之间,就可能沦为时时提防省察,这样的战战兢兢小心翼翼,打破了人心本然的悦乐不愠的平和状态,也令人身时刻处于紧张拘束的状态,同样也违背了顺乎天道,发而中节的良知天性,离真正意义上的“乐”越来越远。

在何心隐看来,颜子与曾子都不曾体验到真正意义上的“乐”,惟有像孔子那样顺应自身的良知天性,不拘于外物、不刻意着力地与仁义为一体,而又保全自身躯体的健全、行动的自由和人生的幸福,才能自然而然在一举一动间“乐”而忘忧,“安仁”而“乐”。由此可见,孔

---

① 《何心隐集》,第 67 页。

子能够长久处于悦而不愠的“乐”之境界，是与他不仅能使内心世界达到平和冲淡的状态，更能满足自身合理的需要欲求，并与外界的具体情况随时达成和谐平衡分不开的。概言之，泰州学派论述的美感之“乐”中，始终包含着躯体的满足安定和内心的愉悦欣慰这两个方面，是身心两方面的和谐与满足。

“乐”作为一个古老的范畴，从不排斥人身物质存在的安定满足，泰州学派的观点同样如此。王艮曾这样批驳过求“乐”而不知安身的观点：“门人歌：‘道在险夷随地乐。’先生曰：‘此先师当处险时言之，学者不知‘以意逆志’，则安于险而失其身者有之矣。’”[①]所谓的“乐”从根本上说是离不开生命存在的安全稳定的，如果受到外界的威胁侵害，连人身的安定健全都得不到保障，那平淡宁静、积极美好的“乐”也只是水月镜花的幻象空谈。忽视生命生存的安全保障，抛开自身与外界的交流，放弃了个人与世界之间的和谐相得，个体不啻与世隔绝而流离失所，内心的悦乐也随之成为只片面关注内心感受的空中楼阁。唯有获得了远离危殆的安全感，人们才不至于时刻提心吊胆惶惶不可终日，才能就此而固守安安自得的“不愠”，进而随机发为由衷喜乐之“悦”。因此“身安”才能“心乐”，身心相得之感受才是全面完整的审美感受，它标志着一种从肉体到精神都和谐完满的理想的人生境界。

在这个意义上，罗汝芳的一段论述可以进一步作为王艮之言的补充：“心为身主，身为神舍，身心二端，原乐于会合，苦于支离。”[②]天性之中的“乐”得自于身与心的融合：心乐依赖于身安，并自然而然地充实为身安；身安保全了心乐，并为心悦提供了绵绵不绝的源泉。心乐身安的变化周流是一个自然而然的过程，身心和谐相得所构成的美感之“乐”也是一个自完自足的有机整体，任何一方面都不可以偏废和忽略。缺失任何一方，“乐”都将被消解而不复存在。

---

① 《王心斋全集》，第 9 页。

② 《罗汝芳集》，第 37 页。

同时也应注意到,身心会合之“乐”简易直接,但不可强求而得。在泰州学派看来,实现心乐与身安从而体会到真正意义上的“乐”,是不须着力把持,不着纤毫力气的。罗汝芳直言:“所谓乐者,窃意只是个快活而已,岂快活之外,复有所乐哉! 生意活泼,了无滞碍,即是圣贤之所谓乐,却是圣贤之所谓仁。”[①]“乐”并不是什么高深莫测难以企及的玄奥之境,也不需要费尽周章竭力寻求然后才得。获得美感之“乐”的审美体验过程本身首先就出于人类个体的身心舒畅,它一种轻松自在的合理享受,容不下任何刻意强求和牵缠负担。其次,自我与外物的和谐平衡也是平平常常纤力不与,在潜移默化间自然而然地实现的,若费力强求反而会变成张皇外求、翻作烦难,从而滞涩良知天性从容自如地生发流行,这正是与怡然自得的审美境界相违背的。因此王艮才会强调“至易至简至快乐”[②],颜钧才会直言“以为乐在其中,正道也,皆晓易知易能,不虑不学,不失乎胎生三月赤子之丹蒸也”[③],而将“乐”与简易紧紧相连。

泰州学派之所以坚信“乐”之美感必然是“简易”的,是因为究其根源,“简易”本身首先就是乾坤天地生生不息的天理大道之特性。正因为“道”摒弃繁琐、直达本质,才能无所不畴、大含细入,正所谓:“乾以易知,坤以简能。易则易知,简则易从。易知则有亲,易从则有功。有亲则可久,有功则可大。”(《周易·系辞上》)乾坤造物之道正是以平易简单来展现其无所不能的——平易便容易被知晓明了,简单便容易被遵从实行,从而最大程度地从宏观上包孕和规定着自然万物,驱动着整个宇宙运转。如果天地之道艰难繁琐、支离破碎,那就会因不可理解而难于放之四海万物皆准,拘泥细节而无法有所成效。

在泰州学派看来,秉承天地之道以生,固有“中”之天性的人们同

---

① 《明儒学案》,第 791 页。

② 《王心斋全集》,第 55 页。

③ 《颜钧集》,第 18 页。

样如此,"百姓日用"间从视听言动到人伦应酬,不同层面无非天命流行,因为这些广义上的审美体验对象恰恰出自天命之性的生发周流:

> 知者,吾心之体,属之乾,故"乾以易知"。能者,心知之用,属之坤,故"坤以简能"。乾足统坤,言乾而坤自在其中;知足该能,言知则能自在其中。如下文:孩提知爱其亲,知敬其兄,既说知爱亲、知敬兄,则能爱亲、能敬兄,不待言矣。①

罗汝芳就认为,人之良知顺乎乾之易,心之本体才能和谐圆满、悦乐不愠;人之良能顺乎坤之简,言行举止才能正己正物、物我相得。因此人生而便知亲情孝悌,生而便能敬亲爱长,并可将仁义良知自觉不自觉地贯穿于日用常行间。这个过程是不费纤毫力气的,人们观照这种良知天性的具体表现所得到的愉悦满足同样也自然从容。若非如此简易直接而是强求所得,那便与人们得自至简至易乾坤大道的天命之性相违背,从而扰乱了喜怒哀乐未发之"中"的宁静中和的原初心态,变成着力外求、造成身之坐立不安,心之情绪纷乱的不乐状态。因此王栋以心学开创者陆九渊为例,进一步强调说:"象山先生时常怪人滞泥,又时常说人不伶俐。盖人于日用应酬,才有滞泥,便即拟议作难,便不是乾之易;才不伶俐,便即粘带巧智,便不是坤之简。如何得与天地相似,何足言天性流行?"②而点明人们体验"百姓日用"之美所得的"乐"的最高境界,应当是与"天地相似",简易天然、自由自在地享受良知天性的生发周流、充塞蔓延,它当与天地万物严丝合缝地灵明运转一样,自然而然就有一种机敏准确、从容自如的"伶俐",而不应以拘泥于具体细节,或自作聪明来自寻障碍滞涩,妨碍审美体验的自身规律。

正所谓"打起精神认本体,放开怀抱即灵襟"③,人们寻求真"乐"

---

①《罗汝芳集》,第 86 页。

②《王心斋全集》,第 192 页。

③《王心斋全集》,第 196 页。

的恰当态度决不是刻意着力去扭曲助长,而是保持积极向上的精神状态,放任与生俱来的灵明天性,从而在至简至易、高度自由的审美体验中,时刻与大道同行、与乾坤相似、与天地同在。这种与天地相似的高峰体验作为儒家推崇审美的人生境界是轻松简易的,同时又不走到极端而放诞忘我;它没有任何玄奥难解的秘密和纷纭芜杂的头绪,即便是下层百姓也能知晓、体验和保持这种身与心的安宁和谐。一言蔽之,在泰州学派的美学中,审美感受之"乐"的又一大特征,正是怡然自得而轻松自如地达到心悦而身安的状态,实现身与心自然而然的自由满足,物与我不着纤力的和谐相得。

"乐"作为泰州学派美学中美感的本体范畴,首先是人心固有的本然感受。这种"乐"不依赖外界条件而存在,因为它的根源得自于人们观照到自身天性良知在"百姓日用"间的自然流行,是确认和肯定自身美德与力量时油然而生的满足和愉悦。其次,"乐"表现为人心"无事"时那种不为外物影响的中和而平淡的状态,狂暴恣意的感官享受和浓香厚味的功利满足都只会蒙蔽它使之失色。再次,虽然远不同于刻意为之的感观快乐和物欲满足,但这种"乐"决不排斥人合理的欲望需求,它是身安与心悦的全方位和谐均衡的体验。最后,"乐"具有着简易直接的特性,在摒弃支离琐碎的张皇外求、从容自如地顺从天命之性的过程中自然而然地实现。因此"乐"的极致便是与天地相似的那种从心所欲不逾矩,高度自由的审美体验;它决不高高在上神秘莫测,只要明了其本源,每个平凡百姓都能切身体会这种作为理想的人生境界的"乐"。

第二节 审美体验的实践方式

在泰州学派的美学中,"乐"被定义为美感本质,它来自人们对自身在"百姓日用"间表现出来的发而中节的良知天性的观照,并表现为一种中和平淡、简易直接的身心无事之状态。它既不同于生理快感，也决不是功利满足，而是与人们原初心理状态和根本生存境界之“中”息息相关的、悦乐不愠的本然感受。这种感受自然而然地存在着，人们往往习焉不察；加之由于生活在纷繁扰攘的尘世中，被外界的闻见情识所包围侵袭，人们常常忽略这种真正的“乐”而向外驰求表面的欢愉假象。因此人们才更要通过观察与感受“百姓日用”间点点滴滴的事物和现象，重新体认到自身“中”之天性的感应不息，恍然觉察到与生俱来的良知美德，从而产生对自己生存意义的确证与肯定，体验到最根本的愉悦与满足，获得“乐”的审美感受。于是生活实践的过程也就成了审美体验的过程，泰州学派将这个实践过程称为——“学乐”。

一、审美体验的本质——“学乐”

这里的“学乐”绝不是对美感的刻意把捉或机械模仿，也并非将“学”与“乐”简单并列，“学乐”是一个有机融结的动态的、整体的概念。

1.“乐是乐此学，学是学此乐”

所谓的“学”是儒家子弟立身为人的重要方式，它最初是指个人对儒家思想的理解领悟和对圣人典范的模仿效法，这一系列行为的目标则是为了完善个体自身的精神修养和人格境界，并最终掌握天地间至高无上的“道”。因此先儒围绕着所学为何进行过不同的阐发：有人认为应该穷究天理，有人认为应该叩问良知，而泰州学派则认为：“学者不见真乐，则安能超脱而闻圣人之道?”[①] 人们毕生之“学”，归根结底还是为了撇开世俗见闻的蒙蔽，放任良知天性周流，从而体会圣人之道，重新恢复感应自如、不偏不倚的“中”之境界，体

①《王心斋全集》，第19页。

验到那种无拘无束的本然之“乐”。王艮一首《乐学歌》充分表述了“学”的实践活动和“乐”的审美感受之间的辩证联系:

> 人心本自乐,自将私欲缚。私欲一萌时,良知还自觉。一觉便消除,人心依旧乐。乐是乐此学,学是学此乐。不乐不是学,不学不是乐。乐便然后学,学便然后乐。乐是学,学是乐。于乎,天下之乐何如此学,天下之学何如此乐!①

民间一直流传着雕塑家罗丹的话:“世界上美无处不在,只是缺少发现美的眼睛。”王艮这首《乐学歌》某种程度上是在阐述相同的道理——审美感受之“乐”无处不在,只是人们不懂得发现它的方式。而“学”便是擦亮众人被蒙蔽的双眼,使之敏锐地发现这无处不在之“乐”的根本途径。王艮首先指出,心灵若能固守“中”之状态,它本身便会洋溢着简易平淡但却无穷无尽的悦乐,然而人们却用由世俗的闻见情识中得来的私智物欲将它束缚缠绕,这便是自寻烦恼。

而人心决非麻木被动的僵化之物,面对外界强加的私心物欲,这些杂念处于一定的尚可控制之范围内时,人们与生俱来的良知便能体察到它们的存在而“一觉便消除”。这种“一觉”正是一种自动调节的功能:私心物欲落下忧虑不安的阴影,人的天性良知则如同光芒,而“一觉”便如光芒投射向黑影,自然而然便能使忧烦烟消云散,恢复心之本体悦乐不愠的本然状态。可是也应当看到,良知固然有调节消化的力量,但心灵昏昧,悒郁不乐的状况依旧在世人中存在着。正如有人询问的那样:

> 曰:“良知完具于人,又有见与昧,何也?”
>
> 罗子曰:“见是觉处,知常而觉暂。觉之现于知,犹泡之现于水也,泡莫非水,而现则有时。《中庸》‘见乎隐’,是言觉;‘显乎微’,是言知。……”②

---

①《王心斋全集》,第54页。

②《罗汝芳集》,第115页。

> 彼今人恳切用工者，往往只要心地明白与意思快活，及至才得明白、快活时，俄顷之间，又倏尔变幻，极其苦恼，不能自胜。①

人生活在尘世间，无时无刻不受到外界纷繁俗事的侵袭，因此产生杂念私欲的可能也源源不绝、从不停息。良知的“一觉”是短暂的，如水泡般容易消隐，因此良知之“觉”的廓清能力只是在一定的范围之内。人们若不掌握恰切的方法，使暂时之“觉”化为长久之“知”，就算努力用功也未必能常常保持那种快然抖落私欲束缚的无事之“乐”。因此找寻“心地明白与意思快活”的“求乐”宗旨固然不差，但若因为不明白用工之法，即便孜孜不息恳切辛苦，也只能才感受到瞬间的悦乐快活，便又被无尽的苦恼烦闷淹没。

在这个意义上，如何能保持良知“一觉”的成果使之变为“常知”，从而从容应对凡尘俗世间无穷无尽的私心杂念的侵扰，时时恢复又时时保持悦乐不愠心之本体便成为最要紧工夫——这便是“学乐”的关键内容。

2. 由“一觉”至“常知”

在经过颜钧改造的《乐学歌》版本里，“学乐”对“一觉”化为“常知”的关键作用呈现得尤其明显：

> 心斋夫子自得教人曰：人心本自乐，自知中正学。知学日庸中，精神鼓飞跃。飞跃成化裁，人心同学乐。乐是乐此学，学是学此乐。乐便然后学，学便然后乐。不乐不是学，不学不是乐。乐是学，学是乐。呜呼，天下之乐，何如此学！天下之学，何如此乐！山农受传，而造有获，自成仁道。②

颜钧对《乐学歌》最大的改编，就是在肯定了人与生俱来的“乐”之本然心体的同时，更强调了“知学日庸中”的自然性和必要性。所谓的“学”不仅是人们恢复身心无事之“乐”的关键手段，也是人们不

① 《罗汝芳集》，第127页。

② 《颜钧集》，第42页。

需刻意学习的本能。如果人们在“百姓日用”的琐事常行间,时刻不间断的体验遵从“中”之天性良知,那么“一觉”之功自然鼓舞飞跃、周流不息,人便能超越世俗功利的纷扰,振奋精神飞扬情绪,从而体会到本质的快乐欣慰,这正是“学”之工夫的效验。

王栋深谙《乐学歌》本旨,坚信人们与生俱来的“学”的能力,因而直说:“孔门教弟子不啻千言万语,而记《论语》者,首曰:‘学而时习之,不亦悦乎!’是夫子教人第一义也。”[①]孔子一生之所教人,儒家弟子一生之所学习,无非是荡涤忧烦私欲的蒙蔽,认知心体的本然之“乐”。而心体绵绵不绝的悦乐不愠感受,也正是此学的效果和证验。“故时时学习,则时时复其本体,而亦时时喜悦。一时不习,则一时不悦,一时不悦,则便是一时不习。可见圣门学习,只是此悦而已。”[②]在这个意义上,可以说所谓的孔门之“学”,可视为教人们懂得从超越性的审美角度,去看待早已习以为常的现实生活,在“百姓日用”间欣赏视听言动、喜怒哀乐、生计奔忙、人伦应酬等行止之间的不偏不倚发而中节,从而不断感受、体验和认知良知天性的生发流行、感应无碍,借此重新体会到心之本体的无事无愁、悦乐不愠的自由的“乐”之审美境界。

与此同时,在恢复心之本体的“学”中,实现对自身“乐”之本然感受的体认和保持,反过来又有助于祛除私心物欲的侵扰,放任至善至美的良知天性。正如王艮所说得那样,如同淘尽混入清水中的泥沙杂质,恢复心之本体的晶莹清澈、自由无碍,即所谓的“学能变化气质”[③]。这是“学乐”的必然结果,然而后世之人却往往颠倒了本末:“变化气质,本是后来效验,今人皆作工夫用。悦乐心体,本是见在工夫,今人反作效验看。二者辨之弗明,是耽阁了。”[④]

“学乐”是当下工夫,使良知祛除私欲的调节消化能力由“一觉”

---

①② 《王心斋全集》,第 145 页。

③ 《王心斋全集》,第 39 页。

④ 《王心斋全集》,第 175 页。

上升为“常知”，从而迅速恢复并长久保持圆融清莹的心之本体，令人们的内心处于无事之境界。可是人们却将悦乐不愠的内心感受，看作去除私心杂欲的成效，于是时时刻刻小心翼翼地察私防欲，唯恐行为举止间有所失当有所不足。以此求“乐”无异于缘木求鱼，而且这种战战兢兢的察防，更会扰乱平和恬淡的“中”之境界，反而蒙蔽了灵明的良知天性。泰州学派认为，人们尤其是下层百姓之所以不懂得如何寻求“乐”，很大程度上便是耽搁在这里，只要对症下药点明其中奥妙，人人便都能掌握恰当的“学乐”之宗旨。

因此只要人们“学”而不止，良知天性便能摆脱见闻情识的蒙蔽缠绕，它的调节消化能力便由稍纵即逝的“一觉”化为随机应变的“常知”。因此就算外界的纷繁诱惑不断侵袭，周流不息的良知也都能洞察无疑，私心物欲皆无足挂碍，人的身心便常常安处于平淡无事的“乐”之境界。在这个意义上“学不离乐”才成为“孔门第一宗旨”①。

3. “学不离乐”

“学”与“乐”是紧密联系不可分割的，认知领悟之“学”和心体本然之“乐”必定并肩同行：“乐”是“学”领悟和把握的对象，通过体验它而发现人自身良知天性的存在和运动；“学”融化于寻求美感之“乐”的审美体验中，是最为根本的完善自我把握天道的方式。倘若“学”有间断，那私虑便会乘虚而入，破坏“乐”的审美心境；若“乐”有阻滞，那定是“学”尚未精纯，导致心底意思明白快活在倏忽间变幻，因此“学乐”工夫一言蔽之：“才没意趣，便是工夫间断。才有窒碍，便是工夫差错。”②“学不离乐”正是在这个意义上提出的，其宗旨可总结为六个字：不费力、不间断。

首先是不费力。

“孔子励发愤忘食之志，只是做乐以忘忧底工夫，其自叙终身好

---

①《王心斋全集》，第145页。

②《王心斋全集》，第162页。

学之至,亦惟于此一乐而已,岂独教人然哉!”[①]被奉为千古圣人的孔子一生发愤忘食,孜孜不倦的追求,归根到底都是在做“乐而忘忧”的工夫。这并非查私防欲的刻意把持,而是在不断琢磨完善自身修养的过程中,体验日常点滴间的良知天性,收获悦乐不愠的平和心境,于是艰苦的学习修炼就化成了从容欣悦的审美体验,“学”与“乐”就此融为一体。

因此王艮感叹:“天下之学,惟有圣人之学好学,不费些子气力,有无边快乐。若费些子气力,便不是圣人之学,便不乐。”[②]这段话辩证地揭示了孔子的求乐之学不须刻意用力:因为有用力处便有不用力处,一旦用力,自然流转的“学”的工夫,就会被外力打扰,而“乐”也会就此丧失。唯有在怡然自得的审美体验中当下提点,随处体认,平淡简易的融融之“乐”才会悠然而现,而良知天性才会始终清莹无暇不为外物所蔽。“学乐”的关键就在这里。在泰州学派看来,圣人孔子之所以成为万世师表而被人们推崇仰望,并不是因为他不食人间烟火、从不产生私欲忧虑,而是因为他内心深处时时刻刻都从未停止过简易自然的“学乐”工夫,私欲忧虑如云烟般一过不留。

其次是不间断。

泰州学派始终坚信圣人所能知能行的,下层百姓未必不能知不能行,因此圣人孔子的“学乐”工夫同样可以传之百姓大众。本然之“乐”常被私心杂念侵扰而使人闷闷不乐,良知天性固然自然而然便会寻求解脱之道,但对于常人百姓来说,这种解脱往往是暂时并且表面的,随时随地都会变幻消散。唯有圣人能常常保持,化觉为知,守住心体悦乐而不失,正所谓“功夫得不间断,方是圣体”[③]。这同时也可以看出,在泰州学派看来,圣人之“学乐”工夫并无玄奥难解之处,它和下层百姓的“学乐”工夫唯一的差别,只在于是否能延绵持续而

---

① 《王心斋全集》,第 146 页。

② 《王心斋全集》,第 5 页。

③ 《罗汝芳集》,第 127 页。

从不间断：

> 若人于其变幻之际，急急回头，细看前时明白者，今固恍惚矣；前时快活者，今固冷落矣。然其能俄顷变明白而为恍惚，变恍惚（按，疑为"快活"。）而为冷落，至神至速，此却是个甚么东西？此个东西既时时在我，又何愁其不能变恍惚而为明白，变冷落而为快活也耶？故凡夫每以变幻而为此心忧，圣人每以变幻而为此心喜。①

圣人之所以能工夫不间断而时时悦乐，是因为他们能从时喜时忧的变幻中，体察到自身心体之"乐"的本质来源，那就是古往今来人人俱足的良知天性。它主宰心中并从不停滞地变幻着，虽然变幻莫测又从不背离发而中节的核心。因此圣人便能明了一时私欲纠缠带来的愁闷烦恼根本不需挂怀，只要信任自我并完善修养，任由良知天性的本质力量于"百姓日用"的琐事常行间充塞发挥，那么外界强加的忧虑便不能损害心体之悦乐，反而会像日光下的阴影一样消散湮灭。

圣人正是领悟体会到这一点，遇上私欲忧虑的一时错失，便能发挥良知觉察消化的本质力量，从而感应不息、工夫不断，就此达到不为外界私欲杂念牵绊的自由的、审美的人生境界。而常人一旦遭遇私欲蒙蔽便迁延忧虑，懊悔不乐。其实这个时节恰恰应当像圣人那样回头细看，以这暗中蕴含着良知天性灵明感应的变幻为喜，做到"莫烦恼前头失处，只喜乐今日觉处，此方是见在真工夫。烦恼前头失处，尚在毁誉上支持，未复本体，喜乐见在觉处，则所过者化，而真体以呈露矣"②。过去的错失已然发生也不可更改，那就应当放眼未来，不应因为拘泥牵挂前头失处而妨碍了心灵的宁静平和，这样忧虑便会自然溶化消失，悦乐不愠的心体便会恢复呈现。这不着纤毫力气的诀窍正是由凡人至圣人举步可达的"学乐"工夫。

---

① 《罗汝芳集》，第127—128页。

② 《王心斋全集》，第153页。

由此可知,正所谓"故愈平常则愈本色,省力处便是得力处也。日用间有多少快活在"[①],以一种审美体验的态度去对待现实生活,在"百姓日用"间观照良知天性自然而然、发而中节的生发流行,化解所有外来的私心物欲,这种"学乐"工夫正是轻松畅快的审美体验,它可以让所有凡人百姓恢复并保持心体的本然之"乐",并在从不间断却又从容自如的"学"之工夫里达到圣人的境界。

以耿定向所述概言之:"人为情欲所梏,多致抑郁,时一自舒畅,便是乐。"[②]良知之"一觉"能自然而然地消化调解外界闻见情识的缠绕桎梏,将人心由外物私欲中解放出来,恢复原初的舒畅愉悦之"乐"。然而若要良知天性"一觉"的调节功能得以生发自如,就需得有不间断的工夫,而这种工夫便是"学乐",即不刻意维持着力强求,不患得患失泥滞作难,只是于日用常行点点滴滴间顺应与生俱来的孝悌仁义美德,欣赏自身行止举动无不发而中节的本质力量,从而在体会良知天性的周流中认识悦乐不愠的本然心体。

这个过程正是简易而直接、从容而自然地欣赏"百姓日用"这一人类自身本质力量的感性显现的过程。圣人明了人心之本体的本然悦乐感受,只有在审美的境界中才能最终恢复,从而在平凡的人生中"以生为乐,以乐为学"[③],时时优游自在。这便是圣人为圣的原因之一。同样,平凡百姓只要能明了"学乐"不离,不纠缠粘滞于曾经的错失,便能将艰苦的人格磨练与完善化为怡然的审美体验,就此获得工夫不间断之圣体,实现由凡至圣的跨越。

二、"学乐"的具体方式

如何具体实施"学乐"的实践,泰州学派认为不应向外部世界、抽

---

① 《王心斋全集》,第 224 页。

② 《明儒学案》,第 822 页。

③ 《颜钧集》,第 22 页。

象理论中寻求，而是应当先回归人的自身来找寻。

1. “乐学”与“反身”一体

在泰州学派的美学中，“学乐”是人们通过审美体验磨练人格境界，体认良知天性，恢复悦乐心境的独特方式。它不同于一般的修身处世之手段：

> 一友谓：“某之教人只‘反身’‘乐学’两件工夫为要旨。”曰：“此亦只是一事。”“何谓一事？”曰：“事事反身以自诚，则障碍不生，而真乐在我，所谓学便然后乐也。时时寻乐以为学，则天机不滞，而反己益精，所谓乐便然后学也。故孟子曰：‘反身以诚，乐莫大焉。’又曰：‘乐则生矣，生则恶可已。’故曰一也，二之则不是。”①

在泰州学派看来，“乐学”与“反身”是一体的，这种思想很大程度上源于孟子所谓“反身而诚，乐莫大焉”（《孟子·尽心上》）的说法。要理解“反身”何以能够“学乐”，就必须先了解何谓“诚”。

这里的“诚”不仅仅指真诚不欺，诚实有信，更是意味着：“诚，实也。言反诸身，而所备之理皆如恶恶臭、好好色之实然，则其行之不待勉强而无不利矣，其为乐，孰大于是？”②“诚”是天地万物存在的本然状态，因此“反身而诚”就是向自身内省，寻求自我的实质，从而了解到不须勉强做作却能无往而不利的良知天性，于是由衷喜悦和根本自由之“乐”就此产生了。在这个意义上，“学乐”正是一步步了解自我，进而一步步肯定和欣赏人类与生俱来的美德和力量的过程。因此王栋才总结道：“先师《乐学歌》，诚意正心之功也。”③王艮《乐学歌》教人“乐是乐此学，学是学此乐”，归根到底正是在向人们指点如何反躬自省，正身之所主的心，实心之所发的意，遵从自身本真的生

---

①《王心斋全集》，第 176 页。

②《四书集注》，第 370 页。

③《王心斋全集》，第 156 页。

存状态,从而达到自由从容而不违天性的审美的人生境界。

而王襞这样感叹:“古今人人有至近至乐之事于其身,而皆不知反躬以自求也。迷闭之久,则临险阻以弗悟,至枯落而弗返,重可悲也夫!”[①]人类个体处于纷繁扰攘的尘世间、复杂多变的人际关系中,常常因种种矛盾纠葛而陷于不乐之中。在这种情况下,人们往往不知乐也好不乐也好,问题的症结实际上在于各人自身,反而总是或感叹身世与命运,或责难环境与旁人,就此堕入误解与迷惘中,离悦乐心体越来越远。因此反身而诚的“学乐”另一个重要方面,就是所谓的“反身正己而不责人”[②]。

王栋敏锐地发现,“吾人所以不知反己惟欲责人,只缘先自动气也”[③]。所谓的动气正是因为个人为外物所动摇而产生愤怒忧虑等负面情绪,自行扰乱自己内心的平和宁静,即所谓的“学乐”工夫间断了。可是人们不知反己自省,寻找最根本的内因,而纠结于旁枝末节的外因,希望借此恢复自身原本悦乐不愠的心境,殊不知使自身不乐的根源正是自己。

正因为如此,泰州学派成员极称“孟子三反工夫”,认为这正是其“学乐”工夫精纯不断的无歇手处。孟子就算遇上禽兽般横暴之人也能时刻反躬自问:这是否是由于自己的不仁、无礼或不忠造成的?因此对方的粗暴无礼也就不能引起他的不安、愤懑和忧烦,更不可能影响甚至埋没孟子自身悦乐不愠的心体。这正是:“不责人真工夫,不动气真涵养。”[④]唯有从自身出发,向自身而非他人寻找“乐”之根源,才是“学乐”的正确途径。

对此王栋总结道:“一求诸身而无责人之妄念,是之谓反身而诚,乐莫大焉。盖反身则此心一而不二,不二非诚乎?乐即此之谓自谦

---

①《王心斋全集》,第214页。

②③《王心斋全集》,第162页。

④《王心斋全集》,第162页。

也。”[①]人类自身的宽容仁慈的良知天性中蕴含着“乐”的根源，人们只要深切地体认它、真诚地顺应它，便可以求得真正意义上的“乐”，这个过程与旁人无涉。一切依赖于外界条件所得到或失去的愉悦满足都只是表面的感受，与真正寻求和保持悦乐不愠的心之本体无关。因此不知反身而驰求外物的寻乐也绝非所谓的“学乐”。

2. “学乐”不离师友同道

泰州学派强调“学乐”工夫在于反身正己，不可向外寻求、责难旁人，但这种观点并不意味着仅仅局限于个体自身，而割断与外界他人的联系。王艮有一首《和王寻乐韵》这样说道：

> 此乐多言无处寻，原来还在自家心。圣师专以良知教，贤友当为切已箴。念念不忘为积善，时时省谌惜分阴。意诚心正身修后，天地参同贯古今。[②]

反身以诚固然是“学乐”的关键，但是师长传授、学友切磋同样也是“学乐”工夫必不可少的支持。摒除外物纷纭扰攘的侵袭，专注于自身道德素养、精神境界的修养，是恢复心体本然悦乐的主要方式。但如果仅仅关注自身，摒弃与外界他人的一切联系，便走到了极端，同样也阻遏了良知天性之周流，从而无法感受到真正的“乐”。所以王艮认为，“学乐”工夫虽然是“至简至易之道”，自然而然不假外力也不须安排，“然必明师良友指点，工夫方得不差。故曰道义由师友有之。不然恐所为虽是，将不免行不著、习不察。深坐山中，得无喜静厌动之僻乎？肯出一会商榷，千载不偶。”[③]

在这里，他用枯深坐山中的形象比喻，说明若仅仅专注于自身内心世界而不与良师益友共同切磋，在具体实践中一起进步，就会走入沉溺于虚玄空想、远离现实的歧途。一旦如此，即使明知“乐”的根源

① 《明儒学案》，第 743 页。
② 《王心斋全集》，第 59 页。
③ 《王心斋全集》，第 43 页。

来自人们良知天性周流不息的审美观照,也不免在面对“百姓日用”的具体的事物和现象时迟钝麻木无法觉察,从而使“学乐”工夫沦为纸上谈兵。

对此罗汝芳进一步论述道:“但人有一句善言入耳,便欢然觉如己的善言,人有一件善行入目,便欢然觉如己的善行,不用去取而无善不取,不用去乐而无取不乐。”[①]见善行,闻善言人们自然而然便会感到由衷的快乐喜悦,那正是因为人们在“百姓日用”的点滴言行间,观照到他人所体现出的良知天性。而能以他人顺应良知天性的言行为善,恰恰也是印证了各人自身同样具有相同的天性,拥有相同的本质能力,人们因此而感觉到自信、愉悦和满足。外界固然有纷繁扰攘的私欲纠缠束缚,物我彼此之间也会存在着泥滞粘带的牵绊,但他人同样也受天地之“中”以生,同样是天地间至灵至贵之体,其自然遵循良知天性而发的善言善行同样也可以启发辅助人的“学乐”工夫,使人由彼及此,从他人的真善美的天性中观照到自身。在这个意义上,正是“三人行,必有我师焉”(《论语·述而》),每个在“百姓日用”间言行恰当的个体,都是师友同道。

因此反身以诚与不离师友是相辅相成的:诚意正心的反身工夫固然是学乐的关键所在,但一味向内寻求,而无视他人所表现出来的天性之美,虽有善言善行却不闻不睹,那么就如独自枯坐山中喜静厌动一般同样也是心体泥滞的表现。因此“学乐”必须不离师友紧扣实践,在良师益友的互动之中,在具体事件的应对之中,彼此启发互相提携,使学不离乐而学乐相生,正所谓:“上赖圣师陶冶力,下承贤友切磋功。”[②]

3. “学乐”要把握住“时”

人要寻求悦乐不愠的心之本体,必须诚意正心同时又不离师友,有了这两点,“学乐”工夫还要把握所谓的“时”。罗汝芳对此有专门

① 《罗汝芳集》,第153页。

② 《王心斋全集》,第59页。

的论述：

> 圣人之学，工夫与本体，原合一而相成也。时时习之，于工夫似觉紧切，而轻重疾徐，终不若因时之为恰好。盖因时，则是工夫合本体，而本体做工夫，当下即可言悦，更不必再俟习熟而后悦。况朋来而乐，亦只是同此工夫，当心惬意，所以不徒己悦之，而人亦悦之，亦不必俟道得其传而后乐也。夫子尝谓：默而识之，正是识得这个时的妙处，故愈学而愈悦，如何有厌？愈教而愈乐，如何有倦？①

所谓“时”，首先包含着时时刻刻的意思，人们通过欣赏“百姓日用”而获得审美感受的过程应当是时刻不停的，一旦停息那便是“学乐”工夫的间断差错，便是良知天性的蒙蔽滞涩。因此当人们面对日常生活中具体的事物和现象时，始终怀有并时刻保持审美体验的态度是必要的。然而也应当看到，这种态度绝非迫切的要求、紧张的把持和艰苦的摸索，而是根据具体情况“轻重疾徐”的不同，从容恰切、自然而然、有意或无意地调整自己的态度，从而当下直接地获得愉悦惬意。

因此，“时”还有因时而动的意思，即所谓的“盖因时，则是工夫合本体，而本体做工夫”，将原初的悦乐不愠心体契合指引“学乐”工夫，而以“学乐”工夫确认印证悦乐不愠的心体。这样的审美体验是在“百姓日用”之美触发下本体与工夫的高度融合，不依赖知识道理的传授掌握，也不需要技能技巧的修炼熟习，因此而玄妙难言，如何“因时”也只可在实践中切身体会出来，而不是语言可以穷尽的。罗汝芳也唯有通过描摹“学乐”工夫时时不息、因时而动的妙境来说明“时”的重要：“故愈学而愈悦，如何有厌？”

掌握了“时”，“学乐”便获得了事半功倍的真机诀窍，求乐过程的本身就更为轻松自由，始终沉浸在欣悦与欢乐中。“愈学而愈悦，如

---

①《罗汝芳集》，第80页。

何有厌”的同时,罗汝芳还提出了“愈教而愈乐,如何有倦?”当个人寻求自身悦乐不愠心体的审美实践活动满足了反身以诚和不离师友的内外相得,并能巧妙地抓住出处进退之“时”的时候,其“学乐”工夫就不再仅仅是个人自身的精神修养、道德情操和完善人格的养成手段,而是进一步具有了典范性意义,拥有了能推及他人的“教”的作用,这某种程度上说,也与前文所谓的“百姓日用”的“学讲”实践形式内在相通。

三、“学乐”的最终完成

“学而不厌,诲人不倦。”(《论语·述而》)在儒家思想的源头处学与教[①]就是一体的,因此在泰州学派的美学中,作为审美体验的“学乐”不仅仅是自我完善的“学”,同时也是潜移默化的“教”。人们观照自身体现在“百姓日用”间真善美的本质力量,不仅可以使自己获得心悦身安的审美感受,而且推而广之使他人都能体会到这种平淡简易却至高无上的喜悦与满足,正所谓“学为教之蕴蓄,教本学之成完”[②]。这种通过寻求自身之“乐”而使得人人同乐,使与自身一体的天地万物、天下国家皆实现安宁愉悦的和谐状态,才是泰州学派的“学乐”工夫之最终目标和完成形态。

1.“同乐”

泰州学派从不以个体自身“独乐”为最终的满足。在他们看来,“独乐”只是一个必不可少的开端:有了个人之身的完善安定、个人之心的愉悦满足,那才有了实现天地万物、天下国家最终和谐安定的可能。同时也应当看到,天地万物、天下国家以个人为本,外部世界的和谐安定同样会影响个人的身心无事之乐,正所谓“一夫不获其所,

① 亦可谓“诲”“讲”等,虽不乏细微差别,但大意相同。

②《颜钧集》,第50页。

即己之不获其所也”[①]，如果外界尚处于离乱无序，他人正经历颠沛流离，那么作为天地大本的个人也无法体会到真正意义上的“乐”。

因此个体之独乐与众人之同乐是紧密联系不可割裂的。“真乐原从乐处生，大家同乐共薰成。向荣碧草都春色，对语黄鹂尽好声。”[②]王栋这四句诗便进一步充实着独乐与众乐间的关系：如同一株青草、一只黄鹂的微弱力量无法对抗严冬，唤来春的消息，唯有一片青草的欣欣向荣，一群飞鸟的莺声燕语才是真正的阳春美景一样。虽然人的心体本自悦乐，不需向外驰求便能在躯体的安定和心灵的宁静中寻找到平淡简易之“乐”，但这个人独乐毕竟是孤独的。若能与百姓众人一同探索体验，那这种“乐”就具有了熏陶精神涵养人格的教化意义，能够从根本上改善下层百姓的人格修养，使得整个天下国家更加安定祥和。同时这又反过来促进和保全了个体之“乐”的稳固和恒久。因此王艮并不赞同其师王阳明“羡杀山中麋鹿伴，千金难买芰荷衣”的独乐之旨，而改之为“羡杀山中沂浴伴，千金难买暮春衣”[③]。这正是因为不愿退隐避世寻一人之乐，而要将儒家和谐欣悦的审美的人生境界推而广之，使下层百姓大众人人皆能感悟体会，实现“吾侪同乐同高歌”[④]的胜景。

2.《鳅鳝赋》

与天下百姓“同乐”的远大抱负，在王艮的《鳅鳝赋》中得到了具体生动地展现，这一篇短短的文章，可谓泰州学派的“同乐”宣言。

道人闲行于市，偶见肆前育鳝一缸，覆压缠绕，奄奄然若死之状。忽见一鳅从中而出，或上或下，或左或右，或前或后，周流不息，变动不居，若神龙然。其鳝因鳅得以转身通气，而有生意，是转鳝之身、通鳝之气、存鳝之生者，皆鳅之功也。虽然亦鳅之

① 《王心斋全集》，第47页。

② 《王心斋全集》，第196页。

③ 《王心斋全集》，第18页。

④ 《王心斋全集》，第55页。

乐也,非专为悯此鳝而然,亦非为望此鳝之报而然,自率其性而已耳。于是道人有感,喟然叹曰:“吾与同类并育于天地之间,得非若鳅鳝之同育于此缸乎?吾闻大丈夫以天地万物为一体,为天地立心,为生民立命,几不在兹乎!”遂思整车束装,慨然有周流四方之志。少顷,忽见风云雷雨交作,其鳅乘势跃入天河,投于大海,悠然而逝,纵横自在,快乐无边。回视樊笼之鳝,思将有以救之。奋身化龙,复作雷雨,倾满鳝缸,于是缠绕覆压者,皆欣欣然而有生意。俟其苏醒精神,同归于长江大海矣。道人欣然就车而行。或谓道人曰:“将入樊笼乎?”曰:“否。吾岂匏瓜也哉,焉能系而不食?”“将高飞远举乎?”曰:“否。吾非斯人之徒与而谁与?”“然则如之何?”曰:“虽不离于物,亦不囿于物也。”因诗以示之,诗曰:“一旦春来不自由,遍行天下壮皇州。有朝物化天人和,麟凤归来尧舜秋。”①

文章一开始,王艮从一个再常见不过的平凡琐事入手,揭示了与民同乐的远大理想。市井渔人贩卖鳝鱼时,为了防止鳝鱼叠压窒息,一般会在缸中放入灵活好动的鳅鱼,这个细节给了王艮极大的启发。他虚拟出道人路过鱼市所见的一幕:纠缠叠压在缸中的鳝鱼困于桎梏而得不到自由,一幅“奄奄若死之状”,这一形象象征着世俗众人的状况。受困于现实的苦难,蔽于私心物欲的障碍,百姓大众不明“中”之心体,不知乐之感受,浑浑噩噩、醉生梦死地度过漫长的人生。然而正如鳝鱼并非从一开始就是这样无精打采,而是因为离开了生长畅游的江湖才会奄奄一息一样;众人心体也并非从一开始就昏昧混沌、僵化不乐,只是被诸如闻见情识等外界因素的影响妨碍而导致背离了本真的生存状态,迷蔽日久而无法解脱。

就在这看似坚不可摧的不自由之境地中,忽然跃起了一尾鳅鱼,它如同神龙一样自由灵动,勇往直前。一个驰骋自身天性,出入于真

① 《王心斋全集》,第55页。

乐之境的自由形象顿时栩栩如生地跃然纸上：这尾鳅鱼拥有不竭的生气和敏锐的洞察力，它了解并顺从于自己的天性，不为外物的束缚所左右，因此在任何一种状态下都能以自身的力量打破镣铐桎梏，视网罟囚笼如无物。这是一种积极进取，纵横自得的审美化的生存境界，因此鳅是“乐”的。正因为它怡然与满足地自由腾跃，缸中的死水被搅动了，恹恹若死的鳝鱼也因为它而得到了喘息的机会并延续了生命。更重要的是鳅的行为展现出的迥异的生活态度和生存方式，揭开了禁锢着群鳝的铁幕的一角，使群鳝渐渐了解到自身不自由的异化境地，从而也就具有了改变自身不乐境遇的可能。然而这对鳅来说并非刻意勉强的行为，而恰恰只是顺应其天性的“乐”——“是转鳝之身、通鳝之气、存鳝之生者，皆鳅之功也。虽然亦鳅之乐也，非专为悯此鳝而然，亦非为望此鳝之报而然，自率其性而已耳。”这种行为不是对弱者居高临下的怜悯施舍，更不求任何报答，而是鳅率其天性、不假做作的行为。由此，鳅也从这行为中获得了真实自然、无须矫饰强求的“乐”。

接着王艮笔锋一转，风雨突然从天而降。在先前鱼缸中不自由的逆境之下，鳅尚能举重若轻、从容自如地腾跃旋转，使得身安而心悦，无时不出入于“乐”之中；如今甘霖大雨对于鳅更是天时地利的顺境，在风雨的感召下，鳅自身的天性发挥到极致，率尔跃入天河直奔大海，进入快乐无边的自由王国。这是何等不着力气，逍遥快活的至乐境界！然而获得了身心最大愉悦满足的鳅却并未视此为“乐”的极致，它没有忘记身在樊笼中的群鳝，并以拯救它们为己任。于是鳅化为神龙兴起雷雨，打破牢笼，让群鳝恢复了欣欣向荣的生机与快乐：个体独自体会到顺应和张扬良知天性的快乐是远远不够的，必须使所有迷蔽滞涩之人都能脱离迷惘而欣欣然认清人生存的本真状态，就如鳅带领群鳝回归到江河湖海之间一样，使普天下平民百姓都能知晓“乐”之真谛、体验“乐”之感受、保持“乐”之境界，这才是个体自身之“乐”的最终完成。

在《鳅鳝赋》中,王艮用平凡常见的题材,朴实生动的笔调,塑造了鳅的形象,无论处于逆境还是处于顺境,它都能不刻意着力,只是顺应天性体会自家真乐。这一理想的化身决不是物我两忘遗世独立的自了汉,而是本着深厚真挚的感情,以化育天下百姓为己任,"为天地立心,为生民立命"并乐在其中的大丈夫。

3. 化俗实践

正如王艮寄托在《鳅鳝赋》中的希望那样,包括他在内的泰州学派成员,都算得上奋身化龙、拯救群氓于生死间的大丈夫。他们身份并不显赫,类似于川流之中的鳅鱼之属,但从不止息的仁心大志使他们以神龙自命,并期待在条件适宜的情况下化龙飞腾。因此泰州学派的成员们从学术和行动上都在实践着与鳅相类的行为,由于身份地位的限制,他们之中只有少数人能参与朝局,在政治上有一定的话语权,更多的成员则潜移默化地实现对百姓大众人格素养的完善、人生境界的熏陶。这样的化俗实践具有很强的美育意味,比如先后向徐樾和王艮求学的颜钧,自觉化俗有成后曾作过一首《快活歌》,其中有这样几句:

> 快活歌兮快活歌,从师归来快活多。仁义礼智根心坐,睟面盎背阳春和。
>
> 举手揖让唐虞事,百战不用汤武戈。安恬恰似无怀民,生来不带半点尘。
>
> 东邻西舍萃和好,莫辨谁是人中仁。……①

正因为王艮投身于教育百姓、化育大众之中,以师道为己任,去唤醒天下之人奄奄昏昧的心性、使他们认识到自身本然的悦乐心体,颜钧才会由千里之外慕名而来,求学并受教。正因为王艮有教无类,不论天分资质贤愚贵贱,一皆春风化雨似的传教熏陶,颜钧才能在阳春般温暖的美育教化中感受到和煦欢畅、从容快活的美感之"乐"。

---

① 《颜钧集》,第 61 页。

同样颜钧也绝不满足于自身的安心乐意，而是决心继承师长学脉，从根本上熏陶百姓大众心中固有的仁义礼智之根，让人人都能感受到他此刻所体会的从容快活。于是他举办萃和会，通过与乡邻大众"同乐"的美育教化来改造世界，并取得一定的成果，从而证明了要使现实社会成为其乐融融、礼乐流行的大同世界，并不需要残暴肃杀的兵戈，甚至不需要自上而下的法令及深奥费解的说教。只需要通过"学乐"的熏陶涵化这一根本而朴实的手段，由一人之"乐"扩散到一乡一邑，再由一乡一邑扩散到天下国家，便能使得唐虞盛世再度降临人间。

在王艮的均分草荡之举中，就已经可以看到萃和会一类化俗实践的最初尝试，而泰州后学亦步亦趋地追寻着心斋的脚步，不以一己之乐为满足，必要使众人皆能身安心悦。他们深刻地体认着自身为天下国家之本的思想，在摒除闻见情识的蒙蔽、体验自身真乐的同时，也将这种"乐"自然而然地推而广之及于百姓众人。如韩贞、朱恕以自身言行传道，何心隐组织聚和堂，罗汝芳举办多次民间会讲等，这些无一不是泰州学派成员寻求美感之"乐"的最终实现的具体实践——由个体之本的悦乐不愠推及到天下国家之末的和谐安定，审美感受之"乐"才超越了个体经验，进一步拥有了全人类的意义。

由此可见，独乐是同乐的初始，是使同乐得以存在的前提和基础；同乐是独乐的完成，是独乐的价值体现和必要支撑。个体的悦乐身安，得自于对自身在"百姓日用"间顺应良知天性、言行举止无不发而中节的本质力量的欣赏和肯定，人的现实生活也就此化为审美体验的过程，从而具有了典范性的意义而体现出熏陶感化天下众人的美育功能，能够从根本上熏陶百姓，达到与众人同乐，而众人之"乐"又使得个体之"乐"获得稳固的支撑和安定的环境。这个循环毫不费力地运转着，展现出"乐"得自天地乾坤的至简至易的特性。"尧舜君民之道，必有至简、至易、至乐存焉，使上下乐而行之，无所烦难也。"①

① 《王心斋全集》，第 50 页。

上至君卿圣人,下至生民百姓都能通过"学乐",轻松自如地共同体会到这种本然的审美的悦乐心境,并能毫不费力地由自身独得之乐推及他人,使得整个世界成为怡然心悦的大同盛世。

一言蔽之,"乐者先天之药也,药者后天之乐也。"①"乐"是人与生俱来战胜现实苦难的本质力量,其根源是古往今来人人俱足的敬亲爱长之情的满足,其表现是下层百姓与圣贤君子相同的良知天性的展现,其获得是人们对自身展现在点滴琐事间的真善美天性的观照与领悟。而摒除外物私欲牵绊的"学乐"工夫,则是人们认清自身的异化处境、唤醒百姓大众共同对抗生存窘境的手段,与百姓生民同乐则是"学乐"工夫的最终完成。

泰州学派美学的审美体验论以"乐"为美感本体,它来自人对于自身蕴含着孝悌仁义种种美德的良知天性的观照。人们经由欣赏和肯定这种与生俱来的真善美的力量,从而挣脱苦难现实的束缚,在一瞬间看到彼岸自由解放的幻景,就此获得最根本最真实的愉悦与满足。正因为良知天性人人俱足,体现在人们平静中和的原初心理状态和根本生存境界的"中"之间,美感之"乐"也正是"中"之境界与状态特有的感受。这就是王艮所谓的"人心本无事"之乐,它是人心之本体悦乐不愠的本然状态,既非心醉神迷,狂暴恣意的感官享乐,也非驰骋热闹,浓香厚味的功利满足。

这种悦乐心体有中和之节和平淡之韵,它是身与心的和谐,物与我的相得;这种和谐相得不需着力把持,不必刻意安排,自然而然轻松从容的存在和实现,如天地乾坤生生之道般简易直接。在这境界之中,个人与天地万物、天下国家之间融为一体再无利害矛盾冲突,并就此感受到由衷的坦荡自由,而且这种坦荡自由决非物我两忘的遗世独立。泰州学派的审美体验论最为推崇的审美境界并不是物我两忘的逍遥至乐;而是物我交融、始终以"我"之身心为万物苍生之根

---

①《明儒学案》,第 873 页。

本，以自身与外物和谐共存的内心感受为审美体验的最高境界。

人们通过观照自身表现在“百姓日用”琐事常行的良知天性而体验到本然的自由，从而拥有满足愉悦的审美心境，然而这种心境却时时受到威胁而不能保持；因为人处于纷繁扰攘的尘世之间，内心世界不可能不受到外部世界的种种事物现象、闻见情识的不利影响，从而被私心物欲缠绕；一旦产生了私欲，人的心体悦乐不愠的状态便会受到侵扰甚至会被打破，失去了中和冲淡的平衡而滑向忧虑失落的深渊。但泰州学派乐观地相信，在一定程度上人的良知天性可以应对调节这种影响，将私心物欲带来的不平衡不和谐消弭于无形。但人终不能与世隔绝，大千世界纷华满眼，外界侵扰时时不息，其影响甚至会蒙蔽和扭曲良知天性，打断周流不息的中节之调和功能，因此对本体的悦乐不愠的审美心境进行有意识的保护和恢复就成为必要。在某个层面上说，这种自省也是寻求满足、愉悦与净化的审美体验的实践过程，它被泰州学派称为“学乐”。

“学乐”是泰州学派所谓的儒家孔门教人育人的第一要义。人们每日都经历着“百姓日用”点滴家常的具体现象和事件，若虚空放过其中的美好，那等于是日用不知；唯有在琐屑小事间有意识地观照自身良知天性的光辉，才能充分意识到自身所蕴藏着的本质的美，同时体察到外界强加的私心物欲的荒谬和丑陋。这样的过程便是“学”，得到的收获便是“乐”。因此“乐学”的审美体验实践首先是内省而非支离外求，正所谓“反身而诚”。面对影响心体本然悦乐的状况，人们不应当驰求外物或责难旁人，而应是通过求己来寻找原因，从本质上找到悦乐与否的根源。同时反身正己的“学乐”又不只是关注自身而忽视外物，仅仅寻求自身内心世界的平衡满足，“学乐”离不开与师友相携相助，在实践中互相启发。在这个基础上，还应当看到日用常行变化万端、悦乐心体周流不居，因此人们只有时时刻刻保持审美的态度，并根据具体状况适时而动，才能恰切的体会到心体本然的悦乐。而在“学乐”中寻求个体的独乐固然重要，但这仅仅是一个开端，止步于此远远不够。唯有令宇宙万物、世间万民都能体会到心体原初那种悦乐不愠感受,才是"乐"真正的最终完成形态。在这个意义上,"学乐"也具有了美育的意味,从根本上熏陶涵化着百姓大众的精神与人格。

泰州学派的审美体验论通过其核心范畴"乐",强调人们精神层面的内心和物质层面的躯体两方面的恰当满足,将现实生活的实践活动化为审美体验的过程。而如何让占人类绝大多数的下层百姓体验这种自家真乐,正是泰州学派最为关注的问题。他们正是希图通过与大众"同乐"的化俗实践美育教化,来实现天下大同的终极追求。这种紧密联系现实的"乐"之审美体验论,体现了泰州学派美学理论的革命力量。

第七章　泰州学派美学思想的影响

泰州学派的美学思想并不拘泥于象牙塔内的美或艺术本身，而是着眼于美和现实的联系，以其极具特色的思想理论寻求并指导着普通百姓在严酷现实中保全躯体完整和个性天然，获得欲望实现和生存尊严。“百姓日用”被学派视为美的本体，这一范畴以其新颖而锐利的独创性，重新诠释了儒家经典，赋予下层百姓的日常生活实践以审美的超越性意义，在客观上肯定了人们合理的生存需要和物质欲求，从而在一定程度上动摇了早已被异化而站到了人们对立面的封建伦理道德统治的根基。这种强调平等、张扬主体、重视实践的思路直接影响了明代甚至清代美学中一系列范畴的建立。

可以说泰州学派“百姓日用”美学，对明清文艺美学的影响遍及方方面面，如小说美学中对于世俗的强调，戏剧美学中对于至情的张扬、散文美学中对于性灵的追求等。这里将以明清园林美学为切入点，通过管窥“百姓日用”范畴对这一领域潜移默化的影响，来把握泰州学派美学的生命力与生长性。

第一节　“百姓日用”与明清园林美学的“宜”范畴

中国园林被称为“世界园林之母”，造园术一直借由历代匠师口传心授,其悠久的历史可以一直上溯商周。到了明清时代,随着社会经济文化各方面的蓬勃发展,造园艺术呈现出空前的繁荣局面,不仅皇家园林的技巧登峰造极,私人园林也体现出惊人的艺术价值。其中尤其值得注意的是,文人们开始兴造或深入参与兴造私家园林,而将他们的审美趣味与人生理想在叠石引水间化为现实。

而泰州学派"百姓日用"美学思想,也潜移默化地影响着这些文人的思维方式,令他们更深入地了解到如何从日常微物琐事中发现美、寻找美,而不再贱视长物,更能从包括兴造园林这样的具体实践中,探寻美之规律和道之所在。于是长期积累起来的园林审美经验在这一时期得到了总结,一系列园林美学论著也在应运而生,如计成的《园冶》、文震亨的《长物志》、李渔的《闲情偶寄》等,系统的园林美学思想也渐渐成型。而"宜"范畴则在明清园林美学中占据着举足轻重的地位。

一、"宜"的浅析

"宜"在我国一直是个美好的评价,它标志着一种适合相称,和谐均衡的状态。讲究文质彬彬、中庸中和的儒家学派尤其钟爱"宜"这一概念,最明显的表现就是孔孟先哲、儒家子弟在阐述自己心目中的正确理论和理想境界之后,常常会以"不亦宜乎?"这样一句亲切友善的反问来做总结。

1. 何谓"宜"

究其根源,"宜"最根本的含义首先是适合,《礼记》中"牛宜稌,羊宜黍,豕宜稷,犬宜粱,雁宜麦,鱼宜苽"①的记述,就罗列了膳食菜肴适宜的搭配方式。"宜"也可以进一步指代适宜的事物和现象,如所谓"修其教,不易其俗。齐其政,不易其宜"②的说法,这里的"宜"就与

---

① 《周礼·仪礼·礼记》,第 334 页。
② 《周礼·仪礼·礼记》,第 284 页。

"俗"并列对举,说明君王治理天下,应当完善各地民众的教养、统一各地的行政法规,却不改变当地特有的风俗以及适宜的习尚。同时,"宜"也时常包含着应当的意思,《孟子》中,"文王之囿方七十里,刍荛者往焉,雉兔者往焉,与民同之。民以为小,不亦宜乎"①,说的就是文王与百姓共享他的园囿,人们因此而认为他的园囿狭小,这是应当和正常的。

然而无论是搭配的恰当也好,事物的适合也好,行为的应当也好,都离不开一个判断标准,那就是"宜"本身的规定性。朱熹在注释《中庸》中"义者宜也,尊贤为大"一句时说道:"宜者,分别事理,各有所宜也。"②就说明所谓的"宜"关键就在于对待一切事物、现象和行为等,能根据不同的具体情况进行相应的恰当分析和适合应对。在这个意义上,"宜"可以看作一个标准,来衡量事物适合与否、行为恰当与否、境界和谐与否。

作为儒家后学,泰州学派同样十分重视"宜"。其创始人王艮在他的论著中就时时刻刻提醒人们在"百姓日用"间进退出处当各得其"宜",才能使得平凡的现实生活拥有美的超越性意义,而人也能够在点滴琐事中安身保身、体验本然之乐。在这样的思想基调之下,泰州学派的成员们常以处理日常事务是否得"宜"作为标准,来评判"百姓日用"间的格物修身之工夫是否起到了作用、落到了实处。即所谓"致知者,非可以空虚想像而致,在正其所接之物,使各当于理而得其宜焉,则致知有实功矣"③。深受泰州学派影响的李贽则特别喜欢讲"便宜":"只得心闲一日,便是便宜一日。"④"不但身心安闲,志意专一,久则自觉便宜,亦不耐烦见世上人矣。"⑤"便宜"由

① 《四书集注》,第 231 页。
② 《四书集注》,第 29—30 页。
③ 《明儒学案》,第 839 页。
④ 《焚书·续焚书》,第 46 页。
⑤ 《焚书·续焚书》,第 178 页。

字面看就是便利适宜的意思,在李贽这里更被引申为一种蕴藏在日常生活间的抛弃功利得失、超脱情绪忧乐,合"宜"而动,所达到的淡定、闲适而从容的自由境界。虽然泰州学派成员们的表述各有特色,但"宜"的含义始终围绕着恰当、均衡、适宜的标准,在"百姓日用"间出处进退合"宜",便能进一步迈向和谐自如,无过无不及的审美的人生境界。

2. "宜"与园林美学

房舍园林之类人们的居所作为"衣食住行"四大需求之一,"百姓日用"的重要组成部分,同样要面对合"宜"的问题。房屋和园囿起着提供温暖和安全的不可或缺的作用,因此古往今来,人们对房舍庭园的兴修建造倾注了大量的心血和汗水,总结出丰富的经验和教训。随着生产力的发展,人们不再局限于功利的需要,而是在寻求安全温暖的基础上进一步追求"住"的美观舒适,从而渐渐能够以从容的审美态度去对待自己的居所,并培养起相应的审美趣味。在这个意义上,修房造屋、营建庭院也就不仅是生产人们生存所必需的基本物质条件,而成了一门学问,一种艺术,对房舍园林之意境的创造和欣赏更是形成了一门独立的美学——园林美学。值得注意的是就在明清园林美学中,"宜"范畴也得到了广泛的关注。

我国兴造园林的历史起源于夏商周三代,千百年的技术积累和审美积淀在明清之际形成了井喷之势:营造饶有风味的宅院,修筑意境优美的园林成为富裕阶层的风尚;知识分子对此道的关注和喜好乃至直接参与,更使得较为系统的造园理论著作和园林美学著作陆续产生。可以说,明清时代是园林美学的一个重要的总结期,而"宜"范畴得到了这时期造园家和美学家们不约而同地重视。郑元勋在《园冶》的题词中开门见山地指出:"园有异宜,无成法,不可得而传也。"[①]直接说明兴造房舍园囿必须根据具体的状况,因人因地制宜,

① 计成《园冶》,江苏凤凰文艺出版社 2015 年版,第 6 页。

没有一定的定法套路可循,从而点出园林美学崇尚"宜"的特色。计成强调兴修园林、布置亭榭要"随宜合用"①,文震亨则认为园林的不同构成元素要"随宜用之"②,李渔也在《闲情偶寄·居室部》中指明园林"总有因地制宜之法"③,此外张岱、刘侗、袁枚乃至沈复等文人墨客虽不拘泥字面,但也都对园林建筑美学之"宜"进行过各自不同的独到论述。

明清园林美学何以尚"宜",这首先关系到园林建筑本身独有的性质:园林房舍是人工作品,但它依赖于土地山川等地势条件,同时必须与周围环境相称,以人夺天或以天夺人都会损害园宅之美,因此首先要与自然相"宜"。同时房屋园囿具有实用的和审美的双重性质,任何一方都不可偏废,如果片面的重视实用价值,能使人们从中获得超越性的自由与安宁的园林之美就无从谈起;如果片面重视审美,房舍园林又会失去它最根本的遮风挡雨的作用而沦为奢靡的玩物。因此园林审美功能与实用功能之间的关系也要处理得"宜"。此外还存在着如何在一定的物质条件、社会礼法和审美传统的影响限制下,最大程度地发挥造园者创造力的矛盾,这个问题同样要解决合"宜"。

如何解决这一系列围绕着"宜"展开的矛盾,则可以从泰州学派美学中寻找到深层的血脉关联和理论支持。泰州学派以"百姓日用"为美的思潮氤氲浸润了整个明清美学体系,虽然不能断言当时的园林美学理论的尚"宜"特点受到泰州学派在"百姓日用"间合"宜"观念的直接影响,但也不能武断地认为潜在的熏陶涵化完全不存在。

---

①《园冶》,第18页。

② 文震亨《长物志》,江苏凤凰文艺出版社2015年版,第8页。

③ 李渔《闲情偶寄》,上海古籍出版社2000年版,第183页。

二、园林与自然之“宜”

所谓的园林“是在一定的地域范围内，人们利用与改造天然山水地貌或者人为开辟山水地貌，并结合植物的配置和建筑的布局，来构成一个可供观赏、游憩、居住的优美环境空间境域”①。由此可见，园林作为一门综合艺术，必须依赖于山水地貌等环境因素，无论那是天然的风景还是经过人们改造或人工再现的自然。有了自然环境的依托后，园林才“是人造景观，是运用工程技术和艺术手法，通过筑山叠石、理水引泉、营造厅堂、栽花植卉，反映主人的追求，园艺家的技艺，形成人工景观和自然景观的和谐”②。因此园林与自然环境之间布置得“宜”是园林之美的首要前提。

1. 园林与自然相得益彰

为了达到与周围山水地貌相“宜”的效果，文震亨、计成和李渔等造园家、美学家都非常强调修筑园林之前的相地工作。基地的自然条件直接影响着园林建成之后的审美效果。位于山林、城市、乡村、岸渚不同之处的基地要根据具体地貌进行恰当的处理，正所谓“相地合宜，构园得体”③，深谙园林山水相得之趣的文人画家郑燮，曾相当形象地描绘了园林建筑如何与自然环境相依的情况：“余家有茅屋二间，南面种竹。夏日新篁初放，绿阴照人，置一小榻其中，甚凉适也。秋冬之际，取围屏骨子，断去两头，横安以为窗棂；用匀薄洁白之纸糊之，风和日暖，冻蝇触窗纸上，冬冬作小鼓声，于时一片竹影零乱，岂非天然图画乎！”④郑板桥的家宅前后只有两三间茅屋，也没有修建在

① 陈敏、秦华《论文学与园林的关系》，《西南农业大学学报(社会科学版)》2004 年第 4 期，第 103 页。

② 潘宝明等主编《旅游美学》，中国商业出版社 2008 年版，第 151 页。

③《园冶》，第 26 页。

④ 郑燮《郑板桥文集》，安徽人民出版社 2002 年版，第 223 页。

造园最佳的山水林地之中，可谓清贫质朴，但是因为巧妙地利用了南窗竹林的四季变化之态，这不起眼的草庵却变成了一道最具诗意的风景，其意境绝不逊于玉堂金瓦、雕梁画栋。这正是宅园与自然环境相“宜”的最好例证。

与自然风景巧妙结合固然可以使园林自身增色不少，而恰当地设置园林建筑也能反过来使单调寂寞的天然风景瞬间变得有声有色。刘侗、于奕正等人所作的《帝京景物略》中，有一篇描绘碧云寺风光的文章，对一座群峰白云之间的小寺大赞“宜耳”。那是因为山峦岚霭本身虽然很美，但若仅仅是单纯的自然风光而毫无人工的因素加入，就会因为不够亲切怡人略显冷漠荒寒；此时若有数椽茅屋小园点缀其间，便能画龙点睛地使自然风光顿时鲜活亲近起来，不再拒人于千里之外。而正是因为有了那座碧云寺，深山云壑褪去了荒凉寂寞的色彩，天巧与人工和谐地相映成趣。可见园林与自然环境之间若能摆布得“宜”，那便能取得相得益彰的双赢效果。

进一步而言，园林位于自然大环境的包围中，而其内部则是人们模仿自然而呈现出的小天地。因此园林景观本身的设计安排也要努力把握天地之生趣，山水之真髓，使之处处和谐天然，不露人工匠气。就如兴造园林中最见功力的堆叠山石、治理水脉方面，就“要须回环峭拔，安插得宜”[①]，这样才能达到“一峰则太华千寻，一勺则江湖万里”[②]的理想境界。在人造景观间不着痕迹、恰当适宜地模仿和再现宇宙天地的神韵和意境，便能使园林内的小天地与园林外的大自然得以气脉相连。这同样也是园林与自然得“宜”的问题。

2. 园林与自然相“宜”的思想基础

由此可见，园林与自然环境相“宜”，正是人类与自然和谐相处、人类居所与自然环境融为一体的充分表现。兴造园林如何才能达到与自然环境相“宜”的境界呢？这固然离不开造园者的胸中丘壑和经

---

①② 《长物志》，第116页。

验技巧,但归根结底更离不开造园者对自然万物的尊重与热爱。只有从自然万物中发现美、感悟美,才能够在自己的创造中展现彰显这种美。而人们如果失去以仁爱之心对待自然万物的态度,而将它们视为征服的对象和利用的工具,那么在这种功利心的驱使下,人们根本无法从自然山水中发现超越性的美,于是所谓的胸中丘壑便无从谈起,所谓的经验技巧也成为机械的教条。因此造园者对天地万物的仁爱之心正是园林能与自然环境相“宜”的必要前提。

强调能在“百姓日用”之间怀着万物一体之仁,对待身外的一切生命存有“好生”之恻隐正是泰州学派的重要思想:“周茂叔‘窗前草不除’,仁也,明道有觉,亦曰:‘自此不好猎矣。’此意不失,乃得满腔子是恻隐之心。故其言曰:‘学者须先识仁,仁者浑然与物同体。’”[①]对于山川草木虫鱼鸟兽这些万类生灵,人们应当像看待自己身体的延伸一样看待它们,这样才能深入了解它们的情性,体悟它们的品格,欣赏它们的丰神,再现它们的美。这些都是充分把握天地万物之特性,以合“宜”的态度和方式对待它们的前提。

泰州学派这种对天地万物怀有一体之仁的思想一直荡漾不歇,以至于李渔在论述园林植物布置之法时宕开一笔,通过紫薇树“怕痒”的自然现象阐发内心的好生恻隐:“由是观之,草木之受诛锄,犹禽兽之被宰杀,其苦其痛,俱有不忍言者。人能以待紫薇者待一切草木,待一切草木者待禽兽与人,则斩伐不敢妄施,而有疾痛相关之义矣。”[②]正是因为那份万物一体的恻隐仁爱之心,草木禽兽的生命和苦痛与人类的生命和苦痛,在李渔眼中才没有本质差别。这种民胞物与的心肠在郑燮、袁枚、沈复等人思想中均有体现。可以说这正是对泰州学派在“百姓日用”间体认和贯彻人们与生俱来的“好生”之情,从而恰当适宜的对待身外一切的思想的回应和共鸣。

---

① 《王心斋全集》,第 9 页。

② 《闲情偶寄》,第 300 页。

正因为充分尊重和热爱自然万物，明清时代的园林美学家们才以与自然相“宜”作为衡量园林之美的重要标准——园林必须和谐适宜地存在于天地万物间，与周围的自然风光相映照并能体现出自然的气韵，否则亭榭再巧夺天工，宫室再美轮美奂也谈不上真正意义上的美。

三、园林与所有者之“宜”

在我国，古典园林一般分为皇家园林、私家园林、寺庙园林和山水名胜园林这四种基本类型。从魏晋南北朝开始私家园林逐渐兴盛，到了明清时代达到顶峰，这一时代的园林美学也大多针对私家园林造园理论展开。可以看到在明清园林美学有关“宜”的论述中，很大一部分是阐述园林与其所有者之间和谐关系的，因为对于私家园林而言，与它结合最紧密的人，它最主要的使用者、消费者和欣赏者，首先应该是它的所有者；所以园林不仅要以它超越性的美为其所有者带来身与心的舒适安宁，还要能够同所有者的物质需要、社会身份等现实因素相适应。在这个意义上，李渔强调“夫房舍与人，欲其相称”[①]，这个“相称”就是“宜”。

1. “夫房舍与人，欲其相称”

正所谓：“简文之贵也，则华林；季伦之富也，则金谷；仲子之贫也，则止于陵片畦；此人之有异宜，贵贱贫富，勿容倒置者也。”[②]这段话并非机械地以贵贱贫富来衡量一切。兴造园林的审美创造活动首先不得不面对的现实问题，就是要与所有者的身份地位乃至经济实力相“宜”。如果过于奢华靡费的话，一方面会使所有者背上沉重的经济负担，更重要的是逾越了社会规范的许可，甚至会为所有者引来非议、责难乃至惩罚。张岱在他的《陶庵梦忆》中，就曾在《瑞草溪亭》

---

① 《闲情偶寄》，第180页。

② 《园冶》，第6页。

一文中描述“燕客”在山间修筑私家园林的旧事,不动声色的讽刺这个花钱如流水的暴发户完全不顾地势情况也不顾植物习性,开山凿石描朱染翠强行造园,最后倾家荡产的故事。张岱虽然说这故事只是“可发一粲”。但却表达出一个相当实际的道理:园林房舍原本是为所有者带来身的安宁舒适,心的宁静惬意而存在的,但是超过了一定的限度却会反过来对所有者的身心构成不利的影响甚至威胁,那么这样的园林便不再与所有者相“宜”,反而是相害了。类似的思想以泰州学派的论述来表达,那就是:“君子不以养人者害人,不以养身者害身,不以养心者害心。”[①]任何为了人们的需要而服务的东西,都必须依照具体的状况遵从适宜的限度,否则物极必反,只会招致与人们本来意愿相悖的负面结果。

2. 园林如何与其所有者“相宜”

那么怎样的园林才能与其所有者“相宜”呢?首先园林应当能合所有者之用。苑囿房舍的根本还是属于“衣食住行”中“住”的部分,是“百姓日用”不可或缺的内容,因此园林应首先满足所有者之“身”的切实需要,否则雕梁画栋再精美壮丽也没有任何价值。可以看到,明清园林美学理论中时常根据厅堂廊榭、亭台楼阁等园林的各个元素对所有者的不同作用来进行设计安排,务求适宜保身养身的法则。以人们的实际需要为标准,文震亨就曾详细规定堂“宜宏敞精丽”[②],山斋则“宜明净,不可太敞”[③],丈室“宜隆冬寒夜,略仿北地暖房之制”[④]等;计成详细地根据堂、斋、室、房、馆、楼、台、阁、亭、榭、轩、卷、广、廊对人的实际用途而一一规定其所“宜”;而李渔则通过一系列细节,说明园林的不同元素如何与所有者的身心相“宜”,其中一个显著的例子就是对窗栏制作的说明:

---

① 《王心斋全集》,第 8 页。

② 《长物志》,第 14 页。

③ 《长物志》,第 17 页。

④ 《长物志》,第 18 页。

窗棂以明透为先，栏杆以玲珑为主，然此皆属第二义；具首重者，止在一字之坚，坚而后论工拙。尝有穷工极巧以求尽善，乃不逾时而失头堕趾，反类画虎未成者，计其新而不计其旧也。总其大纲，则有二语：宜简不宜繁，宜自然不宜雕斫。凡事物之理，简斯可继，繁则难久，顺其性者必坚，戕其体者易坏。木之为器，凡合笋使就者，皆顺其性以为之者也；雕刻使成者，皆戕其体而为之者也；一涉雕镂，则腐朽可立待矣。①

宜坚不宜巧，宜简不宜繁，宜自然不宜雕斫——李渔通过窗栏之所“宜”，说明构成房舍庭院的各个要素都必须坚固耐久，这不但是出于经济实用的打算，更是出自所有者的身心安全、健康和舒适的考虑。李渔兴造园林处处不离这一基本思路，他认为筑墙首先要考虑坚实安全、出檐首先要满足承阳避雨、铺地首先要满足丰俭合用，书房“最宜潇洒”，因此不应多用损害人身健康的油漆，否则“是无刻不在桐腥漆气之中，何不并漆其身而为厉乎”②。可以说，对于园林而言，能养所有者之身，悦所有者之心才是真正与所有者相“宜”。

在满足了所有者的实际需要之后，恰当的修饰点缀便是锦上添花。巧妙的安排布置和高超的设计匠心往往远胜过财富的炫耀，正所谓“室庐有制，贵其爽而倩、古而洁也；花木、水石、禽鱼有经，贵其秀而远、宜而趣也”③。成功的园林并非铺张浪费、堆金砌玉之作，而是在适应了所有者的身份地位和经济实力，满足了所有者实际需要之后，以最适宜的形式反应园林主人的身份、情趣、才调的作品。一言蔽之，建造园林务须“丰俭得宜”，对其所有者而言才“有利无害”④。

---

①《闲情偶寄》，第 189—190 页。

②《闲情偶寄》，第 208 页。

③《长物志》，第 1 页。

④《闲情偶寄》，第 206 页。

四、园林与设计者之“宜”

在我国古代,设计建造园林属于“百艺”之一,除了专门从事这项工作的土木工匠之外,还有专业的“主人”。

1. “宜”关系到“主人”的设计水平和创新能力

何谓“主人”,“主人”对兴造园林又起到怎样的作用?

世之兴造,专主鸠匠,独不闻“三分匠、七分主人”之谚乎?非主人也,能主之人也。……故凡造作,必先相地立基,然后定期间进,量其广狭,随曲合方,是在主者,能妙于得体合宜,未可拘率。……第园筑之主,犹须什九,而用匠什一,何也?园林巧于“因”“借”,精在“体”“宜”,愈非匠作可为,亦非主人所能自主者;需求得人,当要节用。因者:随基势之高下,体形之端正,碍木删桠,泉流石注,互相借资;宜亭斯亭,宜榭斯树,不妨偏径,顿置婉转,斯谓“精而合宜”者也。……体宜因借,匪得其人,兼之惜费,则前工并弃,既有后起之输、云,何传于世?予亦恐浸失其源,聊绘式于后,为好事者公焉。①

这里的“主人”是古代造园界的专有名词,它并非指园林所有者,而是指“能主之人”,即主持设计和建造园林的人。古代成功的造园“主人”很多,他们有的是专业的园林设计家,如在大江南北设计建造东第园、寤园、影园的计成;有的是深得山水趣味的书画家,如扬州片石山房就是出自石涛手笔。除了为园林所有者服务之外,更多的“主人”是心寄林泉的文人雅士,他们在自己的居所或私有的土地中创造想象中的人间仙境,大者如袁枚兴造随园,小者如李渔安排芥子园。“主人”在设计方面是否具备“得体合宜”的功力,直接关系着园林作品的效果。设计者一方面考虑自然环境的条件,一方面考虑社会条

① 《园冶》,第2—3页。

件的限制，综合各方面因素充分发挥自己的创造力，活用素材取长补短，将心中构想化为现实中的园林。只懂得依样画葫芦的土木鸠匠显然力有不逮，若非胸中有真山水、大丘壑的人不足以当此，可见造园得“宜”与否是衡量“主人”境界高下的重要标杆。

对于“主人”设计建造园林如何才能得“宜”，不同的园林美学家虽然表述各不相同，但都离不开针对具体情况的合理创新。李渔就非常反对墨守成规，因循守旧。他自负平生有两大绝学：一是辨审音乐，一是置造园亭。而在园林设计部分最大的心得就是：“创造园亭，因地制宜，不拘成见，一榱一桷，必令出自己裁。使经其地、入其室者，如读湖上笠翁之书，虽乏高才，颇饶别致，岂非圣明之世，文物之邦，一点缀太平之具哉？”①他把设计园林比喻成文学创作，也许有的作品并没有什么深文大义，但却能针对“百姓日用”间的点滴琐事而独出己见，决不盲目蹈袭前人而别出心裁，这样的作品虽然并非经天纬地之大才，但却因为其对具体问题的有针对性的恰当创新，而具有陈词滥调所不可企及的作用，这就是“宜”的巨大力量。

2. “宜”是“主人”内心独得之乐的体验和抒发

园林设计中得“宜”的创新来自“主人”兴造园林时对综合条件的深入考察，对造园经验和理论的学习积累，以及他们自身高超的审美素养和创造性的新颖巧思；然而最为重要的是在这个审美创造过程中，“主人”们可以感受到真正意义上的创造的自由，从而体验到内心独得之“乐”，这正是兴造园林能够得“宜”的心理根源。因此不论是方圆百亩的大型山林还是房前屋后的尺寸之地，“主人”们都能乐在其中地积极创造出极富审美意蕴的空间。郑燮是著名的文人画家，对园林设计也颇有心得，他在一封家书中便通过怡然自乐地计划构想，传达出与自己心中理想相“宜”的造园理念：

是宅北至鹦鹉桥不过百步，鹦鹉桥至杏花楼不过三十步，其

① 《闲情偶寄》，第181页。

左右颇多隙地。幼时饮酒其傍,见一片荒城,半堤衰柳,断桥流水,破屋丛花,心窃乐之,若得制钱五十千,便可买地一大段,他日结茅有在矣。

吾意欲筑一土墙院子,门内多栽竹树草花,用碎砖铺曲径一条,以达二门。其内茅屋二间,一间坐客,一间作房,贮图书史籍笔墨砚瓦酒董茶具其中,为良朋好友后生小子论文赋诗之所。其后住家,主屋三间,厨屋二间,奴子屋一间,共八间。俱用草苫,如此足矣。清晨,日尚未出,望东海一片红霞;薄暮,斜阳满树,立院中高处,便见烟水平桥。家中宴客,墙外人亦望见灯火。南至汝家百三十步,东至小园仅一水,实为恒便。①

郑燮这段论述中虽未直接出现"宜"字,但却处处渗透着合"宜"而用的园林设计思想。他的小小宅院位于原本的荒地中,所费不多,可是不但与周围的环境相得益彰,也和家人的住所相邻;经济上符合了所有者的承受能力,趣味上则完全满足了文人雅士的精神需求。可以说,不管是否付诸实施,郑燮都通过这种构筑适宜的理想家园的创造性行为而体验到内心真正的创造之"乐"。重视"百姓日用"之美的泰州学派成员同样有此雅兴:

傍海新轩结数椽,四时好与月延缘。风前栏槛聊凭客,花里帘栊别是天。东壁半厢储酒瓮,南窗盈几集云编。山人五十叨居此,一笑掀髯脱似仙。②

在这首诗歌作中,王襞在家乡作为"主人"傍海兴造轩馆小园,饮酒读书,在风前花里享受自然与人工相和谐的美好风光,在繁忙的讲案生涯中寻觅身心的休憩放松,设计建造小轩的过程令他体会到了如同神仙一般自由洒脱的"乐"之境界。这种令"主人"在创造中体会到真正意义上的悦乐心体的状况,正是园林与设计者造园人之间和

① 《郑板桥文集》,第15—16页。

② 《王心斋全集》,第255页。

谐互动之“宜”的最根本体现。

泰州学派关爱天地万物的生命存在，尊重人身心的合理欲望需求，关注人根本的内心之“乐”等，这些因素共同形成了人们在“百姓日用”的琐事常行间所应遵循的标准——合“宜”。合“宜”的标准对于“衣食住行”中“住”的方面同样有约束力，因此为明清园林美学中要求园林与自然万物相和谐、与人身的实际需要相适应、与人生的乐之境界相符合的思想提供了潜在的理论影响，使得明清园林美学思想中尚“宜”重“宜”的观念更加趋于成熟。而从明清园林美学对“宜”范畴的推重之中，亦可以看到泰州学派美学借助对传统理论的继承与扬弃，自思想宰制力量内部产生出消解其钳制和压迫的革命力量，从而对明清之际的美学观念形成和确立，产生雷霆万钧、势不可挡的鼓荡和冲击。

第二节　“百姓日用”与李渔“取景在借”观点

《闲情偶寄》是集李渔美学思想大成之作，充满了独特的文化情趣和鲜明的人文意识，其中园林居室部分的论述尤为别开生面。而从李渔对“取景在借”这一观点的阐发中，亦可看到泰州学派“百姓日用”美学对其园林美学思想潜移默化的沾溉。

一、李渔“取景在借”观的内涵

李渔在《闲情偶寄·居室部》“窗栏第二”中直接以“取景在借”为标题，提出“开窗莫妙于借景”[①]观点，认为造园时局限于墙内风物的

① 《闲情偶寄》，第193页。

布置未免狭隘,只有通过敞开的窗口借取外界的风光,才算是能够“变昨为今,化板成活”的“移天换日之法”①。他自诩能得借景法之三昧,并且不拘于开窗启牖,而在其园林美学的许多方面都对此进行了深入形象的论述阐发。

“取景在借”的观点源于传统意义上的借景说,即那种在造园时借取既存之景,“把观赏者的目光引向园林之外的景色,从而突破有限的空间达到无限的空间”的理论②。借景法在我国古代的造园术中早已得到广泛运用,但借景理论却始终语焉不详。比如在成书于1631 年的《园冶》中,计成就曾立专门章节强调“夫借景,园林之最要者也”③,将它提升到造园的第一要是,但其阐述依然笼统,理论性仍旧稍显薄弱。而作为借景理论之一家,李渔“取景在借”观却有其独到之处,他不仅将借景观融汇到整个园林美学系统中去,时时拈出进行详尽的论述,更重要的是有着观念的创新。

1. 动静相宜

一般来讲,园林所借之景多为“静景”,如北京颐和园借玉泉山之塔,苏州留园冠云楼借虎丘之山;而李渔却确独辟蹊径,借起了“动景”。山水花木原本各安其位,要所借之景运行不居,则必须改变视角,让园林自身“动”起来——李渔在一艘湖舫上实现了动景园林的构想。他将一艘游船画舫的窗口作“便面”之形,行于水上,“则两岸之湖光山色、寺观浮屠、云烟竹树,以及往来之樵人牧竖、醉翁游女,连人带马尽入便面之中,作我天然图画”④。在以扇面窗收取千百万幅绝佳山水的同时,李渔这种借景观也没有抹杀作为园林的湖舫自身的审美属性——便面舟本身就是一景,舟中人物的举手投足,器皿的美轮美奂,不也是舟外之人观赏玩味的对象?以内视外,是一幅扇

---

①《闲情偶寄》,第 195 页。

② 叶朗《中国美学史大纲》,上海人民出版社 1985 年版,第 443 页。

③《园冶》,第 337 页。

④《闲情偶寄》,第 194 页。

面山水图;以外视内,同样是一幅扇头人物画。湖舫不但是审美主体的视角出发点,而且也成了审美对象,用李渔的话说,就是"不但娱己,兼可娱人"①。这种借景观和传统意义上所有的借景法在本质上是一致的。首先在空间上突破局限,以园内(极小之舟)与园外(极大之自然)相连,延展了观赏者的视野,体现中国古典园林对深远无尽之意境营造的追求。更重要的是李渔的借景观并未止于此处,而是进一步突破了时间的界限,随着游船的前进,扇面窗中的景物"时时变幻,不为一定之形"②。小小的扇面窗包围的空间是有限的,通过它呈现的景物却可以随时间的流逝而各异其趣。于是画舫不再仅仅是一个孤立的物象,而是与湖水山岸一起构成完整的审美意象,它是同时向时间和空间借景的行动着的风景。李渔"动静相宜"的借景观不仅拓宽了借景的内容,也增加了借景的维度,同时更深一步反映出借景造园法通过有限表现无限的精髓。

2. 真幻相辅

无论园林借的是虎丘山还是玉泉塔,那都是自然之景或自然界中的人工建筑,即所谓的"真景";而李渔在浮白轩中造"无心画"(即"尺幅窗"),却别出心裁地借起了"幻景"。作为创造美的活动,造园的借景法最能体现人类本质力量之处在于对已存景物的巧借,而传统借景观的关键就在于将被借景物的自然美有机的融入园林的艺术美之中;于是小桥房舍、亭台楼阁也往往侧重其形式美属性,被看作自然景物的有机组成部分。李渔的借景法当然也本着同样的宗旨,但他所借的"自然"却别是一番滋味——浮白轩中有一座假山正对窗口,山高不逾丈,宽止及寻,但土石草木、流水小桥一应俱全,甚至还有一尊笠翁垂钓的小塑像,俨然是桐庐山水的缩影。李渔便让家童裁纸将窗户做成画卷之形,空出中间,屋后假山顿时成了一幅山居图。这便是所谓的"无心画":"坐而观之,则窗非窗也,画也;山非屋

①② 《闲情偶寄》,第194页。

后之山,即画上之山也。"[①]借这一扇画窗,浮白轩的园林庭树从此化成了是耶非耶的幻境。李渔在此处所借之景并非真正意义上的自然,而完全是一件艺术品——人造假山。但这与传统借景观的旨趣并不相违,传统借景法借取景物一角而暗示自然的无尽,而李渔借取的虽不是自然本身,但这微缩幻象却恰恰是典型化的自然。在这里,李渔以最简洁的形式表达了最丰富的意境——从森罗万象的自然之山到浮白轩的"这一个"假山,又从假山到无心画中虚幻之山,自然美的形式越来越概括简练,同时也越来越具有感人至深的审美效果。这种借景观与文人山水画的理念不谋而合:山水画在抒情的道路上走到极致之后,便舍弃了一切可有可无的细节,只留下大片空白和简澹到无以复加的线条。这些图画并不囿于表达真实存在的风景,而是追寻蕴含在抽象景物里的深邃幽玄。中国文人墨客这一共同审美理想不仅在体现在绘画中,而且渗透于文学、书法等艺术创作的各个方面;表现在中国古典园林美学中,便是将以一代万、"方丈蓬莱见一斑"的简约意境作为最高的追求。李渔这种真幻相辅的借景观正是探索这至美之境的最成功尝试之一。

3. 虚实相生

可以这样说:所谓的借景,妙处实际上并不止于"景"而恰恰在于"借",借什么、如何借,取舍调度之间最能体现造园者的志趣和匠心。若说便面舟、无心画还借了有形可触的"实景",那对"虚景"的巧借,就更体现出李渔"取景在借"观点天马行空般的创造力。李渔曾请画师在厅堂墙壁上画云烟缭绕的着色花树,把鸟雀巧妙地养在事先安排好的支架上,让它们看起来就好像栖息在画中的松柏枝头。"画止空迹,鸟有实形"[②],只是画中山林里传来的一声鸟鸣,瞬间打破了室内与室外,人居与自然的界限,同时也消解了真实与虚构的对立。一

① 《闲情偶寄》,第 195 页。

② 《闲情偶寄》,第 207 页。

般来说，园林艺术在于通过天然素材来实现对自然的表现或再现，而其中“最为朴实的手法可谓借景了”（加藤周一语）；然而李渔却反其道而行之，以最虚最幻的画景来表现或再现自然，此刻他已不再仅仅向身外宇宙借景，而进一步转向对心灵世界的内求——那壁上的烟云花树正是人们心中的自然，它不是对某片山林、某株树木的简单摹写，而是全部山川河流、林树芳草的象征，是从世上所有山林中抽象出来的乌托邦；它原本存在于遥不可及的彼岸，但那鸟雀的鸣叫声却把它拉近人们身边——鼓翼于画中的鸣禽完成了想象世界与现实世界的沟通，凭借澄明的心境，欣赏者可以自由出入于实景与幻象之中，徜徉无间。这种借景妙法连李渔自己都忍不住赞为“巧夺天工”，它将自然从人创造性的心灵深处带出，又将更多人的元素不着痕迹地带入自然，使二者水乳交融，你中有我、我中有你——说这同样是一种天人合一恐怕也不为过吧。中国园林是人模仿自然之态，触摸自然之心，回归自然怀抱的最高杰作，李渔这种虚实相生的借景观正体现了对天人相应的完满境界的不懈追求。

二、李渔“取景在借”观的独特性

借景法是造园的第一“活法”，但虽说“因借无由，触景俱是”①，却也并非玄之又玄无法把握，因为借景理论有个万变不离其宗的要旨可循，那就是将有限之景象和无限之意韵结合在一起，创造中国传统美学的核心范畴之一——意境；园林借景借得巧妙与否，关键就看是不是能营造出让人心醉并回味无穷的“意境”。

“意境”这一范畴远可从老庄哲学寻找其源头，近可在历代文艺创作与批评的实践中寻觅其踪影。它以论诗为发端，进而扩展到绘画、书法等艺术美学的各个领域。我国古典园林、建筑美学同样如

① 《园冶》，第336—337页。

此,在我国造园理论中,备受重视的并非“黄金分割”“形式美的法则”等概念,备受推崇的也不是孤立的园林与建筑自身的美,让造园家们上下求索的,正是一种“虽由人作,宛自天开”[①]的意境。可以说中国园林不是通过刻意构建迥异于自然的景观来显示人的创造性力量,而恰恰是通过亲切地模仿自然景象,真实地再现自然意境,来彰显人的本质力量。这就要求园林不仅能成为自然的缩影,更要能成为沟通人与自然的媒介。因此无怪乎李渔和历代造园艺术家一样,格外关注不拘远近,因借成景的理念,通过借景法打通园林与自然的界限。但值得注意的是,李渔的“取景在借”观却又不仅仅停留在以往对意境的追求上,他借动景、幻景、虚景,为传统的借景理论注入了更为鲜活的时代感和创造力。

1. 尚用

李渔的“取景在借”观的独特的创意,首先在于把“人”的概念引入园林美学对意境的追求。应该说中国古典美学所追求的“意境”从来就没有排斥过“人”的因素,即使“采菊东篱下,悠然见南山”这种“无我之境”,也正是“物我两忘”“物我交融”的“无我”。如果缺失了“人”这一因素,篱菊也好,南山也好,只是作为自然界的客观存在而已,无所谓美不美,“意境”当然也无从谈起。不过李渔所引入的“人”的因素却并非仅就这一传统意义而言,毋宁说李渔率先将“以人为本”的理念扩充入园林美学中。

在中国传统美学所关注的意境中,人是作为欣赏者,观望者而存在的。但李渔在他的园林美学理论中,却首先将人定位在“使用者”的身份上。无论是谈到砌房造屋,还是叠石理水,都把适合人的需要这一标准放在首位。这个标准不仅要求园林能让身处其中的人感到舒适畅快,更要求园林能适应园主人的经济承受能力。这倒不是李渔片面重视园林的实用功能而轻视其审美功能,正如他所言,琼楼玉

① 《园冶》,第 18 页。

宇若作为图画可以说尽善尽美，但作为人居则不够妥当。这不仅因为它奢侈靡费，更因为失之宽敞，使其挡风避雨的功能打了折扣。且不谈铺张浪费，只说舒适安稳的要求得不到满足，那人们也根本无心欣赏，所谓的审美功能，所谓的意境也就成了空中楼阁。

因此，若能以最少的耗费取得最为实用的效果，同时又能呈现出韵味十足的意境，那何乐而不为呢？这便是李渔用心之所在——他不仅仅将功夫用在化腐朽为神奇上，比如用枯死的榴、橙枝干做成梅窗；更是把目光投向了无穷无尽的自然人生。正如李白在《襄阳歌》中唱的那样，“清风明月不用一钱买”，自然人文风物俯拾皆是，变化万千，同时又品类繁盛，意蕴深远，这正是兴造园林取之不尽，用之不竭的素材。李渔融进慧心，施以妙手，向辽阔的自然、浩瀚的生活、深邃的人心借景，不仅延展了现实园林的界限，更扩充了心灵风景的版图。

当然也应看见，李渔“尚用”的观点未免有些功利，这固然与造园艺术也要遵循建筑独有的物质的和精神的双重属性脱不了关系，同时也与自明中叶便已兴起平民主义大潮的荡涤有关。自王艮首次高喊出“爱身如宝”①，泰州学派将“百姓日用”视为美开始，有血有肉、身心合一的“人”及其生存生活实践受到了前所未有的重视，人性、人情甚至人欲被提升到前所未有的地位。“人”之需用，不再是被耻于谈及的私心物欲，而是天理的显现、天性的发挥，就此拥有了与道同在的地位。这样的观念发展至清初，已渐渐浑融入人们的思维方式中，因此李渔将迎合人们的实际需要放在对超脱凡俗的理想之美的追求前面，也是有其合理性的。

2. 贵变

李渔的园林美学流露出一种实用主义通俗倾向，他一再强调无论贫家富户，在兴造园林时都得遵循“俭朴”而“最忌奢靡”②；然而这

---

①《王心斋全集》，第 29 页。

②④《闲情偶寄》，第 181 页。

"俭朴"却并非完全是"节俭朴素"之意，不如说更接近时下流行的概念——"简约"，即以最普通常见的原料，以最直接简洁的手法，变化出最为意想不到的效果。这个概念不仅是出于实用功利的考虑，更是一种求新求变的审美追求，对此李渔曾用两件衣服作比喻——一件质料朴素但式样新奇，一件质料华贵却式样平凡，人们的目光无一例外地会被素雅新奇的那件吸引过去，那正是因为它拥有点石成金的巧思。所以李渔强调兴造园林讲究"能变古法为今制"[①]的创新，只有别出心裁不拘俗套，才能营造出让人耳目一新的意境。

然而即使融入了再多创新理念，园林一旦落成也就成了固定不变的东西，只怕终有一天会落伍而被淘汰；如何才能让这不变的风物跳出朝晖夕阴，四时烂漫，获得更多的变化性和流动性呢？那就不得不求助于借景，将人的视野由园内扩展到向园外，借来瞬息万变的自然，生生不息的人文。在李渔看来这不仅是悦目的问题，更关系到养心，因为"眼界关乎心境，人欲活泼其心，先宜活泼其眼"[②]，所以他在《居室部》中将兴造居室园林看成与创作经世文章殊途同归——"常谓人之葺居治宅，与读书作文，同一致也。"[④]娱目畅怀的园林，就像劝诫文词一样，能直接作用于人的心灵。

美妙的园林固然可以怡情养性，但李渔将它与"经国之大业"（曹丕语）并提，从传统角度看来未免有些言过其实。这很大程度上是因为李渔虽然聪明绝顶，但一生襟抱难开，始终流连于帮闲清客生涯；而作为一名知识分子，他头脑深处儒家"修齐治平"人生理想的根子却又一直不能丢开。在现实仕途中无法施展抱负，李渔因而采取"隐于市"的态度，在士大夫眼中的一些枝微末技上寄托深心；但抛弃不了文人根性的他又试图将这些末技提升到很高的地位，每每借儒家成说赋予它们以合法性。只要看《闲情偶寄·词曲部》中将传奇戏剧

① 《闲情偶寄》，第 189 页。

② 《闲情偶寄》，第 259 页。

看成圣人教化的工具，那李渔以对待经世文章的态度来对待园林艺术也就不足为奇了。正所谓“文章合为时而著”（白居易语），写作文章讲究的就是能结合时代发展而不断变化，李渔认为园林美学同样要“删其腐习而益以新格”①。所以他一反儒家厚古薄今的成见，强烈反对一成不变的蹈袭旧景物重现旧意境，借“动、虚、幻”景的实践尤其能表现他变革传统借景理论的探索与追求。

应当注意到，在我国传统美学中，尊古、崇老、效前之审美标准的惯性是非常强大的，即便初唐四杰的盛名如江河万古奔流，他们创制全新风格的“当时体”时，也曾被浅薄的评论者讥嘲不已——尚新、创新是需要极大的勇气与能力的。而李渔不但擅于在实践中翻出新意，更敢于在理论中强调新颖，这也可以从明末清初的思想变革潮流中寻找到内在的动因。泰州学派“百姓日用”美学本身就具有着鱼龙变化的新颖特征，它不仅是对儒家思想一贯崇尚的大道周流、生生不息的“鸢鱼”境界的继承和深化，也是对人们在生存生活中化故为新、推陈出新的不竭创造力的张扬与肯定。而李渔则用园林美学的理论和实践进一步拓展了这条尚新与创新之路。

3. 重宜

遵循传统园林美学追求意境宗旨的同时，李渔引入实用的观念，同时一再求新求变，但他并未任由自己的观点走向极端而失掉园林美学的内涵与传统。纵观其园林美学理论，李渔由“取景在借”观出发，划定了一个明确的限度——妥帖得宜：论及实用节俭，他说“用之得宜”②；论及创新求变，他说“新而妥”③。总之一切都要从实际出发，不可生搬硬套；果能因地制宜，那即使素材再平凡，也一样能创造出非同一般的意境。

正如李渔所说“收牛溲马勃入药笼”④，如果能用之巧妙适当，“其

① 《闲情偶寄》，第 181 页。

②③④ 《闲情偶寄》，第 185 页。

价值反在参苓之上”[①]。衡量得宜与否的关键标准无他,就在是否“宜自然”[③]。这里的“自然”既指展现艺术作品“本色”“化工”的意境的“自然”,又指能因任万物本真性分的天性的“自然”。并且在李渔看来,这二者内里有着千丝万缕的联系——只有充分尊重了万物自然天性,才能无所不用而得心应手,创造出“天巧自呈”[④]的自然意境。如因借“幻景”一例就充分说明了这一点——李渔最爱禽鸟又最恶樊笼,认为将笼养的禽鸟点缀在园林中根本不能让人体会到回归自然的美感。从禽鸟的自然天性出发,应该放它们回归山林;但园林轩榭若不用一些鸟儿来妆点,似乎又缺乏生趣。李渔思考良久终于得出了他的“良法”,就是在墙壁上绘制花树代替真正的山林,这不仅仅宜于厅壁的设置,更在一定程度上考虑到保全鸟儿的自然天性,努力在人和鸟的双方需要的满足顺应之间寻求一条妥协之路,正所谓力求用之得宜,欣赏者也正是从这求宜之举中体会到巧夺天工的妙趣。应该看到李渔对“自然”的尊重还不可避免地有其局限之处,但也不可否认他已意识到任由天性对展现自然意境的重要,并将其作为衡量园林景物设置得宜与否的审美标准。

讲究文质彬彬,妥帖适宜是儒家的观点,但李渔却将是否符合道家所谓的自然天道作为衡量适宜与否的标准,在实际操作时甚至多少还掺入了释家空空幻幻之说,俨然是个熔诸家思想为一炉的大杂烩。但归根结底,这种亲近自然、以自然的审美境界作为人生至境的观念,与儒家“万物一体”的志向息息相关,即便是出身盐工阶层的王艮,也有“以万物一体之仁而竭心思焉,斯有万物一体之政”[⑤]的觉悟与担当,而强调在“百姓日用”的点滴琐事间涵育万物,成己成人。可以说,造园正是“百姓日用”的具体内容之一,也是人与自然万物间直

① 《闲情偶寄》,第 185 页。

③ 《闲情偶寄》,第 190 页。

④ 《闲情偶寄》,第 191 页。

⑤ 《王心斋全集》,第 47 页。

接而微妙的沟通，而借景则超越了人与物、物与我边界的，恰恰是一体之仁的灵活生动的应用。

纵观李渔的园林美学思想，借景理论时刻隐现，围绕着满足人需要的实用性意义，翻新了前人的成说，扩展了传统的内容，却又不失限度，一切以自然适宜为原则。从李渔这些巧妙心思中，恰恰折射出悠久的传统文化积淀和明末清初人文主义思想变革的光辉。

结 语

诚如黄宗羲所言，泰州学派“诸公掀翻天地，前不见有古人，后不见有来者”①，其美学立足于先儒的理论体系，提炼出“百姓日用”这一核心范畴作为美的本体，并围绕它构建起完整的学术框架——以灵气氤氲的“生”作为“百姓日用”之美的根本特征，以躯体与精神有机融合的下层大众之“身”作为“百姓日用”之美的创造主体，以人们在“百姓日用”间完善自我的“修”为审美创造实践，以人们体验“百姓日用”时获得的最根本最真实的“乐”作为审美感受，整个体系完善清晰而富有鲜活的勃勃生机。因此泰州学派“百姓日用”美学不仅具有其不可替代的地位和价值，还直接影响了明清之际审美观念的深刻变革，其先进意义集中而明确地体现在以下这一点上：那就是重新发现并肯定了一个在传统思想中一直备受轻视的范畴——“下”。

1. “下”的内涵

要深入了解“下”这一范畴，就必须先从王艮的《天下江山一览诗六首觉友人》入手，这一组小诗以灵动犀利的哲思，巧妙地用“天”“下”“江”“山”“一”“览”六个喻体，形象地描述模拟出六个相应的重要范畴。

都道苍苍者是天，岂知天只在身边。果能会得如斯语，无处

① 《明儒学案》，第703页。

无时不是天。——咏天

世人不肯居斯下，谁知下里乾坤大。万派俱从海下来，天大还包在地下。——咏下

真机活泼一春江，变化鱼龙自此江。惟有源头来活水，始知千古不磨江。——咏江

瑞气腾腾宝韫山，如求珍宝必登山。无心于宝自然得，才着丝毫便隔山。——咏山

茫茫何处寻吾一，万化流形宣著一。得一自然常惺惺，便为天下人第一。——咏一

千书万卷茫茫览，不如只在一处览。灵根才动彩霞飞，太阳一出天地览。——咏览[①]

由此可以看出，“天”这个范畴应当就是儒家学术思想中最高范畴“道”的化身。正如《中庸》所谓的“道不远人”，大气空澄的“天”包蕴着每个人而不被察觉；若能体悟领会到这一点，那么人们将自由从容地与道同游，出入于理想的人生境界。而“江”和“一”则形象地描绘出天道的特质：它是形式与内容水乳交融的有机统一，不仅随时随地都在生机勃勃、活泼周流的运动着，拥有亘古不灭、日新其德的活力；更是一切纷纭复杂的现象背后的唯一本质，也是人们认识和把握世界的最终目标。而“山”和“览”则偏重于认知的方法论，告诉人们应当怎样以恰当的方式去体悟天道：必须用一种超越性的态度去对待——既不能刻意而行着力强求，也不该执迷于表面现象和见闻知识；只有直接用心去感悟、用灵魂去触摸，才能够体会到真正的“天”。

这组小诗以五个范畴涵盖了不同层面的哲学命题，其手法固然独出心裁，生动精彩，但不得不承认前人对“道”之本体、特性乃至认知体悟等各方面的命题和范畴都早有阐述，并已然形成完备的体

---

① 《王心斋全集》，第57页。

系;然而泰州学派的理论却更上一层楼,在前人思想成果丰硕稠密之处显现其独创性,其点睛之笔就在于在这组哲理小诗中承前启后的"下"。

这里论述的"下"范畴,最根本的原始意义应当是空间上位于低下的、时间上处于后继的存在,如所谓的"天高地下"(《礼记·乐记》)以及"下武维周"(《诗经·大雅·下武》);因其低下和后继而渐渐引申为臣庶下属,从而拥有了身份地位上低级从属的意义,比如"居上不骄,为下不倍"(《中庸》),"荡荡上帝,下民之辟"(《诗经·大雅·荡》);进而由身份地位上的不够高贵,进一步演化出卑贱、愚昧、次等、末流等品格与资质上的贬义因素,如"唯上智与下愚不移"(《论语·阳货》)等。自古以来,"下"往往与高贵的身份、崇高的思想、高尚的人格、高明的才智等一系列美好的性质相背;而与低微的出身、短浅的见识、卑下的品格、愚昧的头脑等如影随形,从而代表着一切居于次要低等地位的负面存在,因此孔子才感叹孔文子"敏而好学,不耻下问"(《论语·公冶长》)是多么难能可贵,并以此为自己为学做人的榜样。

与不耻下问的先儒相比,泰州学派对"下"肯定性的全新理解和阐释有着更为惊世骇俗的意义:"世人不肯居斯下,谁知下里乾坤大。万派俱从海下来,天大还包在地下。"在这首诗中,一贯被人们轻视甚至忽视的"下"不仅呈现出吐纳乾坤的丰富内涵,甚至具有了化生万派、包蕴天道的重要地位。那是因为在泰州学派的理论中,作为美的本体而存在的"百姓日用"蕴含着宇宙人生的全部大道真理,而这些看似无足轻重的琐事常行都是由地位低下的平民百姓,以形而下之器的四肢五体,进行当下直接的生活实践而创造出来的。肯定了"百姓日用",便实现了对"下"的再发现、再认知、再阐释——这正是泰州学派美学对传统理论最有力的颠覆与革新。

2. "百姓日用"肯定了物质之"下"

"下"首先是上升到本体层面的物质存在,它体现为"百姓日用"

间的种种事物和现象。

泰州学派用“百姓日用”间的一个朴实形象为例证，生动地阐释了“下”：“洒扫应对是下，洒扫应对之心是上。”[①]可以看出，“下”是日常生活中一切具体的事物和现象，而与之相对的“上”则是主宰和左右着全部事物现象的真理原则。具体事物和现象及其背后的抽象原理间的关系，远在儒家经典《周易》中就已经指明：“形而上者谓之道，形而下者谓之器。”（《周易·系辞上》）作为一切事物的范型而存在的“形”是超验的、永恒的，它是天地万物的理式；在它之上处于主宰地位的是抽象的终极的原理：“道”，在它之下则是由道化生出的各具其形具体事物：“器”。在儒家的主流思想中，作为这一组矛盾主要方面的永远是“道”，它是哲学的最高范畴；具体事物则为“下”而始终居于从属、后继和次要的地位。如孔颖达在《周易正义》中这样说道：“是先道而后形，是道在形之上，形在道之下。”[②]二程亦云：“器亦道，道亦器。但得道在，不系今与后、己与人。”[③]

但是泰州学派却大胆地提出：“道形上，器形下，谓器不能该乎道者，非也。凡人所学，总属之下，莫载莫破，皆下也。其理不可见闻，则上也。不徒曰上，而曰形上，形即器也，安得求道于器之外乎？”[④]谁说处于“下”的具体事物和现象不能赅备全部真理？人们生活在这个世界上，由生到死从无一刻间断地经验着“百姓日用”，这一切全部都由客观的物质和具体的现象构成，这些统统都属于“下”；一切幽微不可见闻之天理大道则蕴藏在这些可闻可感的日常事物中，并且依赖于它们才能体现出来。因此“安得求道于器之外乎”——所有抽象理论的“上”最终都要到具体物质的“下”中去寻找，否则终无异于捕风捉影而堕入云山雾罩之中，迷途而不能返。

① 《明儒学案》，第 840 页。

② 《周易正义》，第 273 页。

③ 《二程集》，第 4 页。

④ 《明儒学案》，第 843 页。

可以说在泰州学派看来，物质性的“下”不再是形而上之道的从属和附庸，而恰恰是天地间最根本的存在，一切哲学的、道德的、审美的等本质问题，归根结底都要向“百姓日用”间具体的事物和现象中寻找；这就不难理解这一学派所谓的“即事是道”[①]，“身与道原是一件”[②]等将高高在上的“道”等同于人身和人事，极度强调物质存在的根本地位的说法。

由此也可以看出，在对宇宙本体的认知上，泰州学派不仅和程朱理学的以理为本大相异趣，也与陆王心学的以心为本不尽相同——因为这二者的着眼点始终是“上”，以外在的“天理”或内在的“心性”等抽象存在“以上统下”，将大道的彰显，灵魂的锤炼高高凌驾于生存的实际需要之上；而泰州学派恰恰是“以下该上”，将一切物质存在放在最根本地位，从而肯定了有血有肉之人的种种利益和需要的合理合法。

以物质存在为宇宙本体，充分关注“百姓日用”间种种事物和现象，这注定了泰州学派的思想理论将围绕着客观事物和当下现象展开。重视日常的生存实践，重视人们生理和心理的实际需要，从而使得“形而下之器”就此摆脱无足轻重的附庸地位，也使其美学远离了虚玄而立足于生活，表现出朴实诚挚的现实风格。

3. “百姓日用”肯定了平民之“下”

“下”还直接联系着最广泛的主体，它表现为经历着“百姓日用”的平民大众。

“夫赞天地之化育者，非独上之君相圣贤，即下之农工商贾，细之聋瞽侏跛，凡寓形宇内含灵者，皆有以赞天地之化育而不自识也。”[③]这段论述从另一个侧面反映出，除了君相圣贤等在某些特定方面拥有至高无上的主宰权力或独一无二的统治地位的人之外，世间凡有

---

① 《王心斋全集》，第 13 页。

② 《王心斋全集》，第 37 页。

③ 《明儒学案》，第 827 页。

灵明魂魄的人类都属于"下"，都是身份、地位乃至职业无一不平凡普通的生民百姓(聋瞽侏跛等有生理缺陷者则作为更微不足道的部分包含在"下"之中)。甚至在泰州学派看来，圣贤在某种程度上都可以称之为"下"，"昔者尧舜不得禹、皋陶为己忧，孔子不得颜、曾为己忧，其位分虽有上下之殊，然其为天地立心、为生民立命，则一也。"①为万世之人高山仰止的圣贤孔子并没有显赫的权位和荣耀的爵禄，与上古先王甚至当时后世的统治者比起来，客观上依旧处于低下从属地位，因此说孔子是"下"并不为过。由此可见"上"只代表着帝王将相等显要荣尊的统治者，除此之外的人们可以说全部都属于"下"，简言之，"或上而君卿大夫，下而士农工贾"②。

然而在这世界，君卿大夫固然作为特权者而显得位尊身贵，但是他们毕竟是少数中的少数；在人群中占主体地位，在"百姓日用"间维系着人类社会存在安定、发展繁荣的毕竟是再平凡不过的士农工商，平民百姓，一旦背离和失去了他们，君卿大夫的统治也必然无可挽回的崩溃湮灭，这便是古人所谓的"士农工商四民者，国之石民也"(《管子·小匡》)。泰州学派明确意识到由文人士子、乡农里民、手工业者、坐贾行商等"下"之百姓构成的平民阶层才是社会的基础、国家的柱石，理应得到最根本的关注。

"下"代表着处于低级从属地位的下层百姓，是构成人类社会庞大金字塔的一砖一石。然而自古以来，"下"之平民始终处于被轻视被压迫的境地，低微的身份地位和浅薄的学问见识像两条互相纠缠的蛇紧紧缠绕在一起，使其意识不到从而也无法改变自身所处的窘境，"困而不学，民斯为下矣"(《论语·季氏》)，"上智"和"下愚"因此才千古不移。

然而在泰州学派看来，地位的卑贱与智识的愚昧并不能代表人格和天性的卑下："民有卑下，而中无卑下，卑下之民亦中也。试看，

① 《王心斋全集》，第46页。

② 《王心斋全集》，第157页。

今闾阎之间,愚蠢之妇,无时不抱着孩子嬉笑,夫嬉笑之语言最是浅近。闾阎之村妇,最为卑下,殊不知赤子之保、孩提之爱,到反是仁义之实而修、齐、治、平之本也。"[①]处于金字塔基座的"下"与处于顶端的"上"拥有相同的本质之"中",因而即便是最下层的村野蠢妇也能在"百姓日用"间发自天性本心的慈爱中,直接体现出其与生俱来的仁义之实、修齐治平之本。在这个意义上,正所谓"愚非为下,智非为上"[②],上之君卿大夫和下之士农工商在本质天性上并无二致,在为人的尊严和权利上更应当彼此平等。

泰州学派通过肯定人们在"百姓日用"间表现出的共同的良知天性,填平了上智下愚之间的鸿沟,让处于低下地位的平民大众的审美需要,审美趣味和审美取向堂堂正正地成为其学术理论关注的焦点,这种平等观念在当时而言是难能可贵的。

4. "百姓日用"肯定了实践之"下"

"下"还离不开"百姓日用"间具体的实践行动。

"不怨天,不尤人。下学而上达。知我者其天乎!"(《论语·宪问》)孔子的这段论述为泰州学派所津津乐道。所谓"下学上达"便是"下学人事,上知天命也"[③]。这是一个学习培育道德人格,感悟人生的终极目标,通达宇宙间本质真理的实践过程。下学人事作为上达天命天理的必要手段一直受到先儒的重视,比如朱熹对此解释道:"此但自言其反己自修,循序渐进耳,无以甚异于人而致其知也。"二程则谓:"学者须守下学上达之语,乃学之要。"[④]可以看出,过去的思想家们似乎更偏重于阐释"学",而认为"下"是依附于"学"而其意自明的。

---

① 《罗汝芳集》,第 149 页。

② 《明儒学案》,第 758 页。

③ 何晏《论语集解》引孔安国注,朱熹《论语章句·宪问》引程颐语:"盖凡下学人事,便是上达天理。"大意不差。

④ 《四书集注》,第 170 页。

然而在泰州学派看来，“下”才是“学”的主脑，正是“下”规定了“学”的性质和方式：“须从大处悟入，却细细从日用琐屑，一一不放过。三千三百，皆体仁也，圣人所以下学而上达。”①所谓的“下学”并非仅仅是单纯知识积累或抽象理性思辨，而是立足于物质世界的种种事物与现象，扎根下层大众的生活琐事，深入到“百姓日用”的点点滴滴中去，用具体行动直接体会和领悟——“下学”贯穿于日用常行的实践行动，离不开人们对生活事件的积极参与，只有身体力行，才有可能真正触摸到天道真理。

因此孔子是当之无愧的“下学而上达”的典范。泰州学派是这样描述其在实践行动中通达天道的：

> 人之言潜，言成功也，我之言潜，言用功也。……孔子之象潜龙，则曰：“阳在下也。”夫阳，火也。火易炎上而难下也，不下则非潜，不阳则非龙。龙而潜，阳在下之象也。象此者，象用功也。阳必用功然后能在下也。确乎其不可拔，是用功也。必如是用功而后可以言下。必如是之下而后可以言潜。潜如是潜而后见下不见阳，故继之曰：“潜龙勿用，下也。”言下不言阳，用功以文乎阳，而不见其为阳之在下也。此惟孔子下学可以当之也。
>
> 且下非徒下已也，所以藏乎阳也。阳藏则气冲而纯见，阳不见下，下虽阴位亦自化，阴而阳也。故又继之曰：“潜龙勿用，阳气潜藏。”言阳不言下，用功以文乎下，而不见其为在下之阳也。此惟孔子上达可以当之也。
>
> ……勿用，藏用于人者也。弗用，藏用于己者也，非下学以上达可当之哉？②

这段化用自《周易》的表述玄妙无方，然而归根结底是在阐述一

① 《明儒学案》，第 836 页。

② 《何心隐集》，第 29—30 页。

个明确的道理,那就是对于儒者士人而言最恰当的实践方式,就是像所谓“潜龙”一样,具备辉煌纯粹的美好天性,却能处身于“下”,做平常之人,行平常之事。

同时,这段表述一反以“潜龙”比喻成功而退隐的有德君子的成说,而认为“阳必用功然后能在下也”——阳而下的潜龙并非恬退隐忍、消极避世、无所作为,而恰恰是在“百姓日用”间实践积极进取的具体行动,正如拥有圣人君子之天性品质的孔子那样始终怀抱着远大的志向,以“知其不可而为之”的百折不挠的意志投身于言传身教的实践之中,用功不息。如此才能下学而上达,领悟宇宙人生的本质真理,从而成为千载万世之集大成者。

因此在泰州学派的理论中,“下”与“百姓日用”的实践行动有着不可割裂的关系,这就决定了其哲学、美学绝不仅仅是限于书斋内案头的玄想,而是将前人忽略的实践放在了首位,始终投身于现实生活中,去寻找、体验和感悟大道真理。

5.“下”之价值

通过梳理泰州学派的阐述,中国传统哲学特有的混沌性和包容性特点表现了出来:“百姓日用”充分肯定了在传统思想中一直被轻视乃至忽视的“下”,而“下”这一范畴所包含的三个层面则分别涉及物质本体、平民主体和实践行动。这三者看似各自并不相关,但究其本质却有着不可割裂的内在联系——它们都是在传统儒家思想中处于次要从属地位的存在,在这里却作为“百姓日用”不可或缺的组成要素,受到了前所未有的关注和重视。

再回到《咏天下江山一览觉友人》中,也就不难理解作者为什么会将“下”置于仅次于最高范畴“天”之后的关键枢纽地位:离开了“下”,蕴藏在“百姓日用”间作为本质真理而存在的“天”,将无从显现其“江”的周流生动和“一”的真实纯粹,“山”和“览”也将由于失去其最广泛的主体而失却针对性和行动力。王艮惋惜人们不了解“下”的重要,不明了“下”作为物质存在,蕴含着天地之间的本质真理;作为平民百姓，支撑起人类社会的安定发展；作为具体行动，探寻着宇宙人生的终极目标。“万派俱从海下来，天大还包在地下”——正是“下”所代表的曾处于次要的从属地位的一切，构建起泰州学派哲学的全新系统，同时也决定了惟有涵盖了“下”的物质性、平民性和实践性这三大层面特质的“百姓日用”，才有资格成为其美学的核心范畴。

对“下”这一范畴的重新发现和极度强调，说明了泰州学派正以自己的方式大胆解读诠释儒家经典，对其进行大刀阔斧地批判继承，从而形成与传统思维方式和价值取向相逆反的独创性学术特质。泰州学派以“百姓日用”为美，将历来作为“下”而存在、并未得到应有重视的各层面元素提升到关键的位置——被置于“道”以下的“器”也好，被置于君卿大夫以下的士农工商也好，被置于抽象思辨以下的实践行动也好，全都得到了与自身相应的恰当地位，具有了举足轻重的决定性意义。

在这个意义上，用“翻天覆地”来形容泰州学派美学所具有的强大影响力恐怕也不过分。这种美学理论决非虚玄的空想或机械的教条，而是时时刻刻与现实生活血肉相连。在泰州学派的美学理论中，展现出的是知识分子以一身承担天下的责任感、使命感，这种极具侠气的思想狂澜一直激荡不息，其余波在后世以天下兴亡为己任的文人士子身上仍不断回响。正如研究者们评价的那样：“士人作为一种独立的阶层来发挥舆论的力量以评议政治，代言民情，在中国古代始终只是一种美好的梦想，这种梦想在战国时昙花一现之后，在中国历史上几乎已成绝响，不料在明代中后期的泰州学派这里，竟然又能旧梦重温，仅此一点，便是可弥足珍贵的。”①

泰州学派“百姓日用”美学正是这样自成一格地展现着前所未有的创新精神和革新力量。在其理论风格中，大胆的批判与忠实的继

---

① 左东岭《王学与中晚明士人心态》，人民文学出版社 2000 年版，第 378 页。

承并存,睿智的深思与明敏的实践并存,豪迈洒脱的气魄和宽厚仁爱的心肠并存,指向自由生存境界的超越情怀和心系天下百姓苍生的现实关怀并存……

正是这浑金璞玉般平实亲切却又深邃丰实的美学理论,标志着泰州学派已从盐场滩涂间腾飞而起,破蛹为蝶,化鱼成龙。

参考文献

王艮、王栋、王襞《淮南王氏三贤全书》，明崇祯刻本，泰州市图书馆藏。

王艮《王文贞公集》，明万历刻本，泰州市图书馆藏。

王艮《明儒王心斋先生遗集》，清宣统二年铅印本，袁承业编，泰州市图书馆藏。

王栋《明儒王一庵先生遗集》，清宣统二年铅印本，袁承业编，泰州市图书馆藏。

王襞《明儒王东崖先生遗集》，清宣统二年铅印本，袁承业编，泰州市图书馆藏。

王世纬编《心斋先生学谱》，民国三十一年铅印本，泰州市图书馆藏。

袁承业《王心斋先生全集》（附一庵、东崖遗集四先生残本，附明儒王心斋先生弟子师承表），民国二十一年铅印本，泰州市图书馆藏。

陈祝生等点校《王心斋全集》，江苏教育出版社 2001 年版。

黄宣民点校《颜钧集》，中国社会科学出版社 1996 年版。

容肇祖整理《何心隐集》，中华书局 1960 年版。

方祖猷等编校《罗汝芳集》，凤凰出版社 2007 年版。

陶望龄辑《罗近溪先生语要》，光绪二十年江宁刻本。

罗汝芳《盱坛直诠》，台湾广文书局 1967 年影印版。

李贽《焚书・续焚书》，中华书局 1975 年版。

李贽《藏书》,中华书局 1959 年版。

李贽《续藏书》,中华书局 1959 年版。

焦竑《澹园集》,中华书局 1999 年版。

焦竑《焦氏笔乘》,中华书局 1985 年版。

焦竑《养正图解》,故宫出版社 2013 年版。

耿定向《耿天台先生全集》,民国十四年武昌正信印书馆刊本。

周敦颐《周敦颐集》,中华书局 1990 年版。

周敦颐《通书》,上海古籍出版社 1992 年版。

朱熹《四书集注》,凤凰出版社 2005 年版。

黎靖德编《朱子语类》,中华书局 1986 年版。

朱熹《朱子文集》,商务印书馆 1937 年版。

张载《张载集》,中华书局 1978 年版。

程颢、程颐《二程集》,中华书局 1981 年版。

陆九渊《陆九渊集》,中华书局 1980 年版。

陆九渊《象山语录》,上海古籍出版社 2000 年版。

王守仁《王文成公全书》,中华书局 2015 年版。

王守仁《王阳明全集》,上海古籍出版社 1992 年版。

王世贞《弇山堂别集》,中华书局 1985 年版。

王世贞《弇州史料后集》,《四库禁毁书丛刊》本。

黄宗羲《明儒学案》,中华书局 2008 年版。

黄宗羲《黄宗羲全集》,浙江古籍出版社 1992 年版。

顾炎武著,黄汝成集解《日知录集解》,岳麓书社 1994 年版。

沈德符《万历野获编》,中华书局 1959 年版。

李颙《二曲集》,中华书局 1996 年版。

何良俊《四友斋丛说》,中华书局 1959 年版。

徐渭《徐渭集》,中华书局 1983 年版。

计成《园冶》,江苏凤凰文艺出版社 2015 年版。

文震亨《长物志》,江苏凤凰文艺出版社 2015 年版。

王骥德《王骥德曲律》，湖南人民出版社 1983 年版。

袁宗道《白苏斋类集》，上海古籍出版社 1989 年版。

袁宏道著，钱伯诚笺校《袁宏道集笺校》，上海古籍出版社 1981 年版。

袁中道《珂雪斋集》，上海古籍出版社 1989 年版。

汤显祖《汤显祖诗文集》，上海古籍出版社 1982 年版。

汤显祖《汤显祖集》，中华书局 1962 年版。

魏同贤主编《冯梦龙全集》，江苏古籍出版社 1993 年版。

刘侗、于奕正《帝京景物略》，上海古籍出版社 2001 年版。

李渔《闲情偶寄》，上海古籍出版社 2000 年版。

袁枚《袁枚全集》，江苏古籍出版社 1993 年版。

郑燮《郑板桥集》，上海古籍出版社 1979 年版。

郑燮《郑板桥文集》，安徽人民出版社 2002 年版。

李斗《扬州画舫录》，中华书局 1960 年版。

谈迁《国榷》，中华书局 1988 年版。

谷应泰《明史纪事本末》，中华书局 1977 年版。

张廷玉等《明史》，中华书局 1984 年版。

夏燮《明通鉴》，中华书局 2013 年版。

龙文彬《明会要》，中华书局 1956 年版。

阮元等校刊《十三经注疏》，中华书局 1980 年版。

孔颖达撰《毛诗正义》，人民文学出版社 2012 年版。

孔颖达撰《周易正义》，北京大学出版社 2017 年版。

郑玄注，陈戍国点校《周礼・仪礼・礼记》，岳麓书社 2006 年版。

应劭著，赵泓译注《风俗通义全译》，贵州人民出版社 1998 年版。

许慎撰，徐铉校定《说文解字》，中华书局 1963 年版。

王孺童译注《坛经释义》，中华书局 2013 年版。

杨天石《泰州学派》，中华书局 1980 年版。

《泰州学派学术讨论会纪念论文集》,泰州市图书馆内部资料1986年版。

林子秋等《王艮与泰州学派》,四川辞书出版社2000年版。

周琪主编《泰州学派国际学术研讨会论文集》,江苏古籍出版社2001年版。

季芳桐《泰州学派新论》,巴蜀书社2005年版。

蔡文锦等《泰州学派通论》,江苏人民出版社2005年版。

姚文放《泰州学派美学思想史》,社会科学文献出版社2008年版。

胡学春《真:泰州学派美学范畴》,社会科学文献出版社2008年版。

吴震《阳明后学研究》,上海人民出版社2003年版。

吴震《泰州学派研究》,中国人民大学出版社2009年版。

嵇文甫《王学左派》,开明书店1934年版。

牟宗三《从陆象山到刘蕺山》,上海古籍出版社2001年版。

钱明《阳明学的形成与发展》,江苏古籍出版社2002年版。

杨国荣《王学通论——从王阳明到熊十力》,华东师范大学出版社2003年版。

钱穆《阳明学述要》,九州出版社2010年版。

赵士林《心学与美学》,中国社会科学出版社1992年版。

张立文《宋明理学研究》,中国人民大学出版社1985年版。

吴雁南《心学与中国社会》,中央民族学院出版社1994年版。

张岂之《儒学·理学·实学·新学》,陕西人民教育出版社1994年版。

姜广辉《理学与中国文化》,上海人民出版社1994年版。

邓志峰《王学与晚明的师道复兴运动》,社会科学文献出版社2004年版。

宋克夫、韩晓《心学与文学论稿》,中国社会科学出版社2002年版。

季国平《宋明理学与戏曲》，中国戏剧出版社 2003 年版。

潘立勇《一体万化阳明心学的美学智慧》，北京大学出版社 2010 年版。

周明初《晚明士人心态及文学个案》，东方出版社 1997 年版。

左东岭《王学与中晚明士人心态》，人民文学出版社 2000 年版。

罗宗强《明代后期士人心态研究》，南开大学出版社 2006 年版。

张建业《李贽评传》，福建人民出版社 1981 年版。

张祥浩《王守仁评传》，南京大学出版社 1997 年版。

龚杰《王艮评传》，南京大学出版社 2001 年版。

徐朔方《汤显祖评传》，南京大学出版社 2001 年版。

李剑雄《焦竑评传》，南京大学出版社 1998 年版。

左东岭《李贽与晚明文学思想》，天津人民出版社 1997 年版。

黄果泉《雅俗之间——李渔的文化人格与文学思想研究》，中国社会科学出版社 2004 年版。

嵇文甫《晚明思想史论》，商务印书馆 1944 年版。

侯外庐主编《中国思想通史》，人民出版社 1957 年版。

侯外庐主编《中国思想史纲》，中国青年出版社 1980 年版。

任继愈《中国哲学史》，人民出版社 1964 年版。

张岱年《中国哲学大纲》，商务印书馆 2015 年版。

冯友兰《中国哲学史新编》，人民出版社 1982 年版。

梁漱溟《中国文化要义》，学林出版社 1987 年版。

冯友兰《中国哲学史》，华东师范大学出版社 2000 年版。

范寿康《中国哲学史通论》，生活・读书・新知三联书店 1983 年版。

侯外庐《宋明理学史》，人民出版社 1984 年版。

李泽厚《中国古代思想史论》，人民出版社 1986 年版。

梁启超《中国近三百年学术史》，中国书店 1985 年版。

钱穆《中国近三百年学术史》，中华书局 1986 年版。

卢连章《中国儒学史》,中州古籍出版社 1993 年版。

张学智《明代哲学史》,北京大学出版社 2000 年版。

王一川《审美体验论》,百花文艺出版社 1992 年版。

姚文放《中国戏剧美学的文化阐释》,中国人民大学出版社 1997 年版。

曹利华《中华传统美学体系探源》,北京图书馆出版社 1999 年版。

张法《中国美学史》,上海人民出版社 2000 年版。

樊美钧等《华夏审美风尚史》,河南人民出版社 2000 年版。

诸葛志《中国原创性美学》,上海古籍出版社 2000 年版。

骆冬青《道成肉身:明清小说美学导论》,安徽文艺出版社 2000 年版。

李泽厚《美的历程》,天津社会科学院出版社 2001 年版。

姚文放《美学文艺学本体论》,社会科学文献出版社 2002 年版。

张毅《儒家文艺美学》,南开大学出版社 2004 年版。

潘宝明等主编《旅游美学》,中国商业出版社 2008 年版。

叶朗《中国美学通史》,江苏人民出版社 2014 年版。

李天道等《明代文艺美学思想及其审美诉求》,中国社会科学出版社 2014 年版。

郑振铎《中国俗文学史》,商务印书馆 1938 年版。

郭绍虞等《中国文学批评史》,上海古籍出版社 1979 年版。

王运熙、顾易生《中国文学批评史》,上海古籍出版社 1981 年版。

张少康、刘三富《中国文学理论批评发展史》,北京大学出版社 1995 年版。

吴同瑞《中国俗文学概论》,北京大学出版社 1997 年版。

蔡镇楚《中国古代文学批评史》,岳麓书社 1999 年版。

汪涌豪《中国古代文学理论体系:范畴论》,复旦大学出版社 1999 年版。

柳存仁等《中国大文学史》,上海书店出版社 2001 年版。

邓绍基、史铁良主编《明代文学研究》,北京出版社 2001 年版。

赵义山、李修生主编《中国分体文学史》,上海古籍出版社 2001 年版。

郭英德等编《中国古代文学通论·明代卷》,辽宁人民出版社 2005 年版。

蔡景康编选《明代文论选》,人民文学出版社 1993 年版。

齐裕焜《明代小说史》,浙江古籍出版社 1997 年版。

吴文治主编《明诗话全编》,江苏古籍出版社 1997 年版。

陈文新等《明代诗学》,湖南人民出版社 2000 年版。

尹恭弘《小品高潮与晚明文化》,华文出版社 2001 年版。

谭邦和《明清小说史》,湖北人民出版社 2002 年版。

徐子方《明杂剧史》,中华书局 2003 年版。

易闻晓《公安派的文化阐释》,齐鲁书社 2003 年版。

周贻白《中国戏剧史长编》,上海书店出版社 2004 年版。

沈福煦《中国古代建筑文化史》,上海古籍出版社 2001 年版。

郑午昌《中国画学全史》,上海古籍出版社 2001 年版。

[日]岛田虔次《朱子学与阳明学》,陕西师范大学出版社 1986 年版。

[日]沟口雄三《中国的思想》,中国社会科学出版社 1995 年版。

[日]冈田武彦《王阳明与明末儒学》,上海古籍出版社 2000 年版。

[韩]崔在穆《东亚阳明学》,中国人民大学出版社 2009 年版。

[美]艾尔曼《从理学到朴学》,江苏人民出版社 2012 年版。

[德]康德《判断力批判》,商务印书馆 1964 年版。

[德]马克思、恩格斯《马克思恩格斯全集第二十五卷》,人民出版社 1974 年版。

[德]马克思、恩格斯《马克思恩格斯全集第四十二卷》,人民出版社 1979 年版。

[美]M. H. 艾布拉姆斯《镜与灯》,中国社会科学出版社 1991 年版。

[法]雷奈·格鲁塞《东方的文明》,中华书局 1999 年版。

[美]理查德·舒斯特曼《实用主义美学》,商务印书馆 2002 年版。

[美]理查德·舒斯特曼《身体意识与身体美学》,商务印书馆 2011 年版。

[美]埃伦·迪萨纳亚克《审美的人》,商务印书馆 2005 年版。

[新西兰]肖恩·库比特《数字美学》,商务印书馆 2007 年版。

[英]E. H. 贡布里希《图像与眼睛》,广西美术出版社 2016 年版。

[法]米歇尔·福柯《自我技术:福柯文选Ⅲ》,北京大学出版社 2016 年版。

[法]米歇尔·福柯《说真话的勇气》,上海人民出版社 2018 年版。

[法]米歇尔·福柯《主体解释学》,上海人民出版社 2018 年版。

从王银到王艮（代后记）

在人类历史长河中，1522 年注定是一段湍回的水流。

就在这一年，葡萄牙人麦哲伦率领船队绕过好望角，并于数月后结束环球航行，确证了地球是圆的。西班牙在墨西哥城设立“新西班牙总督区”，又于委内瑞拉建立起其南美洲的首个殖民地，在地球另一端一步步地扩张着自己的势力，他们的探险家将可可豆带回欧洲，从此巧克力这种美食一直风靡至今……这些改变人类历史进程的大小的事件就如同水面跃起的巨浪或鳞波，年复一年都在有条不紊地上演着。

而对于世界东方树大根深的明帝国而言，这一年更有着极不平凡的意义。这意义不仅因为在西草湾，时任广东按察副使的汪鋐亲赴火线，指挥著名的“屯海之战”，打败了葡萄牙侵略者；也不仅因为王堂、马隆等底层工农先后与山东、河南等地高举义旗；不仅是甘军作乱、俺答入侵的人祸，也不仅是富庶的常州、松江等地遭遇百年难遇大风潮的天灾……

1522 年，是改元之年——

这一年，明王朝这部皇皇巨著翻过了正德年号这一页，这标志着那位极富“传奇性”的皇帝——武宗朱厚照正式成为历史，从此世宗朱厚熜将开始他长达四十五年的统治，其年号“嘉靖”也将仅次于神宗之“万历”（在位 48 年），成为明代使用时间第二长的年号。

同样是这一年，在山明水秀的浙江会稽，也就是如今的古城绍兴,一个不惑之年的男人正跪在紧闭的房门前,此人“身长九尺,隆颡修臑,骨巉貌古”[①],风尘仆仆地从京师(今北京)赶回来后,他已经在这里整整跪了三天了。

这时门随着送客应酬的语声打开,缓步走出的正是明代最著名的思想家、心学之集大成者——王守仁(阳明)。此刻的他功业学术、社会地位等均可谓如日中天,但事实上,1522年对这位年逾半百的老人来说,实在是很不轻松的年头。

在仕途上,去年十二月,王阳明因平定宸濠之乱救国于危倾之间等功业而受封新建伯,但迎接他的并不只是嘉奖与肯定,更有愈来愈诡谲的政治斗争:最高统治者对他的态度始终暧昧不明,宦官和朝臣中不乏对他虎视眈眈之辈,正月间他便家上疏辞爵,一直退居至今。在学术上,去岁王阳明“始揭致良知之教”[②],一时门人云集于白鹿洞书院,今年“伪学”之谤也随之蜂起,章乔等言官在首辅杨廷和授意下,以强硬的态度倡议禁遏“伪学”,矛头直指新兴的王学。在生活上,二月间其父王华去世,王阳明居丧尽哀,不仅尽革越地浮华奢靡的丧葬风气,更因人制宜地在招待“高年远客”时稍设肉食,然而他的老朋友湛若水却揪住这点不放,一再致书责难他行为逾礼。

表面上辉煌光鲜的一年,恰恰也正是王阳明内外交困、煎心如火的一年,而看到跪在眼前的男人,他的熊熊心火中不啻又重添入一把干柴。

那人一见阳明公,便大声剖白:“某知过矣。”

王阳明置若罔闻,径直送客至前庭。那人起身追去,厉声说道:“仲尼不为已甚!”[③]

此语典出《孟子·离娄下》:“仲尼不为已甚者。”是说作为理想人格楷模的孔子,凡事都有礼有度而不致太过分。如今“不为已甚”已

① 《王心斋全集》,第67页。
② 《王文成公全书》,第1455页。
③ 《王心斋全集》,第71页。

成为成语,往往用来劝诫人在责备或处罚他人时,当适可而止。

王阳明闻言,“方揖之起”[1]。作为一个成功的教育家,他已经从对方这句话中听出:这个人已充分意识到了自己过错的症结所在。

略施惩戒便已收到效果,这令王阳明再次肯定了,虽然桀骜不驯、行事奇特,但就天赋而言,眼前这个男人实在是学生中的佼佼者,不负自己为他易名为“王艮”。

而这个名字注定被载入史册,作为特立独行的明代思想家,作为风行天下的泰州学派的创始人。不过当时王艮得到这大有深意名字才仅仅两年,在此之前他有个非常平民化的旧名——“王银”。

“王银”和“王艮”间的差距,绝非仅只一个金字旁的锋刃,而是一段漫长而艰辛的破茧成蝶、化鱼为龙的历程。

以三日长跪的训诫为开头,从那时起直到嘉靖七年十一月去世,王阳明都以这位弟子“意气太高,行事太奇”,对其格外倾注心血而“痛加裁抑”。也正是这段蛰伏期令“王银”脱胎换骨,由“张皇见龙”[2]化为蓄势待飞的潜龙,从而自根本上促成了泰州学派的诞生。

因此 1522 年,对中国思想史、对心学、对王艮而言,都是一个极不平凡的年份。

“东海滩头老坎高”[3]——王艮的成长环境

王艮于明宪宗成化十九年农历六月十六(1483 年 7 月 20 日),诞生在泰州一个普通的盐户家庭,通过家庭、地域和阶层三个相互交叠的人文生态圈层,可一窥其成长环境的全貌。

---

① 《明儒学案》,第 710 页。

② 本段引用均见黄宗羲《明儒学案》之《泰州学案一・处士王心斋先生艮》。

③ 《王心斋全集》,第 59 页。

(一) 家庭环境

首先来看看他的家庭。

现存的记载中,王家族谱最早可以追溯到王艮的六代先祖王伯寿,其后家系传承如下:王国祥—王仲仁—王文贵—王僖公美—王玒纪芳—王艮汝止。

王伯寿的身份是盐丁灶户,俗称"亭子"。而第三代的王仲仁则已成为负责征收盐税等工作的"百夫长",算是基层盐户管理者了。到了文贵一代,王家甚至有一定经济实力从事修桥等善业①。王艮之父王玒别号"守庵",由此可约略看出,这位家长已不再仅仅是目不识丁、粗朴无文的劳动者,而多少已拥有了或正追求着几分文人的风雅。据记载,王守庵"古朴坦夷,里中称为长者"②,不过这位古道长者也有其佻达的一面,据说他"生性豪放而喜'游娼家',心斋几度苦苦相劝,但最终不听"③。某种程度上可以说,王守庵至少已不再像缺衣少食的贫困"亭子"们那样,仅仅满足于饥寒保暖的最基本需要,而或多或少有了一点点游娱享乐,甚至精神文化方面的追求。

但王守庵为人气魄不大,看得出还是比较谨慎小心,甚至有些怕事的。比如王艮撤神佛祀祖先之后,偏逢传说中的"佛太监、神总兵"来富安场"索鹰犬急"④,他便惶惧,甚至颇有几分迷信地将这飞来横祸归于撤神佛之举所招致。对于求学问道之类的出位之思,他也不是特别支持——正德十五年王艮欲拜谒阳明时,他曾两度难其行。但王守庵却有着好父亲的一个重要特质,那就是开明听劝:小到张网纵雁,不再好猎伤生这样的琐事;大到可能得罪权珰和必须父子离别,他都能在王艮有理有据的劝说下,听取并接受对方的意见。不粗

① 见《东台县志》卷二十七《尚义》。

②《王心斋全集》,第 67 页。

③ 吴震《罗汝芳评传》,南京大学出版社 2005 年版,第 8 页。

④《王心斋全集》,第 69 页。

暴不专横的父亲使王艮得以成长在相对比较宽松自由的家庭氛围中,而早早形成了独立的人格。

王艮的母亲汤氏则是个刚柔并举、宽严有度的女性。她"仁孝,甚有法度,训诲诸子,至今凛然"①。如绝大部分平民阶层的女性一样,她的肩上是整个家庭的重担。在媳妇、妻子、女主人等诸多身份角色中,汤氏扮演得最好的应当是母亲这个角色,她对孩子慈爱但决不流于溺爱。在这样一位讲规矩有法度的母亲教育下,子女养成软弱浮浪性格的可能性比较小,就算不能刚强坚毅而志向高远,至少也能知道进退而有所追求。汤氏虽很早就已故去,但她对王氏兄弟严格的早期教育却影响深远。她的死更给了当时年仅十四岁的王艮以很大打击,幸而继母唐氏也非常贤良,后来拜访王阳明的计划遭守庵难阻时,王艮整夜长跪也得不到父亲的允许,多亏唐氏"力言于公,乃许之行"。这个家庭也可谓慈父严母宽严有度。

可以看到,王艮虽非出生在书香门第、簪缨世家,但他成长的环境却不能算糟糕,至少在人格养成和性格塑造方面,家庭的影响和作用都是积极的。

(二)阶层环境

接着看看王艮家庭所处的社会阶层。

王艮祖辈,原本世代居住在富庶繁华、文章锦绣的"人间天堂"姑苏,却在明初被迁到了靠近淮河入海口的泰州安丰场(今属盐城东台),成为煎盐为业的灶户。

王家迁居以前的状况、为什么迁居俱不可考,但是看明人陆容《菽园杂记》中的一段轶事,也许能略窥大概:

> 高皇尝微行至三山街,见老妪门有坐榻,假坐移时,问妪为何许人,妪以苏人对。又问张士诚在苏何如,妪云:"大明皇帝起

① 《王心斋全集》,第67页。

手时,张王自知非真命天子,全城归附。苏人不受兵戈之苦,至今感德。”问其姓氏而去。翌旦,语朝臣云:“张士诚于苏人初无深仁厚德,昨见苏州一老妇深感其恩。何京师千万人,无此一妇也?”洪武二十四年后,填实京师,多起取苏松人者,以此。[①]

初看这段文字,朱元璋和老妪的对话以及此后的言行均合情合理,细读却不难发现有微妙的空白点与违和感。用现在的网络语言来说,这段话“信息量很大”,传统说法则是“深具春秋笔法”。事实上老妇人的无心真话并不重要,睚眦必报的朱元璋,出于对与他争斗最激烈持久的张士诚的报复,将其治下居民由富庶的苏松地区迁至贫困边荒之地,即所谓的“洪武赶散”,已经是公认的史实,王艮家族只怕也是无辜被迁怒牵连的千万家庭中的一员。

王家流落到当时比较边远落后的海滨落户,而安丰场当地百姓又有“灶户”和“民户”之分,较之民户,煮海烧盐的灶户往往由罪囚充任,从《会典》武宗正德十五年和世宗嘉靖十一年等年份的记录中,都能看到以囚犯充作灶定的规定,一言蔽之,“这是一个社会地位极其低下的特殊阶层”[②]。由此可见,王家不仅生存环境今非昔比,社会地位也一落千丈,生活条件更江河日下。

早在宋代,柳永就写过一首《煮海歌》,在这首古风长诗里,风流柳七一改填词时偎红依翠的风调,而用深刻沉痛的朴实笔法,书写出盐丁在苦工重税逼迫下的非人苦难。制盐时,“潮退刮泥成岛屿”,“风干日曝盐味加,始灌潮波塯成卤。卤浓盐淡未得闲,采樵深入无穷山。豹踪虎迹不敢避,朝阳出去夕阳还。船载肩擎未遑歇,投入巨灶炎炎热。晨烧暮烁堆积高,才得波涛变成雪”。整个制海盐的过程非水即火,淘海刮泥熬卤时不能避日晒雨淋,砍柴烧炭煎盐时不能怕烟烧火燎——盐工所受的煎熬,决不下于污泥炼成白盐所经的煎熬。

① 《明代笔记小说大观》,上海古籍出版社2005年版,第393—394页。

② 龚杰《王艮评传》,南京大学出版社2001年版,第2页。

到了明代,生产工具虽有所改进,但也不会有什么能让苦役变成美差的翻天覆地的变化。灶户无论是劳动环境、工作过程等都依然可以用"苦海无边"来形容。但这还不是最可怕的,更可怕的是"一缗往往十缗偿""官租未了私租逼"[①]的盐税。

明代盐法学者们多有论及,这里不赘述,且举一例:"国初,召商中盐量纳粮料实边,不烦转运,而食自足,谓之飞挽。后因积纳数多,价值亦贱,兴利之臣遂改议上纳折色。行之既久,习以为常。彼时改折,粮料有余,而价亦贱,计似所入,为有赢利,未为不可。近来粮料不足,价亦腾贵,徒烦转籴,边用索矣。大率盐一引,纳银五钱,先时可籴米一石,今多不过三四斗,或二三斗。"(《今言类编》)[②]盐税日益繁重,名目日益繁多,盐价却日益下跌,贫穷与灶户家庭如影随行,仿佛在那些矮小逼仄的海滨棚户下,高温灼人的煮盐铁锅旁,都能看到它具象化的影子。

生活在这样的阶层,身为家中次子的王艮虽然七岁时就"受书乡塾,信口谈说,若或启之,塾师无能难者"[③],表现出极高的天赋,可到了 11 岁上却还是"贫不能学,辞塾师就理家政"[④],不得不辍学还家。即便像王家这样是繁衍七代,有一定经济实力并有子弟担任公职的大家族,潜在的贫困依然如影随形,挥之不去。

(三) 地域环境

再看王艮家这样的盐丁家庭所处的地域。

凭良心说,明代泰州地区虽然较之南浙苏松等地稍微逊色,但也担得起鱼米之乡的名声。更何况泰州位于江淮水系之间,依傍运河,距离南都不远,更与紧邻的扬州同为盐漕重埠,同常州、无锡也仅一江之隔。当地不仅风调雨顺、土地肥沃,更是承南启北的交通枢纽,

---

① 吴熊和主编《唐宋诗词评析词典》,浙江人民出版社 1990 年版,第 702—703 页。

② 《明代笔记小说大观》,第 761 页。

③④ 《王心斋全集》,第 67 页。

自古就有“水陆要津,咽喉据郡”之美誉。

不过安丰场却处于淮河入海口的一片贫瘠的滩涂之上,朝东海方向,至今还散布着西团镇、头灶镇、六灶镇、沈灶镇等村镇,这些地名真实地保留着当年煮海煎盐之乡的遗风。

光阴荏苒,六百多年已经过去,时代大潮不断冲刷席卷,如今安丰古镇也不能免俗地出现商业楼盘和市民广场,渐渐磨去其独特的个性印记,越来越与其他市镇同质化,但作为历史遗迹保留下来的安丰古街上,名人旧居比比皆是,当年的石础门鼓散落在乡间小路边。镇口一条不起眼的芦苇萧萧的河汊,竟是传说中王艮买舟之越拜访阳明的解缆之处……

在这里,六百年前那质朴的气息、刚健的氛围仍旧依稀荡漾着。安丰古镇里不同于周庄、乌镇,不是为迎合旅游观光目的而刻意保存重建的人工景区。当地的一砖一瓦、一椽一础仍尽其用,居民踏着黄麻石板路日出而作,日落而息,生活状态宁谧质朴得仿佛被时光遗忘。但鸡犬相闻之声里,勃勃生机依然暗自涌动,仿佛在不断宣告这座小镇依然踏踏实实地活着,从六百年前,从更遥远的时光那端,一直鲜活至今。

一方水土养一方人,用王襞的话来说,便是“东海之滨,土厚水清。其气则庞,其风则淳”(《先兄东堧公合葬墓志铭》)[①]。当地百姓的精神气质正是被这样的环境造就。说起明代泰州民风,不难发现一个很有意思的现象,那就是矛盾性:泰州人似乎天生就有柔而厚的特质,欠缺凌厉决绝的狠辣和精明刁钻的算计,这种特点无论在“十八条扁担起义”的张士诚,还是在状元宰相李春芳身上都有所体现。但泰州人却又有着耿而刚的一面,崇侠尚气,快意恩仇。施耐庵把梁山好汉大碗喝酒大块吃肉写得酣畅淋漓,柳敬亭身为社会底层的说书人却慷慨有大节。这看似矛盾的两面水乳交融地交织凝聚,造就

---

①《王心斋全集》,第272页。

了独特的泰州性格。明代王琦的《寓圃杂记》中就曾记载过一位平凡的泰州士人马士权,这小人物身上便集中折射出这种刚柔相济的特性:

> 马士权,泰州人,让于官,第寓京师教授,博极群书,多与学士先生游。刘元博、徐有贞辈,凡有疑,必往质,士权故与徐尤厚。天顺元年,石亨、曹钦等引有贞共为南城之计。不久,权势相拉,疑有贞文臣,不时见上,将为所间,遂构其事,自武功伯降广东参政。犹虑其复起,必欲杀之。令人伪造奏本,毁谤朝政,特过于理。假丁忧给事中李秉彝进士,令入索,李至,拷掠竟死。石、曹因谮有贞怨望,使亲信马士权等为此,而灭其迹。上命权臣门达分遣逻卒,捕有贞于途,收士权等,俱下锦衣狱。达陈诸恶刑于庭,必欲士权承,以及有贞、士权遍尝,几死,始终无一言。若少龃龉,祸及有贞矣。七月廿五日,以天变得释。有贞出狱,感士权,许以一女嫁其子,以奉汤药,洒泣而别。天顺四年,有贞自金齿归苏,士权自泰州来谒,欲成婚约。有贞颇有难色,士权辞曰:"贫儒不能当侯家女。"有贞遂实其言而以微物赠之。士权略无怏怏意。将行,余偶见士权于刘宗序所,貌甚鄙陋,长不逾五尺,谭论雄伟,气节凛然,无一言及徐之事,真信义士也。①

马士权地位不高,学识渊博而洁身自好,对友人一片至诚,哪怕对方实际上是一介小人,也不会因此而动摇自己的立场,欺瞒自己的本心。友人危难时,他宁可自身无辜受难也决不出卖对方;友人发达了,就算对方背弃盟约他也毫无怨望。自始至终,无论经历怎样的磨难,哪怕在腥风血雨中九死一生,这小人物都耿直宽厚,却又风骨凛然。仁厚之柔和侠气之刚,就这样结合在一个身材矮小,其貌不扬的下层知识分子身上,而他飒然远去,走入历史深处的背影也将不断高大,直至榨出缙绅权贵们"皮袍之下的小"来。从某种程度上说,王艮

---

①《明代笔记小说大观》,第335页。

骨子里难道不也具有着与马士权几乎如出一辙的性格气质么?这样的泰州人当得起深为国人推崇的一个“古”字,乐道好古、古貌古心、古道热肠。

王艮便是由这样的家庭、阶层和地域的外在环境共同造就的。

“依书践履自家新”[①]——王艮的成长历程

(一)灶户之子

当王守庵与汤氏的第二个儿子呱呱坠地时,谁也没预料到他将来会成为一个了不起的人物,因为在我国民间传说里,奇人降世总有点异象瑞兆的。但这孩子的诞生却一派平常,并不像他日后的老师王守仁是娠十四月,降生时“祖母岑梦神人衣绯玉云中鼓吹,送儿授岑”[②],一看便知是龙驹凤雏;也不像他日后的学生韩贞出生时,“其祖茔上有白气贯天,三昼夜不息”[③],即俗语所谓的“祖坟上冒青烟”,预示着定有俊杰出世。若硬要寻找,这孩子身上唯一可以视为天选神授之特殊印记的,估计就只“有肉珠在掌,左一右二,如分阴阳,时时起伏不息,若与气机相为升降者”[④]。这样的小肉瘤后来被称为“心斋掌上珍”[⑤],出现在其次子王襞左耳旁,俨然已升格为作为“卡利斯玛”(charisma)型人物的身份确证。不过对王守庵夫妇而言,男丁平安诞生已足够让人欣喜。出于朴素的愿望,他们继长子王金之后,顺理成章地为次子取名“王银”。

这孩子就是后来的王艮,但此刻他还只是王银,从“王银”到“王

① 《王心斋全集》,第56页。
② 《王文成公全书》,第1387页。
③ 《颜钧集》,第201页。
④ 《王心斋全集》,第67页。
⑤ 《王心斋全集》,第206页。

艮”,这名灶户之子还需要走过漫长而曲折的进化之路。

王银(此时我们还不能称他为王艮)成长在灶户盐丁聚居安丰小镇上,除了经历十一岁时辍学和十四岁上丧母的打击之外,他的童年生活波澜不兴。年少失恃的确可哀可怜,但辍学对王银而言是否构成打击,却也很难一言蔽之。

明代私塾的启蒙教育往往是为科举服务、为写作应试文章八股文打基础的。科举制度的利与弊、八股文体的优与劣早有学者深入论述,这里无须赘言,但服务于此的私塾教育,其教学模式和内容都相当僵化,师资力量也良莠不齐,这也是不争的事实。

而盐场小镇私塾的师资状况明显堪忧,王银七岁入学塾师就已经“无能难者”,一方面这孩子的确天赋异禀、思维活跃,另一方面,拿七岁孩童都没办法的老师,是否能承担传道授业解惑的重任,也实在得打个问号。果真在这样的环境中读个十几年的死书,只怕王银就永远不可能蜕变成王艮了。况且一个毕生都敢想敢为,行动力极强的人,幼年时代怎可能是安分静坐读书背诵的孩子?而在学术上,王艮强调“即事是学”[①],直言“学不是累人的”[②],“乐学”是他乃至整个泰州学派倡导的重要思想观念,显然也与累人误人的私塾教育水火不容。

所以他幼年辍学在某种意义上来说并不能算一件坏事,其影响可从两个方面来看待——没有从小接受良好的系统教育,打下扎实的基础,固然使王艮学术功底极差,几乎不能望其师友之项背;但也使他较少受到规矩礼法的约束钳制,而能不落窠臼博采众收,更能以自己的意志进行选择立定志向,最终得以自由自在不受拘限地成长。这对他雷厉风行的品格、不泥专著的学风等的形成,都不可谓没有作用。

离开沉闷学堂的小王银在帮忙家政之余,或许也有奔跑玩耍的

---

① 《王心斋全集》,第13页。
② 《王心斋全集》,第73页。

时光。这样的场面甚至可以想见——如今泥沙淤积水线后退,在安丰镇已不能直接看到大海,但在六百多年前,越过鳞次栉比的低矮屋顶,越过杂草丛生的盐碱滩涂,大海应该宛如一条昏黄的丝带平铺在视线尽头,遥远的潮声如同巨兽的鼻息。

年少的王银应该可以眺望到那赐予衣食也赐予艰苦的生计之源,映入他眼帘的应该不只是一望无际的混浊荒波,那是无尽之未知正激荡着缓缓铺展开来。大海蕴含着一个宏大的暗示:这个世界上存在着超越人们平凡生活的更高远的东西,那个“终极”,永恒的“终极”。

从某种程度上说,海强有力地塑造着人的性格——眺望大海,能令灵魂软弱的人更清晰地感觉到自己的孱懦无力,也能令拥有强悍灵魂的人,从血液深处搏击起高飞远扬的力量,哪怕那只是幼小的孩童。

虽然还不确切地明白究竟是什么,但小王银知道有那“终极”存在着,从他还是个眺望大海的孩子的时候开始。

(二)少年商人

灶户之子的平静日子,终于在孝宗弘治十四年发生了变化。

王银十九岁了,再过一年他便是弱冠之龄,虽然比起对儒家子弟“十有五而有志于学”立定人生志向的要求稍微晚了一点,但在他父亲看来,次子已经成年,应该承担人生责任了。

于是十九岁的王银奉父亲之命出外经商,他选择的目的地是山东,后人对此给出了理想化的解释:“以山东阙里所在”①,曲阜阙里为孔子故里,如此看来王银初次远行便已经有了追慕圣人脚步的觉悟。这话说得似乎早了一点,因为直到武宗二年王银二十五岁时才正式“过阙里谒孔圣及颜曾思孟诸庙”②,所以十九岁的他未必志向已定,

---

①《王心斋全集》,第67页。

②④⑤《王心斋全集》,第68页。

但看更广阔的世界,过更深邃的人生,这样的念头在他心里从来没有消失过。

无论动机如何,王银在十九岁这年,完成了灶户之子到少年商人的身份转变。令人惊奇的是,他不仅迅速适应了这种变化,更因为头脑灵活、胆大敢为、决断如流,而在商贩行业内如鱼得水,不仅第二年便有实力完娶发妻吴氏,更在二十一岁上便"经理财用,人多异其措置得宜,人莫能及。自是家道日裕"①,用现在的话说就是挖到了人生的第一桶金。至于王银贩负何物,许多学者经过考证,一致认为他贩私盐的可能性很大,因为"'两淮、通、泰、宝应州县,民厌农田,惟射盐利',私煎私贩的现象愈演愈烈"②。王家又有得天独厚的条件。王银固然胆量过人,极有商业头脑,却绝非胆大妄为,见利忘义之徒。更应注意到,他富裕之后,"遂推其所余以及邻里乡党"④,并没有做囤积私享的守财奴,而是周济邻里乡亲。这举动不仅淋漓尽致地表现出古厚侠义的泰州气质,也反映了对于中华民族传统的商道精髓,王银可谓深谙力行。

在经商途中,好奇心和精力同样旺盛的王银,追求的远不仅仅是资产的积累和物质生活的满足,他从没有停止过对"终极"的追问和寻觅。虽然依旧并不明白那个存在究竟是什么,但它的召唤就如同遥远的潮音,一直回响在少年商人耳际,以至于他对所有高远神秘的东西都倾心不已。比如二十三岁时他在山东患病,便跟医家学了相当于今天排毒疗法所谓的"倒仓法",后来竟以这个为契机,就此钻研起医道来⑤。

百川到海,殊途同归,无论是商道还是医道,最终还是会指向并汇入那个"终极"。而王银终于在他二十五岁这年,千回百转之后,走到了阙里孔庙之前,"瞻拜感激,奋然有任道之志"③,直到此时,他终

① 《王心斋全集》,第 67—68 页。

② 《王学与晚明的师道复兴运动》,第 180 页。

③ 《王心斋全集》,第 68 页。

于觅到了追求“终极”存在的正途。

（三）行动派儒者

面对着端坐于庙堂之中的儒先圣贤，青年王银心中是怎样的激动澎湃呢？如今谁也不能缕述或断言，但应该就像他眺望遥远大海时那样吧，潮音以悠久神秘的韵律暗示着永恒不灭的真相，但此刻的所见更强烈、更直接、更明确地不断感动、催促、激励着不甘于浑浑噩噩过此百年的年轻人。直到此时，王银才朦胧地知道自己所追寻的“终极”的轮廓，虽然其体悟还不够深入精确，但值得庆贺的是，他毕竟没有走错方向。结束了这次具有转折意义的拜谒，王银回乡之后便《孝经》《论语》《大学》等儒家典籍不离手，日夜讽诵，逢人质义。

王银文化水平不高，海滨僻壤也难觅高儒，所以当时他对这些儒典的理解能有多深入也相当难说，比起从小就博览群书过目成诵的王阳明，或少年时代便以聪明颖秀闻名的王畿、唐顺之等同门，他在典籍学问方面基础差得可怕，但是他却以惊人的天赋独出机杼地体悟着儒家思想的精髓，更以新颖超常的方式来肯定和提升自己，比如做梦。

常言道夜梦无凭，但又所谓日有所思夜有所梦，梦境正是人类思维的夸张扭曲与飞跃，它以其神秘的意象语言，激发着艺术创作、审美创造甚至哲学思辨等的灵感，所以不该被轻易抹倒忽略。王银思想成长跃升渐趋成熟的每一步，几乎都伴随着梦的启示。最重要的第一个梦境就发生在他二十九岁那年。

“一夕梦天坠压身，万人奔号求救，先生独奋臂托天而起，见日月列宿失序，又手自整布如故，万人欢舞拜谢。醒则汗溢如雨，顿觉心体洞彻，万物一体，宇宙在我之念益真切不容已。……题记壁间，先生梦后书‘正德六年间，居仁三月半’于座右……即先生入悟之始。”①

①② 《王心斋全集》，第 68 页。

在这个具有标志性意义的梦里,王银终于开始明白自己来到这个世界是为了什么,自己又在追寻什么,这个预示就和他一直眺望的海一样,只不过更加明确直接——托整坠天之梦破除了现实的迷惘,指明他此后的人生道路:重整乾坤,拯救苍生,穷究性命之学,追寻天理大道。

这就是他一直寻觅的那个"终极"。

和这个天启式的梦一脉相承,王银这段时间的行为也很有些民间宗教家的意味,他"闭关静思,夜以继日,寒暑无间",或"筑斗室于居后,暇则闭户作息其间,读书考古,鸣琴雅歌"[②],但难能可贵的是,他能够将自己对儒家思想的独到理解贯彻在平凡的日常实践行动中,于"百姓日用"间居仁由义,一往无前,其宏大的气魄已隐然有齐家治国平天下的气度。

对于儒家思想领会之深浅,可通过核心范畴"仁"来窥全豹,而王银对"仁"的领会,更多表现于具体实践而非学理阐述中:

二十六岁时,他看见父亲因户役,无论严寒酷暑都要早起,用冷水洗脸急赴官家,遂以身代。当父亲生病的时候,他以超乎常人想象的方式为他治疗,这是身为人子之孝。所谓"亲亲,仁也"(《孟子·尽心上》),对待父母的孝恰是"仁"最根本真实的起点——人人都珍爱自己的生命,追本溯源,便会真诚地对赋予生命的父母充满感恩,孝行便自然而然从心底流淌出来。王艮从自身出发,以孝亲来实践"仁",是谓"修身"。

而三十五岁时,他不满于家中族人迷信盲从,毅然撤神佛而祭祖先,提醒家人时刻铭记感激先人烟熏火燎煎盐劳作,抚育子孙开枝散叶,终于开创家业的筚路蓝缕之功,这便是在家庭的范围内推行实践"仁",是谓"齐家"。

其后两年,也就是正德十四年,武宗南巡经过扬州,派了钦差太监朱宁等,即所谓的佛太监神总兵之流,到安丰场一带向乡民索要打猎的鹰犬。众人惶恐不已,王银却勇敢地直谒权珰,以鹰犬享用之轻和人生性命之重据理力陈。最终朱宁不仅被说服放弃索贡,甚至还和这个海滨异人交上朋友。这有勇有智的保民之举,便是在“治国”层面实践了“仁”。

而王守庵喜欢打猎,曾张网捕获十余只大雁,王银苦苦讽劝父亲,终于感动他,“焚其网,纵雁飞去”①。这件事看似极小,但就儒家学派“仁”范畴层面而言,其意义却绝不亚于前面的任何一个事件:这标志着王银对这一范畴体认的程度已不逊于先儒贤哲——能以珍视自身生命的真实之情,推而广之达及他人,甚至达及人类之外的存在,这便是所谓的“仁者以天地万物为一体”②,从而具备了“上察于天,下错于地;塞备天地之间,加施万物之上”(《荀子·王制》)的圣王之用,宏大包容的气魄举动终能使物我无间、天下大同,这正是在“平天下”的层面实践“仁”。

由此可见,那时的王银也许远不算儒学理论家,但却是个不折不扣的儒家行动派。这很大程度上也可以解释为何“百姓日用”日后会成为泰州学派思想的核心范畴之一,并被赋予了深广的美学意蕴。而就现实影响而言,王银当时这一系列的言行举动,也为在他家族中和地方上赢得了举足轻重的地位和一言九鼎的威信。

在家中,王银一辈亲兄弟就有七人,阖家人口众多。因为各房眷属嫁妆厚薄不均,屡屡造成矛盾冲突,导致口角不宁。对于这种情况,王银竟大胆果断地要求诸房将资财全都取出,举家均分。素来“等贵贱,均贫富”都不是一件容易的事情,就算不通过暴力手段翻天覆地,至少也得伤筋动骨引起轩然大波。然而王家众人竟“贴然”地遵从了这次分配,后来的事实也证明王银的分配并非武断的一刀切,其安排不仅非常公正,而且是非常明智而有远见的,因为王家不仅自此“家益繁庶”,完全没有出现经济方面的问题,更“门庭肃然”,举家和睦有礼,再不像底层灶户的做派,竟隐隐有了耕读门第的风范。

---

①《王心斋全集》,第 69 页。

②《王心斋全集》,第 47 页。

在族里,族长“每以难事试之,立为辨析”,在地方“各场官民遇难处事,皆就质于先生,先生为之经划,不爽毫发”[①]。处理复杂难题的能力令王银名声远扬,到37岁那年,他俨然成了重量级人物,非但在王氏家族中,而且在整个安丰场一带有了一定社会影响力和号召力。

对于许多人而言,这已经可以满足了。

不得不承认有这样一种现象,很多人在成长到一定年龄之后,无论是知识经验还是目标理想都不再增长和调整,从此以后,他们就像钟表一样,每天按照相同的路径不断循环直至彻底损坏,虽然生命还在延续,但他们的人生实际上已经停止了。甚至可以悲观地说,这是大部分人的常态,无论明朝还是现在无代无之。

但王银不是这种人。无论是年龄家庭也好、物质生活也好、社会地位也好,在那样的时代那样的环境下,王银有太多满足停滞的理由了,但或许是童年时代遥望的大海依然汹涌在心底的关系吧,他的耳际一直轰鸣着这样的声音:不能就此停滞,停滞下来便是人生的终结。

武宗十五年,真正改变他人生的时刻终于来到了,他将抛弃过去的自己,连同“王银”这个名字一起。

“灵根才动彩霞飞”[②]——王银的成长飞跃

(一) 风雨如晦——特定性的时代背景

1520年前后的明王朝,究竟是怎样一种状况呢?

当时的翰林才子,戏曲理论家何良俊在《四友斋丛说》中曾写过这样一段话:“我朝列圣修德,皇天眷佑。凡遇国家有一大事,必生一人以靖之。如英宗北狩,则生一于肃愍;刘瑾谋逆,则生一杨文襄;宸濠之变,则生一王阳明;武宗南巡,则生一乔白岩;武宗大渐时,江彬

---

① 《王心斋全集》,第68页。

② 《王心斋全集》,第57页。

阴畜异谋,则生一杨文忠、王晋溪,皆对病之药,手到病除,真若天之有意而生之者,此则祖宗在上,于昭于天,而国家千万年灵长之祚,亦可以预卜之矣。”[①]可谓句句都是事实,但句句又都透着那么点阿Q精神胜利法的沉痛和辛酸,让人哭笑不得。

自朱元璋于公元1368年定鼎金陵,明王朝享国日久,建元之初的蓬勃朝气自土木之变后为之一改,庞大的帝国机器运转进入了停滞期,而正嘉之际更成为由盛而衰的转折,其时不仅昏聩君王层出不穷,花样翻新,宦官权臣也轮番搏击于权力的江湖之中,时局如同过山车一般,当年的承平治世和质朴氛围却是再也看不到了。

最为明显的便是统治阶级变本加厉地穷奢极侈。据《万历野获编》说:“乾清宫窗槅一扇,稍损欲修,估价至五千金,而内珰犹未满志也。盖内府之侵削,部吏之扣除,与大匠头之破冒,及至实充经费,所余亦无多矣。”[②]最高统治者,以及荫庇于皇权巨伞之下数量众多的蛀虫们,都心安理得地加倍搜刮民脂民膏以供自己享受,有理由相信这五千金都买不到的天价窗扇,只是腐败巨怪身上的一鳞一毛而已。

较之大内,王室宗藩也不遑多让。因当时制度规定藩王不能离开自己的封地,也不能随意结交官员参与政事等,受到诸多限制的王子皇孙们实际上都是黄金牢笼里的囚徒,种种因素促成了他们近乎变态地巧取豪夺,“今上大婚,所费十万有奇,而皇太子婚礼,遂至二十万有奇,福邸之婚,遂至三十万有奇。潞藩之建费四十万有奇,而近日福藩遂至六十万有奇”(《五杂组》)[③]。而藩王互相攀比,仅婚礼和建藩等庆典费用就动辄数十万,甚至超过了皇帝和太子的用度,他们与靠“盐一引,纳银五钱”为生的灶户们,简直不像是生活在同一个时空里。

---

① 《明代笔记小说大观》,第921页。
② 《明代笔记小说大观》,第2411页。
③ 《明代笔记小说大观》,第1817页。

穷奢极侈还不是最可怕的,对于当时的明王朝而言,土地的高度兼并才是真正的釜底抽薪。大量民田变为皇庄,藩王也在疯狂积聚土地。嘉靖元年虽然有查勘皇庄及勋戚庄田,并适当将其改为官地给民佃种等一系列改革举措,但当时查勘出来惊人的田亩数,恰恰从另一个侧面表现出土地兼并已经到了令人咋舌的地步。

农民失去土地,但剥削却丝毫没有减少,甚至税赋还变着方儿巧立名目:“正德十年以前,松江钱粮分毫无拖欠者。自正德十年以后,渐有逋负之端矣。忆得是欧石冈变‘论田加耗’之时也,先府君即曰:‘我当粮长时,亦曾有一年‘照田加耗’,此年钱粮遂不清。第二年即复‘论粮加耗’,而钱粮清纳如旧。’夫下乡粮只五升,其极轻有三升者,正额五升,若加六则正、耗总八升。今每亩加耗一斗,则是纳一斗五升,已增一半矣。夫耗米反多于正额,其理已自不通。”(《四友斋丛说》)[①]所谓加耗原本只是为了弥补赋税米粮在运输等过程之中的正常损耗的,却被一干眼疾手快的官员看到了从中牟利的发财机会,钻了空子算了一笔糊涂账。渐渐地,这附加损耗部分竟然超过了主体,农民血汗成果最终被各级官员中饱私囊。到了正德十年前后,连土地肥沃,居民富裕的松江地区的百姓都不堪其苦,更不要说地薄水恶的其他地区。

以上虽仅述二端,亦不难理解为何有明一代不仅统治者和被统治者之间,而且统治阶级内部都矛盾纷争不断,农民起义和宗藩作乱屡见不鲜,并越来越激烈。而江河日下的世风便是这样的大背景大气候造就的。

所谓上有所好,下必甚焉,民间豪奢放诞的风气也不断滋长,顾起元《客座赘语》记载了当时的南都掌故,有《正嘉以前醇厚》一节:“有一长者言曰:正、嘉以前,南都风尚最为醇厚,荐绅以文章政事、行谊气节为常,求田问舍之事少,而营声利、畜伎乐者,百不一二见之;

---

① 《明代笔记小说大观》,第963页。

逢掖以咕哔帖括、授徒下帷为常,投贽干名之事少,而挟倡优、耽博弈、交关士大夫陈说是非者,百不一二见之;军民以营生务本、畏官长、守朴陋为常,后饰帝服之事少,而买官鬻爵、服舍亡等、几与士大夫抗衡者,百不一二见之。妇女以深居不露面、治酒浆、工织纴为常,珠翠绮罗之事少,而拟饰倡妓、交结姏媪、出入施施无异男子者,百不一二见之。"[①]这一节可与《万历野获编》等文互相印证,较为准确地描摹出在王银生活的时代,与泰州紧邻的大都市南京的风气:不仅知识分子阶层一改国初的质朴敦厚,勤恳踏实,变得热心于投机钻营,醉心于奢侈享乐,连良家妇女都装饰奢华,不再笼闭深闺,有了相对比较丰富的社交生活。在顾起元这样的古朴君子看来是失范堕落,但某种程度上说,这种"不醇厚"也包含着一定的思想开放、社会进步因素。

具体到泰州,当地曾先后于 1980 年和 1988 年出土明嘉靖徐蕃夫妇墓和刘湘夫妇墓服饰。从这些考古资料可以看出,官居三品的徐蕃为人刚毅为官清介,服饰严守礼制;处士刘湘却大胆地使用狮纹补服入殓,"如果说徐蕃夫妇墓出土的服饰体现了明代服饰的规范和礼仪制度,那么 1988 年明嘉靖刘湘夫妇墓出土的服饰则表现出了明代后期服饰由早期的朴素守制到华丽奢侈。明代后期的僭越现象得到充分的证明"[②]。可见当时泰州地区的人民算得上紧跟时代潮流,他们有消费的需要和追求,也有相应的实力和魄力。

(二)风云际会——关键性的会面

王银在这样的环境中渐近不惑之年,1520 年,三十八岁的他,在家乡讲授《论语》首章的时候,遇到了一位名叫黄文刚的塾师,这塾师评价王银的阐发:"我节镇阳明公所论类若是。"[③]这句普通的惊叹,却

---

① 《明代笔记小说大观》,第 1212 页。

② 潘耀《从泰州出土服饰管窥明代冠服制》,《东方收藏》2011 年 9 期,第 50 页。

③② 《王心斋全集》,第 69 页。

为王银打开了全新世界的大门。

对于自己的学术心得，王银应该是相当自信的，越是自信的人，在逢到与自己相似的思想时，越是会有一种得遇知己和面临挑战的激动，这是预感到学问有可能会在与志同道合者的共鸣切磋中向更深广处掘进的振奋，因此王银一听黄文刚此话，立刻惊呼"信有斯人论学如我乎？不可不往见之，吾俯就其可否，而无以学术误天下"②，绝无"私其所积，唯恐闻其恶也。倚其所私以观异术，唯恐闻其美也"(《荀子·解蔽》)的狭隘。虚心却又不盲从，求知若渴从善如流而绝不空谈论道纸上谈兵，这就是王银性格上决定性的优点。

此刻王银再次显示了他雷厉风行的行动力，他"买舟以俟"做好随时出行求学的准备，只待高堂父母的允许。当时王阳明正在江西，与泰州山长水远相距千里，王银先在继母唐氏的帮助下说服了父亲，得到远行求学的许可，接着又一连克服了江上盗匪、鄱阳风阻等障碍。一路上，对真理大道的渴求一直在激励着他：清醒时，这是战胜重重困难的动力，梦寐中，这是引导他寻觅真理的路标——传说王银梦见在亭中初次拜会阳明，当他真的来到那位鸿儒巨擘面前，一切竟与他梦中所见一模一样。

继重整坠天的第一个梦境之后，这第二个梦又一次以奇迹般的力量鼓励着他的追寻，肯定着他的行动。

然而对于这初次会面，王阳明的心情却远没有王银那么慷慨激越。如果说王银此时还被粗砺石璞包裹着，那波诡云谲的战场和官场早已将王阳明的性情打磨成温润的美玉了。更何况阳明成名已久，千里迢迢前来拜谒的学者不知凡几，一个自学成才的中年海滨煮盐人，还穿着自制的奇装异服，造成"观者环绕市道"的"轰动效应"，实在很难给这位高官大儒留下什么良好的第一印象。因此王银甚至被王阳明家丁拦阻不得其门而入，直到他"赋诗为请"①：

---

①《王心斋全集》，69—70页。

孤陋愚蒙住海滨,依书践履自家新。谁知日日加新力,不觉腔中浑是春。

闻得坤方布此春,告违艮地乞斯真。归仁不惮三千里,立志惟希一等人。去取专心循上帝,从违有命任诸君。磋磨第愧无胚朴,请教空空一鄙民。①

看得出王银并没有太多文学创作方面的才华,这两首诗的文句质朴得近乎粗陋,但是他对真理的渴望,在真理面前的谦逊;对性命之道的领会,以及追寻性命之道的坚定信念和勇毅行动,都通过这些毫无修饰的文字,从心底毫无保留地抒发出来。值得注意的是,他将真理比喻成"春",这美丽的二三月风光物候充满着审美的力量,日后也在泰州学派极富平民色彩的思想理论中,成为具有理想人格典范意义、渗透着美学意蕴的重要范畴。

附庸风雅之人,也许会因为形式的不完美而对两首诗嗤之以鼻,但真正的哲人却能从简陋的表象下,窥见灵魂之煤迸发出的炫目火花,王阳明显然是后者,他当即决定见见这个不远千里来拜会他的"海滨生"。

那是九月秋日的一天,风萧萧兮木叶下,用自己的思想影响甚至塑造了中国人精神气质的两位哲学大师即将相见。这一番最初的思想碰撞,当如电光照彻,火山喷发吧。但如今能看到的记载比较完整的对话,只有分别留在二人年谱中的两段。王艮年谱中这样记载:

阳明公闻之,延入拜亭下,见公与左右人宛如梦中状,先生曰:"昨来时梦拜先生于此亭。"

公曰:"真人无梦。"

先生曰:"孔子何由梦见周公?"

公曰:"此是他真处。"

---

①《王心斋全集》,第56页。

先生觉心动,相与究竟疑义,应答如响,声彻门外,遂纵言及天下事。

公曰:“君子思不出其位。”

先生曰:“某草莽匹夫,而尧舜君民之心,未尝一日忘。”

公曰:“舜居深山,与鹿豕木石游居,终身忻然,乐而忘天下。”

先生曰:“当时有尧在上。”

公然其言,先生亦心服公。稍稍隅坐,讲及致良知,先生叹曰:“简易直截,予所不及!”乃下拜而师事之。

辞出,就馆舍,绎思所闻,间有不合,遂自悔曰:“吾轻易矣。”

明日复入见公,亦曰:“某昨轻易拜矣,请与再论。”

先生复上坐,公喜曰:“善有疑便疑,可信便信,不为苟从,予所甚乐也。”

乃又反复论难,曲尽端委。先生心大服,竟下拜执弟子礼。[①]

这应该是一次思想层面的巅峰对决,应该是一次痛快淋漓的灵魂叩问,那些如同回音一样传出门外的辩论之声,就像铺展在遥远天际的海线,再次为王银蓦然拓开一片崭新的未知天地。

通过这段文字可以看出,在这次对话中,王银对自己的观点是和盘托出,大有初生牛犊不怕虎的气概,但王阳明言语间却有着老练高官的世故:他以一身担当,擒宸濠、平叛乱的行动,恰恰是“君子思不出其位”的反证,可在与王银的对话中,大谈“思不出其位”的他显然有所保留。

在众人敬仰的儒学宗师面前,没有接受过系统教育的盐丁之子并未人云亦云,而是大胆地在辩论中提出并坚持自己的观点,发现对方的可取之处他便心悦诚服。更难能可贵的是王银并没有到此为止,心悦诚服不代表就此成执墨守,他进一步深入思索吃透精髓,当

---

① 《王心斋全集》,第70页。

发现对方理论中存在疑点,他敢于立刻推翻自己的结论,从头再来细细研磨切磋。没有偏见,决不苟从,此刻的王银已隐隐具备在学术思想层面开宗立派的能力和气象。

在这场辩论中,王阳明是良师,以具有决定性意义的点拨和指导,挥开王银前进道路上的迷雾;王银是高徒,同样以清新激越的新观念的强有力搏击,一再鼓动王阳明思想的双翼。孔子曾感叹子曰:"回也,非助我者也。于吾言无所不说。"(《论语·先进》)而王银却可谓能助阳明者,难怪阳明感叹"吾擒宸濠,一无所动,今却为斯人动"[①]。并亲自替他改名为"艮",字以"汝止"。

这次改名可谓大有深意,尤其是"汝止"这个字,不可谓不是阳明对这位时时思出其位,偏偏又敢想敢做的新弟子的警示。

王阳明的担忧决非杞人忧天,这可以通过他的年谱中有关二人初逢的记载看出:

> 泰州王银服古冠服,执木简,以二诗为贽,请见。先生异其人,降阶迎之。
>
> 既上坐,问:"何冠?"
>
> 曰:"有虞氏冠。"
>
> 问:"何服?"
>
> 曰:"老莱子服。"
>
> 曰:"学老莱子乎?"
>
> 曰:"然。"
>
> 曰:"将止学服其服,未学上堂诈跌掩面啼哭也?"
>
> 银色动,坐渐侧。及论致知格物,悟曰:"吾人之学,饰情抗节,矫诸外;先生之学,精深极微,得之心者也。"
>
> 遂反服执弟子礼。先生易其名为"艮",字以"汝止"。[②]

① 《王心斋全集》,第70页。

② 《王文成公全书》,第1454—1455页。

初次拜谒前辈高儒,王银竟穿着自制的所谓“老莱子之衣”,其行事真可谓匪夷所思。这是因为一方面,生活在穷乡僻壤的王银,虽有治国平天下的宏大气魄,也有成人成己的积极实践,但他对儒家思想的理解,很大程度上还停留在迂阔仁孝的肤浅层面;见识不免粗陋不足,行为偏偏又格外大胆,因此时常会做出一些出人意料甚至惊世骇俗的举动。另一方面也因为在他看来,对大道真理的理解,仅仅停留在心领神会的地步是远远不够的,成之于内必要大胆地行之于外,否则终是隔靴搔痒。此即阳明倾毕生心血拈出的“知行合一”,而王银不仅与他不谋而合,更始终贯彻这个宗旨并被泰州学派其他成员忠实继承。也正是在这个意义上,王阳明一眼就看出了王银的问题所在,没有深刻思想支撑的“行为艺术”是站不住脚甚至可笑的,这海滨生欠缺的不是行动的勇气和能力,而是支撑行动的思想。

此刻王银虽已易名王艮,但他距离那个“独有心斋为最英灵”①的“王艮”还有一段崎岖的路程要走。接下来,王阳明将对这个与众不同的学生进行加倍的打磨锤铸,直至他百炼成钢。

(三)风波骤起——决定性的事件

最严厉的裁抑就在两年后来到——1522 年,嘉靖元年,本文开篇处的年头。

当时的明王朝,举国上下正被卷入一个巨大的风暴漩涡,暴风眼便是——“大礼议”。

有关“大礼议”的研究成果众多,这里不必多论。大概说来,就是正值盛年的武宗意外崩殂而无嗣,世宗由宗藩入承大统,因其生父称号问题引起的政治纷争。这场纷争从武宗十六年(1521)一直持续到嘉靖十七年(1538),可谓旷日持久,牵涉众多,高潮迭起,危机重重。表面是统嗣之争,内里却盘根错节,不仅是帝国最高统治权的争夺,

---

①《焚书·续焚书》,第 80 页。

某种程度上甚至也包含着新兴的王学与传统的朱学的较量[①]。

1522年,距问题第一次集中爆发的左顺门事件也仅有两年,这正是大礼议矛盾不断激化的风口浪尖,而那时已改名“王艮”的王银跟随阳明归越,在成功安置了众多千里迢迢赶来求教的学者生徒们的生活,并“鼓舞开导”[②]充当半师半友的角色之后,他终于按捺不住,感叹说:“千载绝学,天启吾师,倡之,可使天下有不及闻者乎?”明确地表达出周流天下之志,并向王阳明请教孔子当年周流天下的车制,其用意昭然若揭。王阳明不可能不明白他的打算,但却“笑而不答”,王艮“即辞归,制一蒲轮”,二话不说招摇上京[③]。

某种程度上说,这次上京的行动算是得到王阳明默许的,也许是知道这个优异而果决的学生是劝不住的,也许是想在壬午学禁的逆境中,利用王艮这样来自民间的声音扩大新学的影响,总之王阳明并没有严厉阻止这次出格的行动,然而事情的发展出乎预料,王艮与他人生中意义重大的第三个梦境正面遭遇,虽然这个梦并非产生自他脑海。

“比至都下。先夕有老叟梦黄龙无首行雨,至崇文门变为人立。晨起,先生适至。时阳明公论学与朱文公异,诵习文公者颇抵牾之,而先生复讲论勤恳,冠服车轮,悉古制度,人情大异。”[④]这还是说得委婉的,黄宗羲说得更直接:“都人以怪魁目之。”[⑤]大胆张狂的言行,怪异奇特的服制,再加上无名老叟具有谣谶意味的怪梦,不仅王艮很有可能因此而被视为邪教妖人,甚至还会为王阳明及其新学招致难以预料的责难、非议与攻击,所以在京同门纷纷劝王艮归去,他置若罔闻,此时连王阳明都屡屡致书催促他回来,更让王艮的父亲守庵写信施加压力,意犹未尽的“怪魁”这才悻悻归来,而此时等待他的便是开

---

① 有不少学者持这一观点,如邓志峰《王学与晚明的师道复兴运动》等。

② 《王心斋全集》,第70页。

③④ 《王心斋全集》,第71页。

⑤ 《明儒学案》,第710页。

篇处的三日长跪和无视冷遇。

这长达三天的沉默训斥让王艮能够真正静下心来思考反省,此后他便追随阳明,敛圭角,就夷坦,行动上几乎再没有出格之处,但思想却得到全方位的打磨淬炼和沉淀,一步步变得更加朴厚深沉。曾经学术功底极差,却张皇进退急切地想化身见龙的他,终于有时间澄心静气,净化、粹化学问上的庞杂肤浅,进而深入全面地去打磨学养、涵泳精神、陶铸情操,慢慢从一个行动派蜕变成真正的思想家。如果没有这段蛰伏的潜龙岁月,在历史上留下浓墨重彩一笔的泰州学派也许不可能诞生,或者至少绝非现在的面貌,而中国的思想史可能需要就此改写。

值得一提的是这段时间前后,王艮创作了具有标志性意义的《鳅鳝赋》:

> 道人闲行于市,偶见肆前育鳝一缸,覆压缠绕,奄奄然若死之状。忽见一鳅从中而出,或上或下,或左或右,或前或后,周流不息,变动不居,若神龙然。其鳝因鳅得以转身通气,而有生意,是转鳝之身、通鳝之气、存鳝之生者,皆鳅之功也。虽然亦鳅之乐也,非专为悯此鳝而然,亦非为望此鳝之报而然,自率其性而已耳。于是道人有感,喟然叹曰:"吾与同类并育于天地之间,得非若鳅鳝之同育于此缸乎?吾闻大丈夫以天地万物为一体,为天地立心,为生民立命,几不在兹乎!"遂思整车束装,慨然有周流四方之志。少顷,忽见风云雷雨交作,其鳅乘势跃入天河,投于大海,悠然而逝,纵横自在,快乐无边。回视樊笼之鳝,思将有以救之。奋身化龙,复作雷雨,倾满鳝缸,于是缠绕覆压者,皆欣欣然有生意。俟其苏醒精神,同归于长江大海矣。道人欣然就车而行。或谓道人曰:"将入樊笼乎?"曰:"否。吾岂匏瓜也哉,焉能系而不食。""将高飞远举乎?"曰:"否。吾非斯人之徒与而谁与?""然则如之何?"曰:"虽不离于物,亦不囿于物也。"因诗以示之,诗曰:"一旦春来不自由,遍行天下壮皇州。有朝物化天人

和,麟凤归来尧舜秋。”[①]

这篇象征意义极强,主题非常明确的作品,可以看作一篇宣言,标志着王艮的蜕变与觉醒。在文中,他将万民百姓比喻成叠压于瓦缸中恹恹欲死的鳝,而把自己比喻成以大胆无碍,屈伸灵动,周流不止的积极行动,令群鳝叠压的身体得以活动,阻塞的呼吸得以顺畅,危殆的生命得以生命的鳅。在自率其性拯救苍生之后,他将鱼化为龙,冲破樊笼高扬远举,获得纵横自在的无边快乐。

在某种意义上看来,《鳅鳝赋》可视为王艮对儒者们津津乐道的《侍坐章》富有平民趣味甚至传奇色彩的阐发,也可视为他对初谒阳明时激辩的“思不出其位”论题的全面回应:寻求真理是一个真正意义上的完整的人的本能天性,这固然能令人实现自我,更超越自我,但却又绝不只是为了自己一个人解脱,而更要与黎民苍生一道,寻觅那根本的自由解放之境。这就是那个“终极”,此刻从童年时代开始就存在于王艮心底的“终极”终于成形,它是遥远大海的潮声,是面对儒家先贤的感喟,是重整坠天的梦境……此刻它终于化为系统的思想、明确的目标。

直到这时,盐丁之子“王银”才真正成为“王艮”。

1522 年,同样是这一年,20 岁的王栋自弃医从儒后,尚在伏案苦读(《明儒王一庵先生遗集·年谱纪略》)[②];12 岁的王襞正跟随王阳明接受良好的全面教育,并被他肯定为“器宇不凡,吾道当有寄矣”(《明儒王东崖先生遗集·年谱纪略》)而赋予厚望[③];19 岁的颜钧正因为一前年长兄颜钦被乡邻所陷负责粮役而遭遇家道中落,贫困失学的打击[④];13 岁的韩贞举家赤贫,却还在砖地上蘸水习字不辍,“力

---

① 《王心斋全集》,第 55 页。
② 《王心斋全集》,第 142 页。
③ 《王心斋全集》,第 206 页。
④ 《颜钧集》,第 121 页。

学志坚”(《理学韩乐吾先生行略》)[1];6 岁的何心隐应当刚刚进学,迈出他郡试夺魁的第一步;8 岁的罗汝芳在父执辈谈论阳明功业学脉的时候,“在旁敬听不倦”,并明确地直言出“大人能格君心”[2]……

这的确是不平凡的一年,这群如众星闪烁般的人物,日后都将在看不见的洪流奔腾冲击下,汇聚到王艮的身边。

① 《颜钧集》,第 202 页。

② 《罗汝芳集》,第 888 页。